Neue

Kleine Bibliothek 273

Maren Müller
Volker Bräutigam
Friedhelm Klinkhammer

Zwischen Feindbild und Wetterbericht

Tagesschau & Co.
–
Auftrag und Realität

PapyRossa Verlag

Luxemburger Str. 202, 50937 Köln
Tel.: +49 (0) 221 – 44 85 45
Fax: +49 (0) 221 – 44 43 05
E-Mail: mail@papyrossa.de
Internet: www.papyrossa.de

Umschlag: Verlag, unter Verwendung
eines Fotos © by Martin Fischer | shutterstock
sowie einer Grafik © by Vincente Barcelo Varona | dreamstime
Druck: CPI – Clausen & Bosse, Leck

Die Deutsche Nationalbibliothek verzeichnet diese Publikation in der Deutschen Nationalbibliografie; detaillierte bibliografische Daten sind im Internet über http://dnb.d-nb.de abrufbar

ISBN 978-3-89438-704-4

Inhalt

»Sie haben die Freiheit, abzuschalten!«
Dr. Peter Frey, ZDF

Prolog

Am 25. Oktober 2018 ereignete sich in Dresden ein denkwürdiges *»Auswärtsspiel«*[1] für die beiden Chefredakteure von ARD-aktuell und ZDF, Dr. Kai Gniffke und Dr. Peter Frey. Der Kreisverband der AfD in Dresden hatte die beiden prominenten Medienvertreter zu einer Podiumsdebatte[2] *»ohne Bedingungen«* eingeladen und erhielt nach eigenem Bekunden überraschend schnell die Zusagen.

Frey und Gniffke wurden in der Dresdner Börse vor großen AfD-Bannern mit dem Slogan *»Mut zur Wahrheit«* platziert. Die Symbolwirkung dieser Dramaturgie ist mit Worten nicht zu fassen. Um die 70 Journalisten aus dem In- und Ausland waren akkreditiert und mehrere Hundert AfD-Mitglieder und interessierte Bürger füllten den Raum bis auf den letzten Platz. Gniffke und Frey teilten sich das Podium mit dem früheren »Springer«-Journalisten und AfD-Politiker Nicolaus Fest und dem ehemaligen *Focus*-Redakteur Michael Klonovsky, der aktuell die Reden von AfD-Chef Alexander Gauland zu verantworten hat. Moderiert wurde der Abend von Andreas Lombard, Chefredakteur des rechtskonservativen Magazins *Cato*, sowie von Medienunternehmer und CDU-Mitglied Klaus Kelle.

Der Dialog mit dem Publikum sei *»allgemein wichtig«*, erklärte Gniffke im Vorfeld. Schließlich seien die Anwesenden im Saal ja auch Beitragszahler. Auch die AfD habe Anspruch auf faire Berichterstattung. Besonders bemerkenswert: Auch er zahle die 17,50 Euro

Rundfunkbeitrag vielleicht nicht gerne. Die Schräge der Argumentation des Großverdieners Gniffke wurde bemerkenswerterweise vom Podium nicht aufgegriffen und weiter thematisiert, was durchaus Rückschlüsse auf die tagende Klientel zulässt.

Nach Meinung des Redaktionsausschusses des NDR, welcher sich im Intranet der Sendeanstalt kritisch mit Gniffkes Auftritt bei der AfD auseinandersetzte, stellte die Äußerung des Chefredakteurs eine Geringschätzung der Arbeit aller Mitarbeiterinnen und Mitarbeiter dar und impliziert, dass es offenbar keine oder nur wenige öffentlich-rechtliche Angebote gibt, die Gniffke selbst gerne nutzt und für die er gerne zahlt.[3]

Die markantesten O-Töne des Chefredakteurs von ARD-aktuell, Dr. Kai Gniffke:

- »Das ist ein journalistisches Grundprinzip, dass man beide Seiten hört.«
- »Wenn wir unsere eigenen gesetzten Standards nicht halten, dann ist es unsere verdammte Pflicht und Schuldigkeit dies offenzulegen.«
- »Wir wollen nicht nachforschen, welcher Journalist welche Meinung hat. Jedenfalls zählt Professionalität, nicht Haltung.«
- »Was wir nicht wollen, ist Gesinnungsschnüffelei.«
- »Meinung und Bericht gehören getrennt. Und wer das bei uns nicht beherrscht, der fliegt raus.«
- »Was wir als Öffentlich-Rechtliche nicht tun dürfen, ist nämlich, Ihnen versuchen, eine Meinung unterzujubeln. Sie sind alle groß genug und alt genug, sich selbst eine Meinung zu bilden.«[4]

Die Heiterkeit, die sich nach Gniffkes Verlautbarungen im Saal einstellte, war durchaus berechtigt. Keiner weiß das besser als die Autorin und die Autoren dieses Buches, die sich kontinuierlich dem von Gniffke verantworteten Programm widmen und am Gegenstand dieser Kritik eben jene journalistischen Tugenden vermissen, die der Chefredakteur von ARD-aktuell im Brustton der Überzeugung ausgerechnet vor jenen beschwört, über deren Stöckchen er und seine Redaktion regelmäßig springen.

Es ist beispiellos in der Geschichte der Bundesrepublik, dass eine neue Partei derart schnell so populär und stark geworden ist wie die AfD, und es darf die Frage gestellt werden, warum das so ist. Waren vielleicht Journalisten, Moderatoren, Redakteure und Talk-Master mit ihrer größtenteils schlecht vorbereiteten Anklägerrolle überfordert und gaben somit der AfD mehr als hinreichend Gelegenheit, sich öffentlich zu positionieren, zu erklären oder zu rechtfertigen? Hat sich insbesondere der öffentlich-rechtliche Rundfunk durch seine aktionistische und oft übergriffige Berichterstattung zum unfreiwilligen Wahlkampfmanager der AfD gemacht?

Jedenfalls ist die AfD omnipräsent in öffentlich-rechtlichen Sendern und bestimmt selbst dann den Debattenverlauf, wenn ihre Vertreter gar nicht anwesend sind. Bei der Diskussion sensibler Bereiche hyperventilieren Protagonisten von (halb-)links bis liberal vor lauter Panik, die AfD könnte entsprechende Themen instrumentalisieren oder gar davon profitieren. Das »Agenda Setting« wird bestimmt von der Angst, politische Deutungshoheit zu verlieren. Aufklärung, Diskurs, ehrliche Aufarbeitung von Fehlentwicklungen oder gar Selbstkritik – Fehlanzeige.

Von den Beteuerungen und Zugeständnissen, die der Chefredakteur von ARD-aktuell in aller Freimütigkeit dem versammelten AfD-Publikum offerierte, können Volker Bräutigam und Friedhelm Klinkhammer ebenso aussichtsreich träumen, wie der Dresdner Kreisverband der Partei Die Linke von einem adäquaten Besuch der Hautevolee öffentlich-rechtlicher Nachrichtenredaktionen. Jede einzelne der gniffkeschen Beteuerungen haben die rastlosen Autoren in ihrem jahrelangen Kampf für saubere, wahrhaftige, vollständige und objektive Berichterstattung angemahnt.[5]

Egal, ob es um die regelmäßige Verquickung von Meinung und Berichterstattung geht oder um die durch Implikationen, Verdrehungen, Auslassungen, Unwahrheiten, Feindbildkonstruktionen und mit Schwarz-Weiß-Malerei durchzogenen Angebote der Tagesschau – noch nie hat ein verantwortlicher Redakteur aufrichtig eingelenkt oder gar beanstandete Sequenzen korrigiert. Und der Rundfunkrat, der sich gerne »*Anwalt des Publikums*« nennen lässt, schließt sich in der Regel lagerübergreifend der Auffassung jener an, die er kraft seines Amtes kontrollieren soll, und macht sich somit freimütig zum verlängerten Arm der Intendanzen.

Gut ein halbes Jahr nach dem denkwürdigen Auftritt auf dem Podium der AfD wurde Dr. Kai Gniffke, als einer von zwei ausgewählten Kandidaten, zur Wahl zum Intendanten des Südwestrundfunk (SWR) auserkoren. Gesucht wurde laut öffentlicher Stellenbeschreibung: »*eine starke, authentische Persönlichkeit mit Entscheidungskraft, Führungserfahrung, sozialer Kompetenz und stark ausgeprägten analytischen, strategischen und kommunikativen Fähigkeiten.*«[6]

Teil I

Meinungsmacht: Zwischen Wording und Framing

1.
Von der Programmbeschwerde zur Programmkritik

Volker Bräutigam und Friedhelm Klinkhammer sind bundesweit bekannt für ihre kritische Betrachtung der Nachrichtengebung von ARD-aktuell. Um die 400 Beschwerden verfassten die ehemaligen Mitarbeiter des NDR in den letzten fünf Jahren und spießten dabei falsche, tendenziöse und lückenhafte Berichterstattungen des Nachrichtenflaggschiffes der Republik mit spitzer Feder auf. Manch einer bezeichnet das, was die beiden mit der Kraft ihrer Überzeugung tun, als Querulantentum. Bräutigams und Klinkhammers Mission ist jedoch mitnichten nur schnöde Programmkritik, sondern vielmehr Aufklärung und Ermutigung des Publikums zur Quellenrecherche und Eigeninitiative. Zu lange werden die Zuschauer schon durch Desinformation und Kriegstrommelei zugunsten der NATO-Bündnispartner und entgegen den Vorgaben des Rundfunkstaatsvertrages, welcher die Pflicht zur Völkerverständigung festschreibt, behelligt. Viele dieser Informationen werden als *»Fake News«* entlarvt, deren Berichtigung seitens der Redaktionen entweder stoisch unterlassen wird, oder nur klammheimlich erfolgt.[1]

Als der Programmbeirat der ARD[2] im Sommer 2014 die Ukraine-Berichterstattung ungewöhnlich deutlich kritisierte, sich aber trotz der prominenten Beanstandung keine Korrekturen abzeichneten, nahmen Kritik und Beschwerden aus dem breiten Publikum über die tendenziöse ARD-aktuell-Berichterstattung massiv zu.[3] Besonders die Rundfunkräte des NDR konnten die Flut an Beschwerden kaum bewältigen – die Bearbeitungsdauer der Programmbeschwerden wuchs teilweise auf ein halbes Jahr und mehr an.

Im Dezember 2016 beklagte Chefredakteur Dr. Gniffke in einem Gastvortrag an der Universität Hamburg, dass seine Redaktion im

Durchschnitt 8.000 Kommentare bei Facebook, 2.000 Kommentare auf meta.tagesschau.de, 300 Kritik-Mails sowie eine förmliche Programmbeschwerde pro Tag erhalte. Allein mit Mails und Programmbeschwerden seien drei Redakteure in Vollzeit befasst. Vier weitere Redakteure kümmern sich im Schichtbetrieb um die Social-Media-Auftritte der Tagesschau, und vier Assistenten betreuen die Plattform Meta-Tagesschau. Diesen Publikumsservice richtete die Redaktion erst 2015 ein, als die ARD immer massiver wegen ihrer Russland- und Kriegsberichterstattung kritisiert wurde.[4]

Auf die Idee, die Qualität der Angebote zu verbessern und strikt nach den gesetzlichen Vorgaben des Rundfunkstaatsvertrages zu handeln, nämlich ***wahrheitsgemäß, umfassend, objektiv und unparteiisch*** zu berichten, kamen die Verantwortlichen in den Sendeanstalten nicht. Stattdessen ließen sie sich mit staatlicher Unterstützung sukzessive Neuregelungen einfallen, um der steigenden Arbeitsbelastung durch die Befassung mit formalen Programmbeschwerden Herr zu werden.

In einer Vielzahl von Beanstandungen thematisierten Klinkhammer und Bräutigam die permanente Unterdrückung von Nachrichten, die im Endeffekt auf klare Desinformation durch gänzliches Verschweigen oder Aussparen wichtiger Sachverhalte hinausläuft. Beschwerden wegen Nachrichtenunterdrückung wurden ab dem 1. Januar 2017 nicht mehr als formale Beschwerde gewertet, sondern lediglich als »*Anregung für das Programm*«. In einer entsprechenden Begründung wurde verlautbart, dass der Rundfunkrat nicht befugt sei, den Redaktionen vorzugeben, was sie zu senden hätten, denn dies sei als unzulässiger Eingriff Dritter in die redaktionelle Gestaltungsfreiheit zu werten.

Der Rundfunkrat entledigte sich somit kurzerhand der lästigen Befassung mit einem Großteil eingehender formaler Programmbeschwerden, abgesegnet von der Staatskanzlei des Ministerpräsidenten Stephan Weil aus Niedersachsen. Eine entsprechende Protestnote von Klinkhammer und Bräutigam an das Büro der Staatskanzlei vom 26. Mai 2017 blieb unbeantwortet.[5]

Ziel aller Informationssendungen ist es, laut § 8 Rundfunkstaatsvertrag, sachlich und umfassend zu unterrichten und damit zur selbstständigen Urteilsbildung der Bürger und Bürgerinnen beizutragen. »*Umfassend*« heißt für die Beschwerdeführer konkret, dass wichtige Informationen nicht einfach verkürzt oder gänzlich weggelassen werden dürfen. Zumeist argumentierten die Programmverantwortlichen mit limitierter Sendezeit, die eine sorgsame Auswahl der Beiträge nötig mache. Da man nicht alle wichtigen Ereignisse abbilden könne, werde »*täglich darum gerungen*«, die bestmögliche Auswahl zu treffen. Wie diese Auswahl in der Regel aussieht, wurde bereits von zahlreichen Medienkritikern thematisiert und fand schließlich in diversen Publikationen Niederschlag, die zum Teil Bestseller wurden. Treffend analysiert wurde der Zustand der allgemeinen politisch selektiven Nachrichtengebung in dem Buch »*Lückenpresse*« des Professors für Politikwissenschaft und Medienexperten Ulrich Teusch.[6]

Dabei ist das vorsätzliche Verschweigen wichtiger Informationen die wohl perfideste Form von Desinformation. Eine Vielzahl maßgeblicher Nachrichten, welche »*die Bevölkerung verunsichern könnten*«, gelangen somit nicht – oder nicht vollständig – in die öffentliche Wahrnehmung. In einer Welt, die immer mehr aus den Fugen gerät, weil Terror, (illegale) Kriege, Überwachung, Feindpropaganda und staatliche Willkür überhandnehmen, werden die Bürger durch fragmentierte Berichterstattung unwissend und unmündig gehalten und sind infolgedessen immer weniger in der Lage, kausale Zusammenhänge zu erkennen und entsprechend zu handeln. Wahrhaftige Information ist essentiell für das Funktionieren einer Demokratie. Auch Menschen, die nicht korrekt und wahrheitsgemäß informiert werden, treffen Entscheidungen. Das gilt für Kaufentscheidungen ebenso wie für die Wahl einer politischen Partei, die Zustimmung zu Kriegseinsätzen oder zu medial geschürter Verachtung und Demütigung anderer Völker.

Parallel zur Überforderung von Programmverantwortlichen und Gremien wuchs der Unmut gegen die Beschwerdeführer, und der Ton wurde zusehends rauer. So verstieg sich ein erboster Rundfunkrat des SWR in schriftlich dokumentierter Form darauf, Klinkhammer und Bräutigam zu Fürsprechern von Kriegstreibern und Massenmördern zu deklarieren und die Intention zum Verfassen ihrer Programmbeschwerden wahlweise der Nähe zu AfD, Altkommunisten, Neunationalisten, Reflex-Antiamerikanisten, Verschwörungstheoretikern oder Holocaustleugnern zuzuschreiben.

Jener Rundfunkrat, der als Abgesandter der gesellschaftlich relevanten Gruppierung »*Landesnaturschutzverband Baden-Württemberg*« im Rundfunkrat des Südwestrundfunks (SWR) sitzt, riet den Beschwerdeführern zu guter Letzt, therapeutische Hilfe in Anspruch zu nehmen. »*Argumentation ad hominem*« nennt man derartige Strategien, die einen Angriff auf die Reputation des Gegners einer sachlich inhaltlichen Auseinandersetzung vorziehen, denn Argumente zur Sache legte der Publikumsvertreter nicht vor.[7]

Programmbeschwerden wurden in Folge zunehmend lapidar beantwortet, Bearbeitungszeiten wurden kurzerhand verlängert oder verschleppt und die Massenabfertigung von Beschwerden ohne sachliche Begründung durch den NDR-Rundfunkrat nahm überhand. Als der Rundfunkratsvorsitzende des NDR, Dr. Hörmann, die Beschwerdeführer am 23. März 2018 wissen ließ, dass wiederum in Massenabfertigung 19 Programmbeschwerden pauschal abgelehnt wurden – einige erst nach Ablauf von fast einem Jahr seit Eingabe – war das Maß voll. Klinkhammer und Bräutigam vermieden fortan die Rubrizierung »*Programmbeschwerde*« und den entsprechend unergiebigen Schriftwechsel mit dem NDR-Rundfunkrat. Darüber hinaus wurde auf die Befassung und Beantwortung von noch ausstehenden 50 Beschwerden verzichtet.[9]

Die argumentative öffentliche Auseinandersetzung mit problematischen Informationsangeboten von ARD-aktuell wurde jedoch weiterhin für dringend nötig befunden und wird seitdem im neuen Format »*Programmkritik*« fortgesetzt. Die Programmkritiken von Volker Bräutigam und Friedhelm Klinkhammer werden auf dem Blog des Vereins *Ständige Publikumskonferenz* publiziert. In überarbeiteter Form sind sie Gegenstand dieses Buches.

2.
Zwischen Auftrag und Realität: Wem dient der öffentlich-rechtliche Rundfunk?

Die öffentlich-rechtlichen Rundfunkanstalten sollten laut ihrer Gründerväter, noch unter dem Eindruck der Nazipropaganda im Dritten Reich, frei von regierungs- oder wirtschaftspolitischen, religiösen und anderen Interessen im Dienst der Allgemeinheit wirken. Die Existenz von demokratisch legitimierten Gremien zur Kontrolle der Sender ist daher seit ihrer Gründung konstitutiv für die Rundfunkordnung in der Bundesrepublik. Das Rundfunkmodell wurde von der britischen und der US-amerikanischen Militärregierung in einer Form etabliert, die den propagandistischen Missbrauch des Rundfunks durch Staat und Politik verhindern sollte. Das wichtige Medium Rundfunk sollte fortan nur noch der Demokratie dienen.

Der in Art. 5 Abs. 1 Satz 2 GG enthaltene Auftrag zur Gewährleistung der Rundfunkfreiheit zielt darüber hinaus auf eine Ordnung, die sicherstellt, dass die Vielfalt der bestehenden Meinungen in Deutschland in ihrer Breite und Vollständigkeit Ausdruck findet. Die öffentlich-rechtlich finanzierten Anstalten haben mit ihren Programmangeboten zur **Information, Bildung, Beratung, Kultur und Unterhaltung** einen Beitrag zur Sicherung der Meinungsvielfalt und somit zur öffentlichen Meinungsbildung zu leisten. Das Bundesverfassungsgericht unterstrich in einem seiner Urteile aus dem Jahr 2018 die herausgehobene Bedeutung der gesetzlichen Ausgestaltung der Rundfunkordnung, die dem Rundfunk wegen seiner Breitenwirkung, Aktualität und Suggestivkraft zukomme. Seine Breitenwirkung zeige sich demnach in der Reichweite und der Möglichkeit der Beeinflussung großer Bevölkerungsteile.[1]

Wie aber sieht die Realität aus? Werden die *»demokratischen, sozialen und kulturellen Bedürfnisse der Gesellschaft«* auftragsgemäß erfüllt, oder organisiert der straff auf Quote orientierte Sendebetrieb lediglich Zerstreuung, Ablenkung und die Zementierung herrschender politischer Verhältnisse? Wer kontrolliert, welche Themen und Agenden für die politische Meinungsbildung relevant sind und dem Informationsbedürfnis der Bürger so umfassend wie möglich Rechnung tragen?

Die rechtliche Grundlage für die Arbeit der Rundfunkgremien bilden die jeweils geltenden Staatsverträge der Bundesländer bzw. Landesgesetze. Darüber hinaus werden wichtige Regularien über die Satzungen der Anstalten geregelt. In den Rundfunkstaatsverträgen wird auch festgelegt, welche gesellschaftlich relevanten Gruppierungen, Organisationen und Institutionen wie viele Gremienvertreter entsenden dürfen. Durch das sogenannte Brender-Urteil des Bundesverfassungsgerichts (BVerfG) vom März 2014 musste die Zusammensetzung des ZDF-Fernsehrates bis Mitte 2016 geändert werden. Es durften demnach nur noch 33 % der Mitglieder aus *»staatsnahen«* Institutionen und Organisationen entsandt werden: *»Die Organisation des öffentlich-rechtlichen Rundfunks muss als Ausdruck des Gebots der Vielfaltsicherung dem Gebot der Staatsferne genügen. Danach ist der Einfluss der staatlichen und staatsnahen Mitglieder in den Aufsichtsgremien konsequent zu begrenzen.«* (BVerfG, 25.3.2014 – 1 BvF 1/11; 1 BvF 4/111)[2] Das Urteil des BVerfG hatte auch Signalwirkung auf die anderen Anstalten.

Laut einer Studie des Prometheus-Instituts aus dem Jahr 2015 waren Vertreter der Politik mit 31 Prozent die stärkste Gruppe in den Aufsichtsgremien – SPD und CDU gleichauf. Laut Studie ließen sich die 507 Vertreter acht Kategorien zuordnen. Die größte Gruppe mit einem knappen Drittel (159 Mitglieder) wird von der Politik gestellt, entsandt von Bundes- und Landesregierungen, von den Landesparlamenten, kommunalen Verbänden und Parteien.[3]

Mitunter verschwimmen bei der Besetzung der Gremien die politischen Grenzen, denn oft werden durch die Entsendeorganisationen politische Akteure durch die Hintertür in die Gremien gehievt. So saßen zum Beispiel NRW-Staatssekretärin Miriam Meckel als Vertreterin der *»Filmwirtschaft«* im ZDF-Fernsehrat und der Chef des SPD-Freundeskreises als Vertreter für den *»Verbraucherschutz«*. Mitglied des ZDF-Fernsehrats war auch die Präsidentin des *»Bundes der Vertriebenen«*, Erika Steinbach, die mit CDU-Parteibuch viele Jahre dem Bundestag angehörte. Der Fraktionsvorsitzende der sächsischen FDP, Volker Zastrow, ging für die gesellschaftlich relevante Gruppierung »*Kreativwirtschaft*« ins Rennen. Im Falle der Rundfunkrätin und Vorsitzenden des Programmausschusses des WDR, der SPD-Europa-Abgeordneten Petra Kammerevert, wurde ein fröhliches Switchen zwischen der von ihr zu kontrollierender Anstalt WDR und dem entsprechenden Kontrollgremium registriert. Kammerevert wechselte aus der WDR-Programmdirektion über ihr SPD-EU-Mandat geradewegs in den Programmausschuss des WDR-Rundfunkrates.

Die Arbeit der Rundfunkgremien sollte nicht nur, wie vom Gesetzgeber gefordert, staats- und politikfern vonstattengehen, sondern auch deutlich senderfern. Inwieweit die Rundfunkräte ihren demokratisch festgelegten Kontrollauftrag erfüllen, wird vor allem im Umgang mit Publikumskritik und Programmbeschwerden deutlich. Soviel Übereinstimmung mit den zu kontrollierenden Programmverantwortlichen und den Regierenden in Berlin macht stutzig und leistet der Glaubwürdigkeit öffentlich-rechtlicher Sender einen Bärendienst.

3.
Meinungsmacht und Realität

Demokratie setzt freie individuelle und politische Meinungs- und Willensbildung aller Bürger voraus. Die Meinungsbildung ist abhängig von den jeweiligen Wertvorstellungen, der sozialen Lebenslage, dem Wissen und bisherigen Erfahrungen der Menschen. Sie bilden sich eine Meinung darüber, wie die Gesellschaft, in der sie leben, aussehen sollte und welche politischen Entscheidungen sie gutheißen oder aber ablehnen.[1] Es gilt somit – im Namen der Demokratie – zu verhindern, dass einzelne Personen oder Gruppen einen zu großen Einfluss auf die öffentliche Meinungsbildung, die sogenannte »Meinungsmacht«, erlangen, was nach Erfahrungen mit Joseph Goebbels und *Stürmer*-Herausgeber Julius Streicher ein zu begrüßendes Anliegen ist. Verfassungsrechtlich vorgegebenes Ziel für das Fernsehen ist laut Bundesverfassungsgericht der »*Ausschluss einseitigen, in hohem Maße ungleichgewichtigen Einflusses einzelner Veranstalter oder Programme auf die Bildung der öffentlichen Meinung, namentlich die Verhinderung des Entstehens vorherrschender Meinungsmacht*«.[2] In § 26 Absatz 2 Rundfunkstaatsvertrag heißt es dazu: »*Erreichen die einem Unternehmen zurechenbaren Programme im Durchschnitt eines Jahres einen Zuschaueranteil von 30 vom Hundert, so wird vermutet, dass vorherrschende Meinungsmacht gegeben ist*«.

Jedoch – allein die beiden öffentlich-rechtlichen Sendeanstalten machten 2018 mit zusammen 52,1 % über die Hälfte des »*Meinungsmarkts Fernsehen*« aus. Mit Stand Mitte 2018 haben die Programme der ARD mit 28,9 % den größten Zuschauermarktanteil im deutschen Fernsehen. Dabei werden neben Das Erste auch die Spartenprogramme der ARD sowie die Dritten zusammengefasst. Platz 2 der Zuschauermarktanteile belegt das ZDF inklusive seiner Spartenkanäle mit 23,2 % Zuschauermarktanteil.[3]

Angesichts der Tatsache, dass die Senderfamilien der beitragsfinanzierten öffentlich-rechtlichen Rundfunkanstalten über die Hälfte aller Zuschaueranteile auf sich vereinen, ist durchaus von Meinungsmacht auszugehen. Doch es droht Ungemach für die Meinungsmächtigen.

Denn seit 2009 haben Internetmedien ihr Potenzial für die Meinungsbildung mehr als verdoppelt, von 12,9 % auf 26,7 % (2019). Bleibt es bei diesem Trend, so wird das Internet in wenigen Jahren das Fernsehen als Leitmedium abgelöst haben. Klassische, öffentlich-rechtliche und bislang marktführende Medienbetriebe verlieren immer mehr Nutzer und damit auch ihre Position als zentrale »Gatekeeper« mit Meinungsmacht. Bei den Fernsehunternehmen hat das gesamte Potenzial an Meinungsbeeinflussung zwischen 2010 und 2016 um etwa 5,6 % abgenommen, wobei für 2017 und nachfolgende Jahre ein weiterer Verlust zu erwarten ist.[4] Die am 1. Januar 2013 eingeführte, umstrittene geräteunabhängige Haushaltsabgabe dürfte im kausalen Zusammenhang mit dem befürchteten Verlust an Meinungsmacht stehen.

Das Internet ermöglicht es, vom Mainstream abweichende Meinungen und Informationen in bislang unbekanntem Umfang, unbekannter Reichweite und Geschwindigkeit zu verbreiten. Etablierte Medien sowie Interessenträger aus Politik, Wirtschaft und Wissenschaft sahen diese Entwicklung mit großer Sorge, auch weil sich die bislang bekannte dezidierte Medienkritik aus ihrer marginalisierten Position sukzessive auf die bis dato *»gutgläubige«* Mitte verlagerte. Als Konsequenz gegen das neue Misstrauen schossen Faktencheck-Projekte wie Pilze aus dem Boden, um gezielt gegen vermeintliche Desinformationen im Netz und in den sozialen Medien vorzugehen. Think-Tanks, Stiftungen und opportune Wissenschaftler standen Gewehr bei Fuß, um die bislang etablierte veröffentlichte Meinung zu stützen und Abweichler flugs in abwegige Schubladen und sinistre politische Ecken zu sortieren.

Als die ARD im Jahre 2017 die Kognitionsforscherin Elisabeth Wehling, alleinige Inhaberin des in Berlin ansässigen *»Berkeley International Framing Institute«*, damit beauftragte, eine Argumentationshilfe für den Umgang mit *»Gegnern«* der öffentlich-rechtlichen Medien zu erstellen, ahnte niemand, welchen Aufschrei das Leak dieser antidemokratischen Anleitung zum Neusprech zwei Jahre später in der freien Presse und im Netz auslösen würde. Die Aufregung um das Framing-Manual[5] ist insofern beachtenswert, als es sich bei der Anwendung der Manipulationstechnik um nichts bahnbrechend Neues handelt. Der Verein *Ständige Publikumskonferenz* widmete sich bereits im Jahr 2016 ausführlich dem von Wehling und ihrem wissenschaftlichen Ziehvater George Lakoff erdachten Modell des moralisierenden Framings, konkret am Beispiel der ARD-Berichterstattung zu Griechenland.[6]

Nebenbei: Wenn von maßgeblichen Führungskräften der ARD eine Anleitung für den manipulativen Umgang mit skeptischen Rezipienten benötigt wird, um die selbstverschuldete Legitimationskrise der Senderfamilie zu lösen, dann hätten sie auch in aller Diskretion die Seminarangebote der hauseigenen ARD/ZDF-Medienakademie bemühen und 120.000 Euro sauer eingetriebene Rundfunk-Beitragsgelder sowie die negative Aufmerksamkeit vor allem der Gegner des öffentlich-rechtlichen Rundfunks sparen können.[7]

Selbstverständlich basiert auch die Berichterstattung von ARD-aktuell auf Framing und zwar nicht erst seit Neuestem. Gezeigt wird immer nur ein Ausschnitt vom Geschehen, und zwar exakt jener, der in die politische Großwetterlandschaft der Bundesrepublik und ihrer Bündnispartner passt. Auch innenpolitisch wird oftmals mit faulen Tricks aus der Mottenkiste gearbeitet, um die Reputation eines mutmaßlichen Gegners zu unterminieren. Die wissenschaftliche These, dass Medien oft die in der politischen Elite vorherrschende Meinung vertreten bzw. diese in ihrer Berichterstattung abbilden, wird von ARD-aktuell nachhaltig unter Beweis gestellt (Indexing).[8]

Die Redaktion der Tagesschau wertet und gewichtet in der Form, dass sie bestimmte Themen anderen vorzieht und dadurch den ausgewählten Aspekten mehr Relevanz zuschreibt, während andere wichtige Ereignisse im Verborgenen bleiben. Unliebsame Meldungen werden zurückgehalten und wünschenswerte lanciert. Die tagtägliche Unterdrückung maßgeblicher Nachrichten, die von Medienwissenschaftlern unter dem Begriff *»instrumentelle Aktualisierung«* subsumiert wird, gefährdet das normative Ziel einer objektiven und unparteiischen Berichterstattung und ist im Hinblick auf den gesetzlichen Auftrag, eine umfassende Berichterstattung zu gewährleisten, als vorsätzliche Desinformation zu werten.

Narrative Erzählweisen, die man früher nur im Boulevard- und Magazinjournalismus fand, hielten Einzug in den Nachrichtenjournalismus und, um einen Buchtitel von George Lakoff und Elisabeth Wehling anzuführen, »auf leisen Sohlen ins Hirn« des Rezipienten.[9] In erzählerischer Form dargebotene Beiträge über wichtige Ereignisse und politisches Tages- und Weltgeschehen beinhalten fortan nicht nur schnöde Fakten, sondern mit einprägsamen Human-Touch-Elementen eingerahmte Problemdefinitionen, passende Ursachenanalysen, entsprechende Lösungsvorschläge und die moralisch-tendenziösen Urteile dazu.

»Die Erzählregeln im journalistischen Film sind nicht viel anders als in Spielfilmen. Wir sollten einfach gute Geschichten schreiben. Ob fiktiv oder real, da sehe ich keinen Unterschied. Denn der Übergang ist

sowieso fließend. Ab wann ist etwas schon fiktiv? Wann noch real?«, fragt passend dazu in aller Unschuld ARD-Redakteur Christian Friedl in seinem Buch »Hollywood im journalistischen Alltag«.[10]

4. Die tägliche Manipulation am gleichen Ort, zur selben Zeit

Agenturen

Es ist Aufgabe seriöser Medien, unabhängig und ausführlich zu berichten, Missstände aufzudecken und Aufklärungsarbeit zu leisten. Es liegt in ihrer Verantwortung, die freie Meinungsbildung der Bevölkerung zu gewährleisten, indem sie über Sachverhalte und Begebenheiten Öffentlichkeit herstellen. Eine »pluralistische Medienlandschaft« ist erklärtes Ziel demokratischer Staaten, in denen auch das Meinungsspektrum divers sein und keinerlei Zensur unterliegen darf.

Als das Internet Einzug in die Welt des bislang durch Massenmedien informierten Publikums hielt und sich die interessierten Nutzer plötzlich ungehindert und direkt über internationale Medien, Foren und alternative Angebote informieren konnten, bemerkten aufmerksame Rezipienten, dass sich bei Sichtung von Alternativ- oder Primärquellen Meldungen über ein und denselben Sachverhalt häufig auffallend von der Berichterstattung der Tagesschau und anderer etablierter Nachrichtensendungen unterschieden. Es wurde für neugierig gewordene Nutzer mit dem Einsatz diverser Suchmaschinen plötzlich offensichtlich, dass die von ihnen bis dato konsumierten Informationskanäle einen deutlichen Hang zu gleichförmigen, bis hin zu wortwörtlich identischen Meldungen aufwiesen. Bald war von »*Gleichschaltung der Medien*« die Rede, was Vertreter der ertappten Branche als unzulässigen Vergleich werteten und prompt beleidigt reagierten, wenn diese – im Wortsinn durchaus treffende – Zuschreibung an entsprechender Stelle verlautbart wurde.[1] Als Begründung auf entsprechende Beanstandungen von Lesern, Zuschauern und Hörern wurden zumeist Sparmaßnahmen angegeben, welche die Nachrichtenredaktionen der Medienkonzerne ausdünnen ließen. Dadurch müssten diese vermehrt auf Agenturmeldungen zurückgreifen.[2]

An dieser generellen Aussage darf angesichts der 31 Auslandsstudios, die allein die ARD unterhält, gezweifelt werden. Reporter vor Ort drehen mit eigenen Kamerateams, führen ihre eigenen Interviews oder greifen auf Material von Fernsehen und Radio im Gastland zurück. Dafür finanziert die ARD rund hundert Korrespondenten. Die Kosten für die Auslandsberichterstattung des Senders liegen jährlich bei rund 57 Millionen Euro: knapp 38 Millionen für das Fernsehen und 19 Millionen Euro für das Radio.[3] Von personellen oder gar finanziellen Engpässen kann – zumindest bei der ARD – überhaupt keine Rede sein. Es besteht für Tagesschau & Co. nicht der geringste Grund dafür, uniforme Agenturmeldungen zu übernehmen, wenn ihre finanziell bestens ausgestatteten Redaktionen höchstselbst über das erforderliche Know-how verfügen, um dem anspruchsberechtigten Beitragszahler seriöse, und vor allem wahrheitsgemäße (Auslands-)Berichterstattung zu liefern.

Nachrichtenagenturen existieren nicht erst seit dem Siegeszug des Internet. Ihr Einfluss auf die verbreiteten Inhalte in Massenmedien ist seit Jahrzehnten Gegenstand der Forschung und mittlerweile evident. Bereits 1955 bezeichnete der US-Amerikaner Warren Breed den Nachrichtenfluss als *»arteriellen Prozess«*, der zu großer Gleichförmigkeit der Nachrichten in den Medien der Welt führe. Nachrichtenagenturen speisten demnach die führenden Zeitungen. Aus diesen wiederum bezögen die vielen weniger bedeutenden Medien ihre Informationen und ihren Interpretationsrahmen. Die starke Abhängigkeit vieler Nachrichtenmedien von wenigen Agenturen wurde schon problematisiert, als die Qualität, mit der Massenmedien ihre öffentliche Aufgabe erfüllen, überhaupt ins kritische Blickfeld der Öffentlichkeit geriet. Die erste US-amerikanische Kommission zur Pressefreiheit erörterte bereits 1947 die Bedrohung der Pressefreiheit durch Nachrichtenoligopole.[4]

Agenturmeldungen werden zumeist 1:1 von den Redaktionen übernommen, es findet in der Regel keine Prüfung der Inhalte statt. Das allein erklärt bereits die hohe Trefferquote gleichlautender

Nachrichten bei Google & Co., wenn der Suchparameter lediglich die Überschrift der Agenturmeldung beinhaltet. Wer 2018 den Suchbegriff »*Kein Führerschein für Transsexuelle in Russland*« bei Google eingab, erhielt 20.600 Ergebnisse in 0,34 Sekunden. Dass die Meldung eine glatte Lüge[5] ist, ficht weder Agenturen noch Medien an. Die ARD hat seinerzeit, aufgrund der Intervention der *Publikumskonferenz*, den Beitrag klammheimlich und ohne Erklärung aus ihrem Internetangebot getilgt.

Informationen, die von den großen Agenturen stammen, müssen vor Übernahme von den entsprechenden Redaktionen nicht erneut überprüft werden, da hier eine Art Vertrauensgrundsatz gilt. Ohne ein derartiges Verlassen auf Agenturmaterial würde laut Medienrechtsexperten Prof. Dr. Norbert P. Flechsig[6] keine Rundfunksendung mehr ausgestrahlt und keine Zeitung mehr erscheinen können. Einem Urteil des Bundesverfassungsgerichtes zufolge treffen die großen Nachrichtenagenturen dieselben Sorgfaltsanforderungen wie andere Medienunternehmen, sie gelten aber allgemein als zuverlässig.[7] Westliche Nachrichtenagenturen sind jedoch genuin parteiisch und verfügen über ein höchst mächtiges und offensiv genutztes Informationsmonopol. So bekommen ohne Gegenrecherche übernommene Nachrichten und darauf aufbauende Kommentare de facto Verkündungscharakter. Was Agenturen zu von ihnen bestimmten Themen vermelden, wird in deckungsgleichen Formulierungen, Schlüsselwörtern und Bildern über unzählige Medien in gleichem Kontext verbreitet. Besonders mächtig sind sie, wenn es eine »breite Presselandschaft« gibt, wie sie der Westen für sich in Anspruch nimmt.

Auch wenn sich Millionen Menschen über die unterschiedlichsten Medien und Kanäle aufgrund von Abonnement, politischer Präferenz oder Gewohnheit informieren, kann man sicher sein, dass die grundsätzlichen politischen Botschaften und veröffentlichten Meinungen nahezu identisch sind. Selbst der mit Vorliebe konsumierte und völlig propagandaunverdächtige private Musiksender präsentiert stündlich exakt die gleichen Themen und Tendenzen in den Nachrichten wie auch die etablierten Massenmedien in ihrer gesamten Bandbreite. Durch die synchrone Übernahme von Inhalten soll sichergestellt werden, dass die Menschen in allen Regionen des Landes, zu jeder Tages- und Nachtzeit, egal ob sie sich über TV, Radio, Printmedien oder digitale Angebote etablierter Medien informieren, über den gleichen Informationsstand verfügen. Die Tagesschau, als Flaggschiff der deutschen Nachrichtengebung, schippert an der Spitze des medialen Einheitsbreis.

Maßgebliche Akteure der Massenkommunikation wie Ministerien, Universitäten, monopolistische Zeitungs- und Buchverlage, Filmstudios, Bildungseinrichtungen, Stiftungen, Think-Tanks – bis hin zum einzig verbliebenen »Lexikon des Weltwissens« Wikipedia – unterstützen diesen Prozess der freiwilligen Gleichförmigkeit von Informationen aktiv durch Unterwerfung und Selbstzensur sowie den Einsatz konformer Protagonisten zur manipulativen Informationsverbreitung.

Freie alternative Medien, die anderslautende Botschaften oder Meinungen vermitteln und somit vom Programm der Agentur-Synchronschwimmer des Mainstreams abweichen, werden in schöner Regelmäßigkeit von führenden Meinungsmachern als unseriöse Quellen verunglimpft. Entsprechende Kampagnen, die teilweise an Rufmord grenzten, fanden u.a. gegen die Deutschen Wirtschaftsnachrichten, KenFM, die NachDenkSeiten, die Tageszeitung *junge Welt* und besonders gegen die weit verbreiteten russischen Medien Russia Today und Sputniknews statt. Akteure, die bei öffentlich-rechtlichen Rundfunkanstalten beschäftigt sind, taten sich bei diesen, teils in sozialen Medien wie Twitter offen ausgetragenen, Diffamierungskampagnen besonders hervor.

> *»Das Auseinanderdriften von öffentlicher Meinung und veröffentlichter Meinung entsteht, wenn die Auswahlregeln der gleichgeschalteten Journalisten weitgehend übereinstimmen. Dadurch kommt eine Konsonanz der Berichterstattung zustande, die auf das Publikum wie eine Bestätigung wirkt; alle sagen es, also muss es stimmen. Das installiert eine Stereotypen-gestützte Pseudoumwelt in den Köpfen des Publikums.«*
>
> Walter Lippmann, 1922[8]

Wording und tendenziöse Attributierung

»An ihrer Sprache sollt ihr sie erkennen«, lautete schon in den 1920er Jahren der Hinweis des Wiener Sprach- und Kulturkritikers Karl Kraus[9], der mit diesem Satz warnend auf die Verlogenheit der Presse hinweisen wollte. Die Sprache sei die Mutter der Gedanken, nicht ihr Dienstmädchen, so Kraus, und trat überall dort auf den Plan, wo mittels Sprache manipuliert wurde.

Spezifische sprachliche Muster und Strukturen der Neuzeit, die kausal mit einer interessenbehafteten, tendenziösen Attributierung seitens der Meinungsbildner einhergehen, wurden in einer bemerkenswerten Bachelor-Arbeit von Mirjam Zwingli herausgearbeitet. Die Grundhaltung des ehemaligen US-Präsident Barack Obama wird demnach medial vermittelt durch Begriffe wie *»Haltung, Positionen, Vorstellungen, Ideen, Ziele, Wunsch, Wahrheit, Glaubwürdigkeit, anstreben, verteilen (auf mehre Schultern), ins Lot bringen, an der Seite stehen von, redlich«*. Für das russische Staatsoberhaupt Wladimir Putin hingegen konnten rund um dessen Grundhaltung unter anderem die Begriffe *»Drohgebärden, Machtbewusstsein, Revanche, Machtdemonstration, Widerstand, Zorn, Drohung, KGB-Mann, Thesen, Brandrede, herrschen, Sturm laufen gegen, demonstrieren (Macht), konfrontativ, feindselig, trotzig, wütend«* gefunden werden.[10]

Wann immer die semantische Verknüpfung missliebiger Staatsoberhäupter mit bekannten Bösewichten der Geschichte sichtbar wird und in den Nachrichten von *»Machthaber«, »Diktator«, »Despot« und »Regime«* die Rede ist, sollte man als aufmerksamer Rezipient hellhörig werden. Propagandasprache richtet sich immer nach den jeweiligen geopolitischen Interessen und Machtverhältnissen und sortiert nach Gut und Böse, nach Freund und Feind. Gut ist in der Regel die westliche Wertegemeinschaft, auch wenn sie erpresserische Sanktionspolitik zu Lasten der einfachen Bevölkerung missliebiger Staaten betreibt sowie Beihilfe zu Völkermord, Regime Change und zur Verheerung ganzer Regionen leistet.[11]

Die Sprache, die in der Berichterstattung über Kriegs- und Krisensituationen verwendet wird, soll Emotionen schüren und je nach

Kriegspartei Zustimmung oder Ablehnung hervorrufen. Die jeweilige Positionierung der berichtenden Journalisten wird durch deren Erzählhaltung zur offenen Parteinahme und soll entweder Nähe, Skepsis oder Distanz vermitteln. Wenn von *»Luftschlägen«*, anstelle von Bombardements oder Luftangriffen die Rede ist, so kann der Empfänger der Botschaft sicher sein, dass die empathische Erzählhaltung einen *»sauberen«*, präzisen und unblutigen Krieges vermittelt, an dessen Rechtmäßigkeit die Berichterstatter keinen Zweifel hegen, hinter dem jedoch – wie in jedem bewaffneten Konflikt – unschuldige zivile Opfer stehen.

Wird innerhalb der Berichterstattung die konkrete Benennung des Gegners vermieden und nur noch von *»Zielen«* gesprochen, dann trägt eine solche Sprache zur Entmenschlichung der vom Krieg Betroffenen bei. Solche Sprachregelungen passieren nicht aus Versehen, sondern sind Teil einer Strategie, das Publikum, je nach geopolitischer Großwetterlage, für oder gegen eine *»humanitäre Intervention«* zu erwärmen. Insbesondere beim verheerenden Konflikt in Syrien nutzte die Redaktion von ARD-aktuell Euphemismen wie *»Bürgerkrieg«*, *»Revolution«* oder *»gemäßigte«* bzw. *»moderate Rebellen«* und versuchte damit, von einem tödlichen Angriffskrieg abzulenken, an dessen Vorbereitung und logistischer Unterstützung auch Deutschland maßgeblich beteiligt ist.

Durch entsprechendes Wording (*Machthaber, Diktator, Schlächter, Assads Truppen etc.*) werden Wertungen transportiert, die sich als neue Sprachregelungen in den Alltag der Rezipienten einschleichen und entsprechende Feindbilder zementieren sollen. Manipulation mittels tendenziöser Darstellung des (geo-)politischen Gegners gehört zum täglichen Geschäft der Redaktionen.

Feindbilder sind Produkte einer Propaganda, die mit semantischen, optischen und grafischen Mitteln den politisch-ideologischen Gegner dämonisiert, um die eigene moralische Überlegenheit zu behaupten und das Recht auf Herrschaft zu legitimieren. Der Schweizer Historiker und Konfliktforscher Kurt Spillmann identifizierte sieben Merkmale, die das Feindbild ausmachen: Misstrauen, Schuldzuschreibungen, negative Antizipationen, Identifikation mit dem Bösen, Nullsummendenken, De-Individualisierung und der Verweigerung von Empathie gegenüber anderen Menschen und Völkern.[12]

Arthur Ponsonby (1871 – 1946), britischer Lord und Parlamentsmitglied, veröffentlichte 1928 ein Buch unter dem Titel »*Falsehood in War-Time: Propaganda Lies of the First World War*«. Darin erläuterte und analysierte er sogenannte »*Prinzipien der Kriegspropaganda*«, wie sie seiner Auffassung nach vor und während des Ersten Weltkriegs, vor allen Dingen von britischer Seite, angewandt wurden. Die 10 Thesen können beliebig auf Konflikte der Neuzeit übertragen werden, sei es auf die Kriege gegen Jugoslawien, Syrien, Libyen oder Irak oder auch auf die Provokationen des Westens gegenüber souveränen Staaten wie Venezuela, Russland, China oder dem Iran. An welche Personen denken Sie beispielsweise ganz spontan beim Prinzip Nr. 3? Funktioniert der Frame?[13]

- Wir wollen den Krieg nicht
- Das gegnerische Lager trägt die Verantwortung
- Der Führer des Gegners ist ein Teufel
- Wir kämpfen für eine gute Sache
- Der Gegner kämpft mit unerlaubten Waffen
- Der Gegner begeht mit Absicht Grausamkeiten, wir nur versehentlich
- Unsere Verluste sind gering, die des Gegners enorm
- Künstler und Intellektuelle unterstützen unsere Sache
- Unsere Mission ist heilig
- Wer unsere Berichterstattung in Zweifel zieht, ist ein Verräter.

Der schottische Philosoph, Ökonom und Historiker David Hume schrieb 1749 in seinem »*Treatise of Human Nature*«: »*Wenn sich England im Kriege befindet, werde dem Gegner Grausamkeit, Heimtücke und Angriffslust unterstellt. Die eigene Sache und die der Verbündeten aber würden als moderat und gerechtfertigt angesehen. Der Anführer des Gegners sei blutrünstig und habe Freude an Tod und Zerstörung.*

Die Gewalt, die von der eigenen Seite ausgeübt werde, aber sei ein unvermeidbares Übel des Krieges.«[14] Die sprachliche Verharmlosung der eigenen Vergehen, der Feindbildaufbau durch Propaganda (später auch mit Hilfe professioneller Public Relations) sowie die militärische Notwendigkeit der Lüge in Kriegs- oder Kriegsvorbereitungszeiten sind Mittel und Zweck dafür, dass die Bevölkerung sowohl Feindbild als auch Kriegsziel mitträgt.

Wie Sprache und die Nutzung der immer gleichen Schlüsselwörter auf die mentale Verfasstheit der Rezipienten gegenüber geopolitisch brisanten Ereignissen wirken, sei exemplarisch an der inflationären Verwendung des Wortes »*Annexion*« aufgezeigt. Als sich im Februar 2014 die autonome Republik Krim per Volksentscheid und ohne einen Tropfen Blut vergossen zu haben, von der Ukraine trennte und fortan Teil der Russischen Föderation wurde, waren sich führende Politiker und staatstreue Publizisten bei Tagesschau & Co. einig – und sind es bis heute: Russland ist Aggressor und habe mit der Annexion der Krim einen besonders drastischen Verstoß gegen das Völkerrecht begangen. Man hätte im Sinne des Selbstbestimmungsrechtes der Völker auch das weniger negativ besetzte Wort »*Sezession*« nutzen können, denn der Vorgang auf der Krim ähnelte – ganz im Gegensatz zu der 1999 vom Westen herbeigebombten Abtrennung des Kosovo von Serbien – eher einer friedlichen Abspaltung und Wiedervereinigung als einer gewaltsam erzwungenen und einseitigen Eingliederung in eine fremde geopolitische Einheit. Die weit weniger dramatische Interpretation hätte jedoch nicht die darauf folgende massive Aufrüstung der NATO-Staaten nahe der Grenze zu Russland legitimiert.[15]

Viele Medien betreiben eine feindselige Emotionalisierung ihres Publikums, die mit einer sachlich-neutralen Darstellung von Ereignissen wenig zu tun hat. Die Motivation dahinter unterscheidet sich wenig von der Propaganda früherer Phasen der deutschen Geschichte: Es geht um die Tiefenverankerung von Feindschaft. Besonders Nazi-Vergleiche (*Serben-KZ, Putin-Hitler, Saddam-Hitler, Assad-Hitler*) passen in dieses Konzept. Der historische Kontext dieser Zuschreibungen ist zumeist fragwürdig, doch bestimmte Signalworte und Wortkombinationen rufen bei den Rezipienten negative Konnotationen hervor und tragen so aktiv zum Aufbau von Feindbildern bei.

> *»Wörter sind nicht nur Wörter. Sie aktivieren einen riesigen Bereich an Gehirnmechanismen ... Wenn Sie tagtäglich wiederholt werden, werden ausgedehnte Bereiche des Gehirns immer und immer wieder aktiviert – und das führt zu Gehirnveränderungen. Nicht löschbare Gehirnveränderungen. Einmal gelernt, kann die neue neuronale Struktur nicht einfach gelöscht werden. ... Jedes Mal, wenn diese Wörter wiederholt werden, werden all die Deutungsmuster und Metaphern und Weltsicht-Strukturen erneut aktiviert und gestärkt.«*
>
> George Lakoff[16]

Vom Narrativ zum Feindbild

Seit Jahrzehnten forschen Hundertschaften von Wissenschaftlern zu Möglichkeiten erzählerischer Überzeugungsarbeit, oder akademisch ausgedrückt: zum persuasiven Potenzial narrativer Berichterstattung. So ist der Zusammenhang zwischen Journalismus und Erzählung (Storytelling bzw. Narrativ) bereits seit den 1970er Jahren Gegenstand zahlreicher Publikationen. Ziel der kollektiven Bestrebungen des *»politisch-wissenschaftlich-medialen Komplexes«* ist es, den Rezipienten zu befähigen, die vernommene und verstandene Botschaft auch nachhaltig zu verinnerlichen und eine entsprechende Verhaltensänderung herbeizuführen.

Die Wissenskluftforschung[17] unterstreicht insbesondere die Bedeutung alternativer Vermittlungsstrategien für Personen, für die sich eine klassische Nachrichtenvermittlung aus diversen Gründen als wenig oder gänzlich ungeeignet erweist. Eine solch alternative Form der Berichterstattung müsste zunächst Interesse und Aufmerksamkeit wecken, um auch Menschen zu erreichen, die ansonsten mit politischen Nachrichten wenig bzw. nichts anfangen können oder diese mit Vorsatz meiden.

Die meisten Menschen interessieren sich von Kindheit an mehr für Geschichten, die von anderen Menschen handeln, als für reine Fakten und Daten, weil sich sowohl Bilder als auch Metaphern besser verarbeiten lassen und leichter einprägen als abstrakte Sachverhalte. Informationen, in Form narrativer Erzählweisen präsentiert, werden selektiv verinnerlicht und können auf Einstellungen und Verhalten nachwirken. Die Forschung zeigt, dass Narrationen auf sehr subtile Weise überzeugen können, wenn Erzählhandlung und Zielinformationen so eng wie möglich miteinander verknüpft sind. Rezipienten übernehmen auch schwache Argumente und offensichtlich unsinnige Überzeugungen, wenn diese narrativ vermittelt werden. Die stärksten Persuasionsmechanismen sind – laut Forschung – reduziertes Gegenargumentieren und unterbundene Reaktanz.[18]

- Warum sind Staat, Wissenschaft und Medienbetriebe in der heutigen, sich als aufgeklärt begreifenden Gesellschaft, eigentlich so dringend darauf angewiesen, dass Rezipienten bestimmte Informationen nicht nur verstehen und möglichst ohne Beanstandung und Widerspruch glauben, sondern auch verinnerlichen? Warum darf der Rezipient, nachdem er die aktuellen Nachrichten, den belehrenden Kommentar, den bebilderten Bericht oder die Reportage zur Kenntnis genommen hat, nicht einfach seine Schlüsse ziehen und die Botschaft wieder vergessen? Bei der Masse an Informationen, die beispielsweise das Internet zur Verfügung stellt, ist die Fähigkeit, das Gelesene, Gehörte oder Gesehene zu verstehen **und** zu behalten, sowieso reduziert.
- Warum beschäftigt das Pentagon um die 27.000 Personen, die ausschließlich für Öffentlichkeitsarbeit (PR, Werbung, Rekrutierung) und das mediale Aufpolieren der US-Kriege zuständig sind? Tom Curley, ehemaliger Chef der US-amerikanischen Nachrichtenagentur AP, kritisierte 2009 in einem Vortrag vor Journalisten den Druck des US-Verteidigungsministeriums auf seine Berichterstatter in Kriegsgebieten. AP-Recherchen zufolge kosteten die PR-Maßnahmen des Militärs die Steuerzahler jährlich 4,7 Milliarden Dollar.[19]

- Warum gab das US-Verteidigungsministerium laut einem Bericht des britischen *Guardian* von März 2011 jährlich bis zu 580 Mio. US-Dollar an Medien (Zeitungen, Fernsehsender, YouTube-Videos z. B. von oppositionellen Gruppen in Krisengebieten), Blogs und sonstige wichtige Multiplikatoren im Ausland aus?[20]
- Warum betreibt die britische *»Integrity Initiative«* unter Beteiligung deutscher Politiker, Journalisten und Think-Tanks ein internationales, verdecktes Netzwerk aus Geheimdienstlern, Militäroffizieren, Politikern, Journalisten und Akademikern, welches sich die Aufgabe gestellt hat, umfangreiche antirussische Medienkampagnen zu koordinieren?[21]
- Warum ist die – laut *Spiegel* – *»einflussreichste private Institution Amerikas und der westlichen Welt«, Council on Foreign Relations*, so erpicht darauf, Eigentümer, Chefredakteure und Top-Journalisten führender Medien in ihre Strukturen zu integrieren?[22]
- Warum drehte das Pentagon mit Hilfe einer britischen PR-Agentur für satte 500 Mio. Dollar Propaganda-Videos für al-Qaida?[23]
- Und warum fließen auch in Deutschland Unmengen an Steuergeldern in die Fördertöpfe von Organisationen, Stiftungen und Think-Tanks, deren Kerngeschäft die Manipulation und Beeinflussung der öffentlichen Meinung ist?[24]

Politisch meinungsführend sind in Deutschland die *»Stiftung Wissenschaft und Politik«*[25] (SWP) und ihr *»Deutsches Institut für Internationale Politik und Sicherheit«*. Finanziell bestens ausgestattet vom Kanzleramt, werden hier die außenpolitischen Leitplanken, Argumentationsmuster, Wording und diverse Handreichungen für die Politik erarbeitet, die in Folge die gleichlautenden Narrative und den Informationsstil der konzern- und staatsnahen Medien prägten. Wann immer die öffentlich-rechtliche Nachrichtengebung opportune Experten benötigt, stehen namhafte Mitarbeiter der SWP[26] vor den Kameras bereit.

Geradezu prekär mutet dagegen die von diversen Qualitätsjournalisten in schöner Regelmäßigkeit herbeiphantasierte *»russische*

Troll-Fabrik in St. Petersburg« an, die mit ihren 150 Mitarbeitern eher dem Charakter eines Call-Centers entspricht, aber laut der ehemaligen ARD-Moskau-Korrespondentin Golineh Atai in der Lage sei, die Öffentlichkeit der westlichen Welt ideologisch zu beeinflussen und sogar Wahlen zu manipulieren.[27]

Die Beeinflussung der *»Heimatfront«* ist so alt wie die Kriegsführung selbst und, die Funktion der Medien für die Formatierung der Gedanken als notwendiges Element zur Realisierung von Kriegen ist evident. Kriege können nicht stattfinden, wenn nicht vorher auf mentalem Wege die Weichen dafür gestellt wurden und die öffentliche Meinung zustimmend auf geplante Interventionen reagiert. Hass, Vorurteil und Kriege beginnen immer in den Köpfen der Menschen, eingepflanzt durch psychologische Mobilmachung, gezielte Desinformation und Propaganda. Bevor die öffentliche Meinung einem Krieg zustimmt oder zu Intervention, Sanktionen und anderen Schikanen gegen andere Völker animiert werden kann, muss sie von der realen Notwendigkeit und vom unvermeidlichen Konflikt überzeugt werden.

Ein wesentlicher Teil der modernen Kriegsführung zielt auf die menschliche Psyche ab und will primär Einstellungen verändern, nicht nur in Bezug auf geplante Interventionen gegen andere Völker, sondern auch um Feindbilder zu generieren, die dem herrschenden System von Nutzen sind. Die Massenpropaganda arbeitet dabei mit simplen, aber kategorisch vorgetragenen Behauptungen. Durch penetrante Wiederholung der Inhalte und unter Zuhilfenahme passender Schlüsselwörter (*Diktator, Schlächter, Machthaber, Irrer, Regime etc.*), bildet eine entsprechende Stimmung und ein Effekt der psychologischen Ansteckung. Verstärkt wird der Prozess auch hier durch das Bestreben vieler Menschen, sich der Masse anzuschließen (Mitläufereffekt, auch Bandwagon-Effekt) und dazuzugehören, anstatt durch gegenläufige Ansichten ausgegrenzt und stigmatisiert zu werden.[28]

Das alte Herrschaftsinstrument Presse, das aus der Nähe zu elitären und parteipolitischen Interessen Profit schlägt oder gar Teil davon ist, bereitet Mächten den Boden, die darauf angewiesen sind, die öffentliche Meinung auf die *»Notwendigkeit«* von Sanktionen bis hin zu Kriegseinsätzen einzuschwören. Die geopolitischen Funktionen imperial orientierter Medien sind insbesondere die Delegitimierung potentieller *»Feindstaaten«* bzw. deren aktueller Regierungen, die Unterstützung offener und das Ausblenden verdeckter Operationen, die Rechtfertigung von Sanktionen und Regimewechseln sowie die Mithilfe bei der Führung bzw. Absetzung von Klientelregierungen.[29]

Gezielte Propaganda mittels handfester Lügen war Grundlage völkerrechtswidriger Kriege gegen Vietnam, Jugoslawien, den Irak, Libyen und Syrien. Zu jedem einzelnen Fall gibt es eine Legende, die von Spin-Doktoren oder Politikern erdacht und von Massenmedien eilfertig verbreitet wurde. Einige längst widerlegte Kriegslügen haben sich bis heute, *»dank«* serviler Medien im kollektiven Gedächtnis eingebrannt, andere, zu offensichtliche, haben die Glaubwürdigkeit von Politik und Medien weiter beschädigt.

Unvergessen ist der *»Tonkin-Zwischenfall«*, der den Vorwand für die Ausweitung des Vietnamkriegs sowie die Luftangriffe und Flächenbombardements der USA gegen die Demokratische Republik Vietnam (»Nordvietnam«) lieferte. Die *»Tonkin-Resolution«* legalisierte nach ihrer Annahme im US-Kongress von 1965 bis 1973 alle Kriegsmaßnahmen der USA in Vietnam.[30] Der Krieg wurde bekanntermaßen verloren, was die gedemütigten US-Eliten zu dem Schluss verleitete, dass der Vietnamkrieg vor allem durch die Berichterstattung in den Medien verloren wurde. Fortan wurde als notwendig erachtet, einen Krieg nicht nur an der Front, sondern auch an der Heimatfront zu gewinnen. So kam es zur verstärkten Konditionierung der Medien, jeder künftige Krieg wurde von einer ausgeklügelten Medienstrategie begleitet.[31]

Berühmt-berüchtigt ist auch die sogenannte »Brutkasten-Lüge«, kreiert von einer PR-Agentur und tränenreich vorgespielt von einer Jugendlichen, die vor dem informellen Menschenrechtskomitee des US-Kongresses behauptete, irakische Soldaten hätten bei der Invasion Kuwaits im August 1990 Frühgeborene getötet, indem sie diese aus ihren Brutkästen gerissen und auf dem Boden hätten sterben lassen. Erst nach dem Krieg wurde bekannt, dass besagte Jugendliche die fünfzehnjährige Tochter des kuwaitischen Botschafters in den USA war. Die *Public Relation Agentur Hill & Knowlton* hatte sich den Vorfall ausgedacht, um die US-amerikanische Öffentlichkeit von der Notwendigkeit eines Krieges gegen den Irak zu überzeugen. Die Brutkasten-Lüge wurde seinerzeit von den meisten Massenmedien weiterverbreitet, leider auch von Menschenrechtsorganisationen wie *Amnesty International.* Diese NGO trug damals maßgeblich dazu bei, die öffentliche Meinung in den USA zugunsten des ersten US-Krieges gegen den Irak zu drehen.[32]

Ein weiteres bekanntes Beispiel für Kriegspropaganda waren die angeblichen Belege über irakische Massenvernichtungswaffen, die US-Außenminister Colin Powell 2003 dem UN-Sicherheitsrat mittels eines in die Höhe gehaltenen kleinen Reagenzglases verkaufte. Jahre später, aber zu spät für zigtausende getötete Iraker, sollte er diese Lüge selbst als »Schandfleck« seiner Karriere bezeichnen. Im Vorfeld seiner kriegsauslösenden Rede hatte Powell fünf Tage im Hauptquartier der CIA verbracht und Geheimdienstberichte studiert, von denen sich viele später als falsch herausstellten. Nach der Invasion hatten US-amerikanische Waffeninspekteure keinerlei Belege für die Existenz von atomaren, biologischen oder chemischen Waffen im Irak gefunden.[33]

Die angeblichen serbischen Massaker im Kosovo, der Auschwitz-Vergleich des grünen Außenministers Joseph Fischer und der sogenannte *»Hufeisenplan«*, den der damalige Verteidigungsminister Rudolf Scharping (SPD) der jugoslawischen Regierung angedichtet hatte, um den NATO-Angriffskrieg zu rechtfertigen, gingen in die jüngere Geschichte ein.[34] Die Bundesregierung brauche *»Fakten über Gräuel, besser noch Bilder von Grausamkeiten, die Milosevics Schergen begangen haben«*, beschwerte sich Verteidigungsminister Scharping öffentlich, die NATO rücke nicht genügend Bilddokumente heraus. *»Ich hoffe, sie ändert das bald«*, so Scharping, denn es sei *»auch eine Schlacht um Information und Propaganda.«*[35]

Was angesichts diverser Tribunale gegen Angegriffene durch die Angreifer besonders auffällig ist: Kein noch so sehr auf Lügen basierendes NATO-Kriegsverbrechen wurde jemals angemessen geahndet. Es gab keinerlei Sanktionen im Gegenzug für Millionen Opfer in arabischen bzw. muslimisch geprägten Ländern seit 9/11, die auf das Konto des US-Regimes und seiner Verbündeten gingen, kein international anerkanntes Urteil wegen Völkermordes, Kriegsverbrechen und Verbrechen gegen die Menschlichkeit, und vor allem kaum Kritik seitens der etablierten Medien am hegemonialen Gebaren des Westens.

Das Gegenteil ist der Fall: Die in Komplexitätsreduktion brisanter geopolitischer Ereignisse geübten Medienvertreter samt ihren monokausalen Erklärungen von Kriegsursachen lassen Zweifel an deren beruflicher Eignung aufkommen. Jene Zunft in den Medienhäusern und Sendeanstalten, die wegen ihrer vorsorglichen Mitwirkung an Kriegsverbrechen früher einmal als »Schreibtischtäter« bezeichnet wurden, übt sich bis heute im Relativieren, Rechtfertigen und im Verdrehen von Realitäten. Anstatt Kriegspolitik abzulehnen, wie es ihre demokratische Pflicht wäre, ergreifen sie Partei, schützen Täter und werben weiterhin für militärisches Eingreifen, wie man an den Beispielen Venezuela und Iran sehen kann.[36/37]

»Massenkommunikationsmittel können Verlauf und Ausgang von Konflikten entscheidend beeinflussen. Wer über solche Mittel verfügt, wird sie zu seinem Nutzen und zum Schaden des Gegners einsetzen. Propaganda, Desinformation und Manipulation von Meinungen sind Teil des Kampfes um und mit Information. In einem Klima einseitiger Information und eingeschränkter Informationsmöglichkeit kann politische, ethnische, religiöse und anders geartete Ideologisierung bis hin zur Gewaltbereitschaft gedeihen.«

Zeitschrift Europäische Sicherheit,
Ausgabe Juli 1999[38]

Teil II

Programmkritiken

Zwischen Feindbild und Wetterbericht

Medienkritiker sind nicht gut gelitten in Deutschland, es sei denn sie agieren »embedded« und treten den Kollegen nicht zu sehr auf die Füße. Wer jedoch als normaler Bürger die veröffentlichte Meinung in Frage stellt, begibt sich auf dünnes Eis. Kritik an der Mangelinformation von Tagesschau & Co. gleicht inzwischen einem Topfschlagen im Minenfeld. Diverse Etikettierungen sowie die inflationäre Nutzung von Kampfbegriffen wie Verschwörungstheoretiker, Wutbürger, Troll u. ä. kann man sich schon bei moderater Kritik einfangen. Wer als Person des öffentlichen Lebens brisante Ereignisse der Gegenwart kritisch hinterfragt und vom allgemeinen Konsens abweichende Meinungen vertritt, kann schnell vorgeführt, stigmatisiert und nicht selten mundtot gemacht werden. Wegen ihrer Kritik am Regierungshandeln wurden kritische Journalisten, Künstler, Autoren, Satiriker und Wissenschaftler in den letzten Jahren vermehrt Opfer diverser Rufmordkampagnen. Quo vadis, Meinungsfreiheit?

Unter Verletzung seines gesellschaftlichen Auftrags ist der öffentlich-rechtliche Rundfunk maßgeblich daran beteiligt, in manipulativer Weise Ressentiments zu schüren und Feindbilder zu schaffen, die nach außen den Frieden gefährden und nach innen eine gesellschaftliche Spaltung forcieren. Wer dies in Wahrnehmung seines demokratischen Rechts auf freie Meinungsäußerung und demokratischer Partizipation offen kritisiert, läuft Gefahr, in der medialen Öffentlichkeit in die Kategorie »Staatsfeind« eingeordnet zu werden.[A]

Noch eine Eskalationsstufe höher als engagierte Medienkritiker befinden sich zahlreiche Mitbürger, die das öffentlich-rechtliche Rundfunk-System in Gänze ablehnen und entschlossen zum Zahlungsstreik aufrufen. All diese Personengruppen subsumiert die Verfasserin des Framing Manual, Elisabeth Wehling, als »Gegner« der

ARD, die es mittels Framing zu missionieren gilt. Bereits Wehlings 2013 erfolgte Publikation »Political Framing« zeigt ihre ideologische Nähe zu den Vorstellungen rechter US-Thinktanks wie der Heritage Foundation, die Millionenbeträge für politische Forschung dafür ausgeben, mittels Implementierung sprachlicher Deutungsrahmen Menschen in eine spezifische politische Richtung zu lenken.[B]

16. Februar 2019

Programmkritik 1
Framing – Wie man die Leute für dumm verkauft

Die schiere Selbstachtung hätte die ARD-Oberen davon Abstand nehmen lassen müssen, aber nein: Ein Strategiepapier fürs Schönreden musste her. Sie gaben es bei einem Beratungsinstitut in Auftrag. Sie, Repräsentanten des Ersten Deutschen Fernsehens, wollten sich sprachlich aufrüsten lassen für den Kampf um die politische Deutungshoheit im Lande. Sie bekamen ein ausgefeiltes »Manual«. Es rät ihnen dazu, den verlogenen Anspruch, die ARD sei *»der verlängerte Arm des Bürgers«*, beim Publikum durchzusetzen.[1] So lange und so nachdrücklich, dass viele Leute das tatsächlich immer noch glauben.

Die ARD sieht sich mit wachsender Kritik und zunehmendem Ansehensverlust konfrontiert. An die Substanz geht das zwar noch längst nicht, aber es schmerzt. Das Publikum lässt sich nicht mehr alles bieten und reagiert auf bestimmte Programmangebote und -defizite lauter und gereizter. Beispielsweise lässt sich der begründete Vorwurf der illegitimen Meinungsmache, der transatlantisch genormten Nachrichtenmanipulation, einer antirussischen Stoßrichtung, der Regierungshörigkeit und einer auch sprachlich-formal fragwürdigen Berichterstattung nicht einfach wegwischen.[2] Doch statt sich Mittel und Wege zu einer deutlichen Verbesserung der Programmqualität zu überlegen, fanden die ARD-Herrschaften es angeraten, sich zwecks sprachlich ansehnlicherer Außendarstellung professionelle

Anleitung zu kaufen. Der Gedanke dabei: Veränderte, edlere Verpackung täuscht auch höherwertigen Inhalt vor, obwohl der gleich bleibt. Ein klassischer Verkaufstrick.

Man beauftragte das in Berlin ansässige *»Berkeley International Framing Institute«*, die sprachlichen Benimm-Regeln zusammenstellen. Dessen Leiterin, Elisabeth Wehling, ist promovierte Linguistin,[3] ihre Spezialität und besondere Eignung für diesen Auftrag kommen im Titel ihres Hauptwerks klar zum Ausdruck: *»Politisches Framing. Wie eine Nation sich ihr Denken einredet – und daraus Politik macht.«*[4]

Wehling ist eine Expertin, die an der Berkeley-Universität in den USA erforscht hat, wie unser vermeintlich freies Denken manipulierbar ist. Sie hat untersucht, wie sprachliche Mittel genutzt werden können, um in unseren Köpfen eine *»Wirklichkeit«* entstehen zu lassen, die zwar mit unserer Realität wenig zu tun hat, dafür aber umso mehr den Eliten nützt. Offensichtlich setzt sie ihre Erkenntnisse nun in klingende Münze um.

So kauften sich die ARD-Oberen eine Fachfrau als Einweiserin in die Kunst, andere zu überreden, statt zu überzeugen. Was ist *»Framing«*? Es handelt sich um eine Methode, die eigenwillige Denkweise zur herrschenden Ansicht zu machen, indem für eine Person, eine Sache oder für ein Ereignis einfach nur andere Begriffe verwendet werden. Unterschiedliche Formulierungen einer Botschaft führen – bei gleichem Inhalt – auch zu unterschiedlichem Verhalten des Empfängers. Eine rationale Entscheidung soll damit ausgehebelt werden.[5] Framing ist das klassische Mittel der Verführung und der politischen Propaganda.

Der Anspruch des *»Berkeley International Framing Institute«* ist laut Wikipedia, *»interdisziplinär neurowissenschaftliches, psychologisches und linguistisches Wissen zu neuen Erkenntnissen zu verknüpfen. Die Kognitionsforscherin Wehling macht sich folglich Gedanken darüber, wie durch das Setzen von sprachlichen Deutungsrahmen eine Debatte in eine bestimmte Richtung gelenkt werden kann. Insbesondere konservative Thinktanks wie die Heritage Foundation investieren Millionenbeträge für die Entwicklung von Frames. Bei Wahlen würden* *die meisten Menschen aufgrund ihres ›moralischen Bauchgefühls‹ ihre Entscheidung treffen, was damit zusammenhänge, dass nur 2 Prozent des Denkens bewusst erfolgten.«* (ebd.)

Demnach sind 98 Prozent unseres Denkens unbewusst. Man könnte Wehlings Geschäft folglich auch als »*Verkauf wissenschaftlich abgesicherter Methoden zur unauffälligen Gehirnwäsche*« bezeichnen. Wie die funktioniert, beschreibt George Lakoff in seinem Buch »*Auf leisen Sohlen ins Gehirn*«.[6] An dem Werk hat Wehling übrigens mitgewirkt. Was im Buch kritisch-analytisch untersucht wird, und zwar mit genauem Blick auf die problematischen gesellschaftlichen Folgen, verkauft Wehling nun den ARD-Hierarchen in Form einer Handlungsanleitung. Eindrucksvoll, keine Frage. Die Reklamebranche macht rege und erfolgreich von Dr. Wehlings Erkenntnissen Gebrauch, die Politik ebenso.

Chefredakteur Gniffke setzte sich erst im Oktober 2018 beim AfD-Ortsverein Dresden in die Nesseln, als er sich diesem reichlich gemischten Publikum in einer Podiumsdiskussion mit der Bemerkung anbiederte, auch er bezahle die Rundfunkgebühr nur ungern.[7/8] Vermutlich hatte er das Wehling-»*Strategiepapier*« vorher noch nicht gelesen, obwohl es extra für solche Auftritte als Schablone dienen sollte. Das Wehling-Elaborat liegt zwar schon seit 2017 vor, aber erst Mitte Februar 2019 machte die Story darüber die Runde.[9] Nicht nur im Internet, auch in den Zeitungen. »*Wozu braucht die ARD denn ein Framing-Manual?*«, fragte beispielsweise der Branchendienst *Meedia*.[10]

Unter dem Titel »*Framing in der ARD: Sensibilisieren für den Umgang mit Sprache*« ist im Intranet des NDR nachzulesen[11], was die Sprachkünstler im Generalsekretariat der ARD dazu zu sagen haben:

»*Von einer ›Sprechanweisung für ARD-Führungskräfte‹ ist die Rede. Die Tatsachen sind allerdings deutlich weniger spektakulär. … Sich nicht mit der Wirkung und Wirkkraft von Sprache zu befassen, wäre für jedes Medienhaus nachlässig. Daher beschäftigen wir uns in der ARD selbstverständlich mit Themen wie Framing und wie es unsere Kommunikation prägt. Das ›Manual‹, das Dr. Elisabeth Wehling … verfasst hat, dient als Denkanstoß und Diskussionsgrundlage. Ihre Ausführungen sind Hinweise aus sprachwissenschaftlicher Sicht, die uns dafür sensibilisieren sollen, wie wir über uns selbst sprechen und wie wir mit unseren inhaltlichen Argumenten die Menschen erreichen können.«*

Bloß Hinweise. Keine Sprachregelung also, kein »*Wording*«. Keine »*Marktstrategie*«. Kein Versuch, den Eignungsnachweis und das Zertifikat für den elegantesten Täuschungsversuch des Publikums zu erwerben. Aber dringend nötig, wie in der Darstellung andererseits betont wird: »*Auch aus der Debatte rund um das ›No-Billag‹-Referendum*[12] *in der Schweiz haben wir gelernt,* dass **eine werteorientierte Kommunikation ebenso wichtig ist wie die reine Faktenvermittlung**. *Und schließlich wird, unter anderem von den Gremien, immer wieder gefordert, wir sollten in der Selbstdarstellung aktiver werden.«*

Das, hoch verehrtes Publikum, müssen wir uns richtig auf der Netzhaut zergehen lassen: Die Schaumschlägerei, genannt »*werteorientierte Kommunikation*«, ist genauso wichtig wie die Darstellung von Tatsachen – nach Ansicht dieser angespitzten ARD-Bleistifte.

»Um besser und aktiver zu erläutern, wer wir sind, wie wir arbeiten und warum es uns braucht, hatte die ARD … im Jahr 2017 gebeten, Vorschläge aus wissenschaftlicher Sicht zu entwickeln.«

O tempora! O mores! Schlimm, dass sogar ARD-Obere erläutern müssen, wozu es sie überhaupt braucht. Aber bitte, machen Sie nur so weiter, werte Herrschaften, immer runner mit de Büx: »*Was ist Framing überhaupt? Framing ist das Einbetten von Fakten und Informationen in einen werteorientierten ›Rahmen‹, der eine Haltung verdeutlicht. … Frames prägen (oftmals unbemerkt) unser Weltbild. … Die Beschäftigung mit dem Thema Framing innerhalb der ARD dient vor allem dazu, sich dieser Prozesse bewusst zu werden – im Sinne eines verantwortungsvollen Umgangs mit Sprache. … Um unsere Leistungen aktiv zu vermitteln und dabei offen eine werteorientierte Haltung zu kommunizieren, wird die Beschäftigung mit Sprache und ihrer Wirkmechanismen weiter fortgesetzt werden.«*

Das kann man nur noch als Offenbarungseid empfinden. Darüber hinaus als Affront gegen die Belegschaft der ARD-Anstalten. Hier der fällige Eintrag ins Stammbuch der ARD-Herrschaften: ***Wer***

qualitativ Hochwertiges anzubieten hat, vertraut auf den Erfolg seines Produktes. Es wirbt selbst für sich und für ihn. Er braucht keine Reklame und keine ausgefeilten psychologischen Verkaufstricks. Er muss nicht über »Werteorientierung« als Nachweis seiner Existenzberechtigung schwadronieren. Wer Framings braucht, hat's nötig.

Die ARD-Verantwortlichen ziehen aus dem qualitativen Niedergang ihres Angebots, aus der zunehmenden Bereitschaft des Publikums, die Rundfunkgebühren zu verweigern und vor allem aus der Entwicklung von Gegenöffentlichkeit nicht den nahe liegenden Schluss, ihr Programmangebot, besonders ihre Nachrichtensendungen, wieder verstärkt nach den *»anerkannten journalistischen Grundsätzen«* zu gestalten, auf die sie übrigens in den Staatsverträgen über den öffentlich-rechtlichen Rundfunk gleich mehrmals verpflichtet sind. Vielmehr wollen sie sich mit sprachgeregeltem Schönreden über ihre Gegner erheben: *»Sich niemals auf das Framing der Kritiker einlassen!«* Stattdessen: *»Unser Rundfunk ARD«. »Freiheit«, »Beteiligung«, »Zuverlässigkeit«.*[13]

Rosstäuscher im Frack. Dabei ist man doch selbst praxiserfahren genug, um sich das richtige Framing nicht extra von dieser auswärtigen Expertin erklären lassen müssen. Ist das nicht längst das tägliche Brot von Dr. Kai Gniffke & Co.? Hat der Tagesschau-Chefredakteur nicht grade erst einen Emporkömmling als *»selbsternannten Übergangspräsidenten Venezuelas«* ausgeben lassen, eine Type, die genauso treffend als *»USA-gesalbter Hochverräter und faschistoider Putschist«* zu benennen wäre – die gleiche Person, nur in höchst unterschiedlicher sprachlicher Verpackung? Gniffke ist ein Experte, der immer die richtige Wahl trifft bei Alternativen wie *»Terrorist – Rebell«, »Straftäter – Menschenrechtsaktivist«* oder *»Präsident – Machthaber«.* Er weiß, wie man seiner Aufgabe als Staatsfunker gerecht wird. Er hat es drauf, das Framing.

Für ihre Effekthascherei und Marktschreierei haben sie trotzdem einen auf *»von der Leyen«* gemacht und für ein sündhaft teures Gutachten Rundfunkbeitragsgeld in mindestens fünfstelliger Höhe verschleudert – derweil das Berufsethos in der ARD den Bach runtergeht.

Venezuela

Seit Beginn der sozialistisch orientierten Regierung Hugo Chávez versuchen die USA den Regime Change in Venezuela, und das mit allen Mitteln: von der Förderung der Opposition über völkerrechtswidrige Wirtschaftssanktionen und die Unterstützung von Putschversuchen bis hin zur Androhung von militärischer Gewalt. Ungeklärt ist die Rolle der USA bei Attentatsversuchen gegen die jeweiligen Präsidenten Chávez und Maduro.

Venezuela verfügt über die weltweit umfangreichsten verstaatlichten Ölreserven; das US-Interesse an diesem »Hinterhof« ist manifest. Zudem missfielen die Öllieferungen zu Sonderkonditionen an befreundete Länder. Auch Venezuelas Solidarität mit Kuba und den seinerzeitigen Linksregierungen in Süd- und Mittelamerika waren dem Hegemon ein Dorn im Auge.

Nicolás Maduro wurde im März 2013 mit knapper Mehrheit zum neuen Präsidenten Venezuelas gewählt. Als Nachfolger des beliebten und seit 1998 in Wahlen und Abstimmungen immer wieder bestätigten Hugo Chávez, trat Maduro nach dessen Tod ein schweres Erbe an. Die wirtschaftlichen Schwierigkeiten nahmen parallel zum Niedergang des Weltmarktpreises für Rohöl zu, das mit Abstand die wichtigste Einnahmequelle Venezuelas darstellt. Maduros Maxime, für Venezuela, eine »Demokratie ohne Kapitalismus« zu entwickeln, die auch den Individuen und Minderheiten erweiterte Rechte und Selbstbestimmung gewährleisten sollte, stößt an Grenzen.

Wie der Lateinamerika-Experte Harald Neuber berichtete, hatte Ex-US-Präsident Obama Venezuela im März 2014 mittels »Präsidialdekret 13692«[A] zur »außergewöhnlichen Bedrohung für die nationale Sicherheit und Außenpolitik der Vereinigten Staaten« erklärt. Der US-Kongress hatte bereits Mitte Dezember 2014 eine Reihe von

Strafmaßnahmen auf den Weg gebracht, die mit dem Dekret Obamas in Kraft traten und teilweise erweitert wurden. So wurden Vermögen von Funktionsträgern aus Venezuela eingefroren, Einreiseverbote ausgesprochen und geschäftliche Kontakte mit US-Bürgern unter Strafe gestellt. Begründet wurden die Strafmaßnahme mit angeblichen Verstößen gegen die Menschenrechte während gewaltsamer Proteste oppositioneller Gruppen Anfang 2014. Kritiker wiesen darauf hin, dass die Gewalt bei den Protesten nachweislich nicht von der Regierungsseite ausging.[B]

In Deutschland wird von den großen privaten und öffentlich-rechtlichen Medienbetrieben regelhaft einseitig über die politische Situation in Venezuela berichtet. Über die zahlreichen Verbesserungen der Menschenrechtslage seit der Regierungsübernahme des Linksbündnisses 1998, wie die Senkung der Armutsquote, die Verbesserung der Wohnsituationen der armen Bevölkerungsschichten und über die als »Misiones« bekannten Sozialprogramme wurde von Tagesschau & Co. nie angemessen berichtet, obwohl Korrespondenten vor Ort waren. Als 2002 der von den USA orchestrierte Putsch gegen die Regierung Chávez scheiterte, wurde zudem bekannt, dass die deutsche Konrad-Adenauer-Stiftung maßgebliche Putschisten finanziell förderte. Eine kritische Würdigung dieser »Einmischung« seitens der deutschen Mainstream-Medien unterblieb. Nur das Messen mit zweierlei Maß seitens der politischen Eliten und des Mainstreams blieb bis heute eine zuverlässige Konstante.[C]

14. April 2019

Programmkritik 2

Mit zweierlei Maß gemessen – Bei Kolumbien gucken wir weg

Die Heckenschützen der Tagesschau feuern nur auf Ziele nach Vorgabe der Bundesregierung

Vergleichen ist bekanntlich ein Lernverfahren. Rückschluss: Wird Ihnen, dem Fernsehnachrichten-Konsumenten, eine bedeutende

Vergleichsmöglichkeit vorenthalten – für den »Nachrichten«-Versender ARD-aktuell ist das Routine – dann wird Ihnen der Zugang zu Erkenntnissen erschwert, schlimmstenfalls sogar verschlossen. Ihre Entscheidungsfähigkeit, ihre soziale Kompetenz, ihre Souveränität sind berührt. Wie das im Einzelfall vor sich geht, soll hier eine Kritik an der Nachrichtengestaltung über Kolumbien aufzeigen. Im Unterschied zur verstiegenen Berichterstattung über das Nachbarland Venezuela findet der miserable Alltag der Kolumbianer keine Berücksichtigung in der Tagesschau. Das »Flaggschiff der ARD« hat Schlagseite. Und das ist gewollt so.

Wenn es gilt, vermeintlichen Machtmissbrauch, Mangelwirtschaft, soziale Fehlentwicklungen oder Demokratiedefizite in Russland, in der Volksrepublik China, in Syrien oder jetzt in Venezuela anzuprangern, dann ist ARD-aktuell kaum zu bremsen. Sie *»berichtet«* in allen Formaten und Varianten. Ihre Übertreibungen relativiert sie nicht, ihre Falschmeldungen korrigiert sie nicht; sie beschuldigt und behauptet, statt getreulich zu beschreiben und zu belegen. Es soll, es muss was hängen bleiben von jenen *»Regimes«* und *»Machthabern«*, die nicht so sind und sein wollen, wie der Wertewesten und seine Leitmedien inklusive ARD-aktuell sie gerne hätten.

Vor der eigenen Tür kehrt man im Wertewesten nicht. Ob Gegengewalt protestierender Gelbwesten in Frankreich, jugendliche palästinensische Opfer israelischer Scharfschützen, faschistoide Rechtsbeugung in spanischen Schauprozessen gegen Katalanen und Basken, Nazi-Umtriebe in der Ukraine oder Friedensdemonstrationen und Blockaden im pfälzischen Ramstein: Schon ist die ARD-aktuell wortkarg. Oder Chefredakteur Gniffke lässt die *»Staatsräson-Karte«* ziehen, dann folgt ein Propaganda-Exkurs. Unverkennbar und erweislich orientiert sich die Nachrichtenauswahl dieser Qualitätstruppe an Blickwinkel und Partikularinteresse der Bundesregierung. Die Gniffkes ecken nicht an. Das unterscheidet Regierungsfunker und Hofberichterstatter vom Journalisten. Der fände sich fragwürdig und verächtlich gemacht, wenn man ihn als *»Qualitätsjournalist«* bezeichnete.

Vergleichen wir die Berichterstattung über Kolumbien mit jener über den Nachbarstaat Venezuela: Der deutliche Unterschied in der Aufmerksamkeit für Menschenrechts- und Demokratie-Defizite zeigt einen Zynismus, vor dem viele Nachrichtenschreiber der öffentlich-rechtlichen Rundfunkanstalten nur so strotzen. Zugleich entblößt er, wie weit Gniffkes Leute Heuchelei und Doppelmoral der »*Westlichen* Wertegemeinschaft« in den eigenen Arbeitsstil aufgenommen haben.

Die Bundesregierung unterhielt bis zum Rauswurf von Botschafter Kriener aus Venezuela zwar diplomatische Beziehungen zu Caracas, aber von deren Pflege kann schon seit zwei Jahrzehnten keine Rede sein. Gehässig und in typisch deutscher Arroganz abfällig betrachten das Regierungskabinett und die Bundestagsmehrheit den sozialistischen Weg in Venezuela und gestalten den Umgang mit der Regierung Maduro entsprechend.

Ganz anders hingegen sehen die deutsche Einschätzung Kolumbiens und der Umgangsstil mit diesem Land aus: *»Deutschland und Kolumbien pflegen enge politische, wirtschaftliche und kulturelle Beziehungen. Kolumbien gehört zu den Kooperationsländern der deutschen Entwicklungszusammenarbeit, mit denen die Bundesrepublik auf Basis zwischenstaatlich vereinbarter Verträge eng zusammenarbeitet. Die Zusammenarbeit besteht seit mehr als 50 Jahren.«*[1]

Was kümmert es Merkel & Co., dass 27 (!) Prozent der kolumbianischen Bevölkerung unterhalb der nationalen Armutsgrenze leben – und die liegt klaftertief unter der deutschen! – und dass 6,5 Prozent Hungersymptome zeigen? Und was kümmert das die Tagesschau? Die hat keine Zeit für Kolumbiens Elende, sie muss doch andauernd wegen der Armen in Venezuela kritteln …

Einkommen und Vermögen in Kolumbien sind im regionalen wie auch im globalen Vergleich extrem ungerecht verteilt. Nach dem sogenannten Gini-Index (statistisches Maß zur Darstellung von Ungleichverteilungen) gehört Kolumbien zu den zehn Ländern mit der größten Ungleichheit weltweit.

Im Index der »*menschlichen Entwicklung*« liegt Kolumbien 14

Ränge hinter Venezuela.[2] Von Beachtung und Schutz der Menschenrechte ist in Kolumbien, anders als in Venezuela, kaum eine Spur zu finden. Im Welt-Ranking für Pressefreiheit rangiert Kolumbien auf Platz 130, tief im unteren Drittel.[3] Massenüberwachung, Morde, schwere Körperverletzung, Psychoterror und Einschüchterung bestimmen den journalistischen Alltag.

Die Wahrheitskommission zur Befriedung der kolumbianischen Gesellschaft und zur Aussöhnung mit der FARC-Guerilla[4] sowie die Sonderermittlungseinheit der Generalstaatsanwaltschaft zur Zerschlagung krimineller Organisationen sind auf sich gestellt und werden von der kolumbianischen Regierung kaum unterstützt. Die Todesschwadronen der Großgrundbesitzer können schalten und walten. Nach Angaben der staatlichen Ombudsbehörde haben Angriffe auf Verfechter der Menschenrechte in den letzten drei Jahren drastisch zugenommen: 431 mutige Männer und Frauen wurden in den vergangenen drei Jahren ermordet. Allein im Jahr 2018 waren es 172. Dennoch habe die *»Nationale Kommission für Sicherheitsgarantien«* fünf Monate lang nicht getagt, klagt das katholische Hilfswerk Misereor.[5]

Interessieren die miserablen menschenverachtenden Zustände die deutsche Regierung? Nein. Was folgt daraus für die Nachrichtengestaltung von ARD-aktuell? Ignorieren, wegschauen, schweigen. Nur qualitätsjournalistisches Desinteresse fand ergo auch der gewaltsame Tod jener elf Menschen, die vor einigen Tagen für ihre Rechte demonstriert hatten und dafür mit ihrem Leben bezahlen mussten.[6] Elf Tote? Das waren doch bloß indigene Kolumbianer... Die Indigenen[7] hatten protestiert, weil mehr als 1.300 Zusagen nicht eingelöst worden waren, die ihnen von den letzten Regierungen gegeben worden waren. 1.300 (!) Garantien, unter anderem die gleichberechtigte Aufnahme der ethnischen Gruppen in den Nationalen Entwicklungsplan und die Anerkennung der landlosen Bauern als Rechtssubjekte.

Man bemerke den Unterschied: Wenn ein venezolanischer Großbürger Guaidó sich selbst zum Präsidenten ernennt, weil ihn die USA für den Putschversuch abgerichtet haben, ist er wochenlang ein Aufmacher-Thema für die Tagesschau. Obwohl er nichts als ein windiger Aufwiegler ist, dem allerdings Heiko I. umgehend seinen Segen gab. Wenn hingegen elf kolumbianische Indigene demonstrieren, um zu bekommen, was ihnen zusteht und ihre Regierung ihnen versprach, aber wegen ihres Protests massakriert werden, dann behält der Qualitätsjournalist das für sich. Was sagt solche Nachrichtengewichtung über ARD-aktuell aus?

Die Hamburger Experten im Selektieren bieten zwecks Verschleierung ihres Missbrauchs politisch genehme Menschel-Geschichten (engl.: stories with human touch) aus dem Grenzland. Sie lenken das Augenmerk von Kolumbien ab und auf die als *»humanitäre Hilfsaktion«* ausgegebenen Umsturzmanöver des CIA-Hampelmannes Guaidó an der venezolanisch-kolumbianischen Grenze. CIA-Hampelmann? Nun ja, man nehme geleakte Mails des US-Informationsdienst Stratford zu Ausbildungsprogrammen in Sachen Regime Change zur Kenntnis.[8] In der Begleitberichterstattung aus dem kolumbianischen Städtchen Cucuta gilt die journalistische Aufmerksamkeit plötzlich dem Los schwangerer Frauen – aus Venezuela.

Das Schicksal verarmter und verfolgter schwangerer Frauen in Kolumbien interessiert hingegen einen feuchten Kehricht. Herz-Schmerz-Journalismus im Interesse eines reaktionären, von den USA gesponserten Maulhelden hat Vorrang.[9] Das Leid von Frauen und Kindern als Thema der politischen Propaganda gilt nicht erst seit Nazis Gedenken als hocheffektiv. Manipulativer Missbrauch mit der mitmenschlichen Empfindsamkeit scheint in unserer Zeit aber von Krieg zu Krieg an Intensität noch zuzunehmen.

ARD-aktuell spielt das Spiel mit. Ohne Rücksicht auf staatsvertragliche Pflichten, journalistische Grundsätze und berufsethische Grenzen: Der von *»Weißhelmen«* angeblich aus Trümmern geborgene Junge namens Omran und das *»Twittermädchen«* Bana Alabed aus Aleppo oder auch die im Irakkrieg entführte US-amerikanische Soldatin Jessica Lynch sind Protagonisten dafür, wie eine nicht eben unterbezahlte Journalistenriege das Mitgefühl ihres Publikums benutzt und parteiisch kanalisiert.[10/11]

»Schwangere Frauen suchen verzweifelt Hilfe im Nachbarland Kolumbien, die ihnen dort trotz eigener Schwierigkeiten solidarisch gewährt wird«: Das ist das Schema der Story. Sie assoziiert die Beschuldigung, *»sozialistische venezolanische Behörden verweigern schwangeren Frauen humanitäre Unterstützung, aber die Kolumbianer, der eigenen Armut trotzend, erweisen sich als grenzenlos hilfsbereit.«*

Früher fanden solche verlogenen Schmalzgeschichten allenfalls Platz in der Yellow Press. Heute entsprechen sie dem ARD-aktuell-Niveau. Sie erklären weder den Konflikt in Venezuela noch erhellen sie die Verhältnisse in Kolumbien. Sie sagen nichts Substanzielles über Südamerika, aber alles über redaktionelle Unanständigkeit. Der hier betrachtete Beitrag entspricht in der Zielsetzung dem, was der US-Geheimdienst CIA vor 15 Jahren schon für die Berichterstattung aus Afghanistan empfohlen hatte:

»Afghanische Frauen sind der ideale Botschafter, um den Kampf der ISAF-Truppen gegen die Taliban human erscheinen zu lassen.«[12]

Unter solch einem Sichtschutz lassen sich Kriegsverbrechen begehen und kaschieren, in Afghanistan und weltweit. Logisch, er eignet sich auch zum Verschleiern der Lage in Kolumbien. Aktuell heißt das Gebot: Mund halten über Kolumbiens Elend; wenn schon Information, dann über Venezuela und nach Möglichkeit gemäß der Formel *»Mütter gegen Machthaber Maduro«.*

Warum so viel Verschwiegenheit bezüglich Kolumbien? Weil es über keine überragenden Ölvorkommen verfügt und daher nicht von so großer geostrategischer Bedeutung ist wie Venezuela? Weil es als Heimat des Koka-Anbaus und der Drogenkartelle allenfalls literarisches Interesse finden darf? (Wer liest schon noch Bücher?) Und weil die deutsche Regierung Kolumbien zum bevorzugten Handelspartner in Südamerika auserkoren hat, damit jedoch eben so wenig unangenehm auffallen will wie mit ihrer lebhaften Unterstützung von 2018, Kolumbien als *»globalen Partner«* in das NATO-Militärbündnis einzubeziehen?[13] Soll das alles dem kritischen Blick des deutschen Beobachters entzogen bleiben?

In Kolumbien sind dank seiner erbärmlichen sozialen Zustände und der allgegenwärtigen mörderischen Gewalt 7,5 Millionen Binnenflüchtlinge unterwegs[14] – mehr als in Syrien! –, die nicht einmal dann Erwähnung in der öffentlich-rechtlichen Nachrichtenshow finden, wenn die vollkommen beweislos über angeblich eine Million (!) Venezolaner berichtet[15], die nach – ausgerechnet! – Kolumbien geflohen seien. Kein Wort über die unzähligen Menschenrechtsverletzungen dortselbst. Nichts über das vollständige Versagen der Behörden, Gewalttaten zu verhindern oder wenigstens strafrechtlich zu verfolgen. Über Rechtlosigkeit und Terror schweigt ARD-aktuell einfach hinweg. Sie schickt lieber der Bundesregierung ergebene Luftküsschen nach Berlin und unterschlägt derweil die Verbrechen der kolumbianischen Paramilitärs und deren Vernetzung mit Armeeführung, Großgrundbesitzern und politischem Establishment. Entführung, Folter, Verstümmelung und Ermordung von Kritikern, Anschläge auf Gewerkschafter, ungezählte »*Verschwundene*«, Strafvereitelung seitens der Behörden: Über dieses Kolumbien berichtet die Tagesschau nicht.[16/17]

Stattdessen so herum: Unter dem Titel »*Kolumbien: Tief gespalten und verunsichert*«[18] bietet tagesschau.de einen Text nach den Regeln des desinformativen Schreibens: ***Nenne keine Ursachen und keine Verantwortlichen. Gib keinen Hinweis auf Illegales und Illegitimes. Beschreibe keinen Kontext und keine historischen Zusammenhänge. Verschweige vor allem staatliche Repression, verschweige mörderisches Treiben der Plutokraten, jener kleinen Oberschicht, die das Volk terrorisiert und verantwortlich ist für das Aufkommen revolutionärer Guerilla-Organisationen.***

ARD-aktuell berichtet in typischer Oberflächlichkeit über die festgefahrenen Verhandlungen mit den kolumbianischen Rebellengruppen und über das Attentat auf eine Polizeischule mit 21 Toten, ausgeübt von Guilleros der Gruppe ELN. Unverkennbar teilt die Redaktion dabei aber den Blickwinkel der kolumbianischen Elite. Deshalb findet sich im Text auch kein Wort darüber, dass die Vereinten Nationen in einem Bericht über die Lage in Kolumbien nach dem

Friedensschluss mit der Rebellengruppe FARC beklagt haben, seither seien 85 von deren ehemaligen Kämpfern ermordet worden, 14 erst in den letzten drei Monaten. Seit Anfang 2019 seien zudem weitere vier politisch motivierte Morde bekannt geworden.[19] Stattdessen ist bei tagesschau.de zu lesen: »*Zahlreiche bewaffnete Gruppen streiten sich um das Erbe der FARC, ihre Drogenrouten und Koka-Plantagen – das Geschäft boomt.*« (s. Fußnote 18)

Diese Halbwahrheit über ein vorgebliches »*Erbe*« der FARC als Objekt konkurrierender Kämpfergruppen ist pure Meinungsmache. Erstens werden dabei die Ursachen der Gewalt ignoriert, nämlich die vollkommene Verelendung der Massen in einer, anarchische Zustände fördernden, Plutokratie. Es wird dabei zugleich übergangen, dass neben einigen »*linken*« bewaffneten Gruppen auch rechtsradikale Paramilitärs im Auftrag der Eliten beteiligt sind und dass sogar staatliche Sicherheitskräfte beim Handel mit Drogen als einem wesentlichen »*Wirtschaftsfaktor*« mitmachen.

Allein im Jahr 2017 sind laut Verteidigungsminister Luis Carlos Villegas 927 Polizisten und 132 Militärs wegen verschiedener »*Irregularitäten*« ihrer Ämter enthoben worden.[20] Welche Verbrechen verbergen sich konkret hinter so einer verschleiernden Formel? Wurden die geschassten Uniformierten in Abhängigkeit von der Schwere ihrer Straftaten verurteilt? Antworten darauf finden sich nicht.

Auch tagesschau.de erweist sich da nicht als bemüht aufklärerisch. Im Gegenteil, ARD-aktuell malt ein verständnisvoll retuschiertes Bild von Kolumbien, ganz im Sinne und im Interesse der deutschen Bundesregierung. Erschiene der »*NATO-Globalpartner*« Kolumbien verdientermaßen im Lichte eines von Grund auf verdorbenen und korrupten Staatswesens mit kriminellen Strukturen, dann fiele das zumindest teilweise auf unsere Regierung zurück; sie stünde unausgesprochen unter Anklage der billigenden Mitwisserschaft und der Kumpanei mit »Machthabern« und »Gewaltherrschern«.

Das geht natürlich gar nicht. Es würde schließlich bestätigen, dass jedes Regime, auch ein bezüglich der Menschenrechtslage indiskutables, aus Berliner Sicht ein Verbündeter sein kann, wenn es nur auf transatlantischer Linie liegt. Zur Verschleierung dieser amoralischen Verächtlichkeit erzeugen die Regierung und die ihr hörigen Medien fürs deutsche Publikum eine Fata Morgana mit den Illusionen »*Demokratie und Menschenrechte*«.

Deutschland ist mit einem Volumen von 2,35 Milliarden Euro (2017) größter Handelspartner Kolumbiens in der Europäischen Union. Wie schädlich-schändlich dieser Handel aussieht, zeigt die Begründung einer Anfrage der Grünen an die Bundesregierung: »*Neben Russland und den USA ist Kolumbien der wichtigste Lieferant von Kraftwerkskohle. … Laut kolumbianischen und internationalen Menschenrechtsorganisationen kommt es beim Steinkohleabbau in Kolumbien zu schweren Menschenrechtsverletzungen und gravierender Umweltzerstörung. Die Steinkohlegewinnung führt zu massenhaften Vertreibungen und Gewaltakten gegen die Zivilbevölkerung sowie gegen Umweltaktivistinnen und Umweltaktivisten und Kritikerinnen und Kritiker der sozialen und ökologischen Ausbeutung.*«[21/22]

Zu ergänzen wäre hier: Die kolumbianische Kohleproduktion ist voll im Griff weniger internationaler Konzerne mit Sitz in den USA bzw. der Schweiz; es bestehen auch enge Verbindungen zu deutschen Unternehmen. Menschenrechtler bezeichnen die Herrschaftspraxis der Konzerne über die kolumbianischen Ressourcen als »*Kohlekolonialismus*«. Seine Profite werden den Kolumbianern weitgehend vorenthalten und ins Ausland transferiert.[23]

Die Bundesregierung bestätigt zwar, Kenntnis von Morden, Vertreibungen und Menschenrechtsverletzungen im Zusammenhang mit dem Steinkohlebergbau zu haben, lässt aber gleichzeitig erkennen, dass sie effektiv nichts dagegen unternimmt. Weder werden Sanktionen verfügt noch Handelseinschränkungen veranlasst noch politischer Druck in anderer Form ausgeübt. Über die Gewaltexzesse habe man – so die Antwort auf die Anfrage – zwar mit der kolumbianischen Regierung gesprochen und die Berliner »*Sorge*« hinsichtlich der prekären Menschenrechtssituation sowie der Bedrohung und Verfolgung von sozialen Aktivisten zum Ausdruck gebracht. Aber letztlich sei es eine Angelegenheit der EU, sich mit der Problematik zu befassen.

Und wie reagieren die Grünen auf solche oberfaulen Ausweichmanöver? Wie reagiert die gesamte Opposition im Bundestag? Was machen die korporierten Massenmedien aus dem Vorgang? Und die Tagesschau?

Mit anderen Worten: Uns allen hat egal zu sein, was in Kolumbiens Kohlerevieren wirklich passiert. Hauptsache, wir kriegen, was wir haben wollen … Diese *»anderen Worte«* werden natürlich nicht vom Tagesschau-Sprecher formuliert. Sein Laden vermittelt neutralistisch das Bild einer sachgerecht arbeitenden deutschen Regierung. Obwohl diese parteiisch jede Gelegenheit nutzt, verbale Attacken wegen *»Menschenrechtsdefiziten«* gegen Venezuela, China oder Russland zu reiten, zugleich aber auf ganzer Linie humanitär und moralisch versagt, wenn wirtschaftliche Interessen unserer Eliten zum Beispiel in Kolumbien durchgesetzt werden.

Die Tagesschau ist unabhängig, objektiv und überparteilich, sagt ihr Chef. Stimmt ja, es gehört zu Dr. Gniffkes *»vornehmsten Aufgaben … Illusion zu erzeugen und aufrechtzuerhalten.«*[24]

1. März 2019

Programmkritik 3
Pfeif auf Grundgesetz und Völkerrecht
Die Tagesschau dient der Regierung als Sprachrohr beim rechtswidrigen Umgang mit Venezuela

Deutsche Politik in Bezug auf Venezuela und das Völkerrecht – gibt es da nichts Problematisches, nichts Anstößiges? Nichts von nachrichtlichem Wert? Sind ein Bruch mit der UN-Charta und grundgesetzwidrige Politik kein Thema für die Tagesschau? Die Bundesregierung hat wie zahlreiche andere Staaten einen »selbsternannten Übergangspräsidenten« Venezuelas, Juan Guaidó, als amtierenden Staatschef anerkannt. Dieser Treppenwitz der Weltgeschichte sei »völkerrechtlich ein Novum« gewesen, stellt die »Initiative Nachrichtenaufklärung« zurückhaltend fest und unterstreicht zugleich

das Versagen des öffentlich-rechtlichen Rundfunks, speziell der Tagesschau: Die juristische Problematik der deutschen Venezuela-Politik sei vollkommen außer Betracht geblieben.

Regelmäßig macht die »*Initiative Nachrichtenaufklärung*« e.V. (INA) die Öffentlichkeit auf Themen und Nachrichten aufmerksam, die von den deutschen Massenmedien vernachlässigt werden.[1] Vorschläge dazu werden an mehreren Hochschulen in Deutschland geprüft. Die Jury der INA beurteilt anschließend die Relevanz der Themen und wählt daraus die »*Top Ten der vernachlässigten Nachrichten*« aus. Ihre neueste Liste stellte der Deutschlandfunk im Februar 2019 vor.[2]

Der Sender erwähnt an erster Stelle das Freihandelsabkommen der EU mit Japan, JAFTA; an Position zwei folgt die umfangreiche Sammelei personenbezogener Daten von Fluggästen, die in der EU unterwegs sind. Die Nr. 3 erwähnte der regierungsfromme Deutschlandfunk bezeichnenderweise aber nicht mehr: Die ignorante Weigerung der Massenmedien, sich den Rechtsfragen im Zusammenhang mit der Venezuela-Politik zu widmen. Darauf wies nur der *Tagesspiegel* hin.[3]

Während die Ereignisse in Lateinamerika auf breites Interesse der deutschen Bevölkerung stoßen, haben unsere Massenmedien über die staatsrechtlichen Zusammenhänge und Probleme faktisch nichts oder nur irreführend und tendenziös berichtet. Die Tagesschau hatte im Rahmen der medialen Desinformationskampagne wiederholt Vorreiterfunktion. Zweimal gutachteten die Juristen der Wissenschaftlichen Dienste des Deutschen Bundestags, dass die vorschnelle formelle Anerkennung Guaidós »*völkerrechtlich bedenklich*« sei, eine höflich-vorsichtige Umschreibung für mutmaßliche Rechtswidrigkeit. Die Tagesschau interessierte es nicht, es tauchte lediglich in ihrem Internet-Format auf.[4] In einer Nische, Rubrik: Inland.

Der Grund für die marginale Behandlung des Skandals: Chefredakteur Dr. Gniffke will der Bundesregierung nicht lästig werden. Die Expertisen des Wissenschaftlichen Dienstes erlauben den Schluss, dass Bundeskanzlerin Merkel und Heiko Maas, der größte Außenminister aller Zeiten, mit der Guaidó-Anerkennung auf internationalem Parkett einen Grand Pas de deux in Rechtsbeugung aufführten.

In den Fernsehnachrichten für die deutschen Wohnzimmer wurde die Problematik sorgfältig ausgespart. Dort klangen die Ansagen über Guaidó nur wie der aggressive Stil von Regierungserklärungen,[5] Bürgerkriegsgefahr in Venezuela hin oder her. Zur agitatorischen Falschinformation der Tagesschau gehört der von ihr vermittelte Eindruck, die politische Entwicklung und die humanitäre Krise in Venezuela seien Auswirkungen einer demokratisch nicht legitimierten Amtsführung des Präsidenten Maduro. Dem Mann werden, wenn nicht wortwörtlich, so doch indirekt, autokratische Vorgehensweisen unterstellt. Das ist Tagesschau-Nachrichtenfälschung und Irreführung im großen Stil.

Die ARD-aktuell-Redaktion hätte berichten müssen, dass Maduro legal und in einer von den UN überwachten, sauberen Wahl im Amt bestätigt ist. Sie hätten unmissverständlich anmerken müssen, dass es völkerrechtlich indiskutabel ist, ihm, wie geschehen, die Legalität seiner Amtsausübung abzusprechen. Zu seiner Mehrheit war er gelangt, weil die zerstrittenen Oppositionsparteien sich nicht auf einen Gegenkandidaten verständigen konnten und die Wahl lieber *»boykottiert«* hatten.[6] Der Boykott machte die Wahl aber nicht illegal.

ARD-aktuell hätte darüber informieren müssen, dass die Opposition bei der nachfolgenden Parlamentswahl zwar eine Drei-Viertel-Mehrheit erreichte, sie aber nicht zu legislativer Arbeit nutzte, sondern zu einer Serie verfassungswidriger Vorstöße, sodass schließlich das Oberste Gericht Venezuelas – nicht Maduro! – es für notwendig hielt, diese Volksvertretung aufzulösen. Die Ironie des legalen Prozederes ist, dass Maduro daraufhin ersatzweise eine Nationalversammlung einberief, in der sich sein Gegner Guaidó profilieren konnte …

Als Guaidó, zwar in die Nationalversammlung gewählt, aber durch nichts fürs Amt des Staatschefs legitimiert,[7] sich selbst zum Präsidenten Venezuelas erklärte, war das nach allgemein üblichem Rechtsverständnis – und nach venezolanischem wie auch nach deutschem Recht – Hochverrat. Als er die Armee zur Meuterei und zum

Sturz der Regierung Maduro aufforderte, war das ein weiterer Akt des Hochverrats. Als er sich in den USA und mit den Geheimdienstlern anderer lateinamerikanischer Staaten über eventuelle militärische Interventionen vom Ausland her verständigte, war das Landesverrat. Guaidó krönte schließlich seine politkriminelle Kariere mit der Selbsternennung zum »Übergangspräsidenten«, der die USA, Kanada sowie die rechtskonservativ bis autoritär regierte Staaten der »Lima-Gruppe« zur Invasion Venezuelas einlud und von Kolumbien her gewaltsame Massendemonstrationen und Grenzverletzungen organisierte.

Wer sich solcher Straftaten schuldig macht, landet in zivilisierten Ländern ganz legal und sofort hinter Gittern. Maduro aber gestand seinem Gegner bisher Immunität als Parlamentarier zu. Entspricht das dem Vorgehen eines diktatorischen Machtmenschen? Doch über so Grundsätzliches informierte ARD-aktuell mit keinem Wort.

Die Tagesschau berichtete zwar breit über das Treffen Guaidós mit US-Vizepräsident Pence und der *»Lima-Gruppe«*.[8] Dabei erwähnte sie aber nicht, dass die 14 Staaten der Lima-Gruppe keine Mehrheit in der 34 Mitglieder zählenden Organisation Amerikanischer Staaten darstellen, sondern deren rechtslastiger Flügel sind. Die OAS hat hingegen Interventionen in Venezuela mehrheitlich abgelehnt. Die Tagesschau berichtete nicht, dass das mit weitem Abstand bevölkerungsreichste Land Südamerikas, nämlich Brasilien, sich ausdrücklich gegen jede Einmischung der USA in Venezuela aussprach: *»Die Position Brasiliens ist ein Kontrapunkt gegen eine eventuelle Aktion der USA zur Verteidigung einer Intervention in Venezuela. Brasilien hat kein Interesse an einem bewaffneten Konflikt in einem Nachbarland.«*[9]

Das passte eben nicht in die transatlantische Meinungsmache von ARD-aktuell. Erst recht nicht eine Aussage dazu, dass die Bundesregierung, indem sie einem politischen Hochstapler und selbsternannten Präsidenten formelle Anerkennung zollte, nicht nur Ignoranz gegenüber dem Völkerrecht bewies, sondern auch grundgesetzwidrige Politik macht: *»Die allgemeinen Regeln des Völkerrechtes sind Bestandteil des Bundesrechtes. Sie gehen den Gesetzen vor und erzeugen*

Rechte und Pflichten unmittelbar für die Bewohner des Bundesgebietes.« So Artikel 25 – Völkerrecht[10]

Auch wenn die USA und die Schar ihrer Vasallen (etliche EU-Staaten inklusive) den *»Übergangspräsidenten«* Guaidó offiziell *»anerkennen«*, so ist der Mann für die UNO doch nach wie vor ein Niemand. Weder in der UN-Vollversammlung noch gar im Weltsicherheitsrat dürfte er Platz nehmen. In seiner beengten Rolle als Staatsfunker sieht Chefredakteur Dr. Gniffke für sich und sein Qualitätsjournalistenteam aber offenbar keine Möglichkeit, von der konformistischen Regierungslinie abzuweichen: Guaidó ist auf Tagesschau-Deutsch *»Übergangspräsident«*, wenn auch zumeist noch mit dem Beiwort *»selbsternannt«*. Eine Lachnummer, in jeder Hinsicht, auch der journalistischen.

Völkerrechtsbruch? Gibt es nur bei den anderen. Vor allem bei den Russen. Die Bundesregierung ist immer sauber. Sauberer geht gar nicht. Auf die Berliner Demokratiedarsteller lassen die Gniffkes unserer Tage nichts kommen.

Die feindselige Berichterstattung von ARD-aktuell gegen die sozialistischen Regierungen Venezuelas hat eine lange Geschichte, wie ein Journalist des Internet-Blogs *»Amerika21«* in einem Brief an die Chefredaktion beklagt: *»Wenn ich es kurz zusammenfassen müsste, würde ich sagen, dass die ARD-Berichterstattung ein extremes Oppositions-Bias aufweist und der von der Opposition verbreitete Diktatur-Frame unkritisch und ungeprüft reproduziert wird. … Anders als bei den privaten Medien gehört der Schutz partikularer Interessen, etwa von privilegierten Bevölkerungsgruppen und privaten Unternehmern, nicht ausdrücklich zur redaktionellen Grundlinie. Ebenso wenig sind Sie darauf angewiesen, die Auslandsberichterstattung ausschließlich mit Kriegen, Krisen und Katastrophen zu bestreiten. Für die Zuschauer besteht bei Ihnen gewissermaßen ein Anspruch auf eine ausgeglichene Berichterstattung.«*[11]

Natürlich erzielte dieses Schreiben bei Gniffke keine Wirkung, es landete wie so viele andere im Papierkorb. Die Tagesschau-Berichterstattung blieb unverändert einseitig. Hinsichtlich des aktuellen Konflikts erreichte sie einen neuen Tiefpunkt: Sie versucht, dem deutschen Zuschauer weiszumachen, in Venezuela finde ein »*Machtkampf*« zwischen der US-Marionette Guaidó und dem gewählten Präsidenten Maduro statt. Das überhöht Guaidós Position und Möglichkeiten ins Maßlose. Das Stichwort »*Machtkampf*« fehlt trotzdem in den meisten Ansagetexten nicht und ziert regelmäßig die Hintergrund-Illustrationen zur Venezuela-Berichterstattung. Selbst jetzt noch, obwohl inzwischen jeder Klippschüler sehen kann, dass sich der »*Übergangspräsident*« als grandioser Flop erwiesen hat.

Grundsätzlich unerwähnt bleibt in der Tagesschau, dass Quisling Guaidó nur Washingtons Ziel dient, wieder räuberischen Zugriff auf die Ölvorkommen Venezuelas zu bekommen. Es fehlt jeder Hinweis auf den Hintergrund der feindseligen Politik Washingtons: Die USA hielten Venezuela bis 1999 praktisch in kolonialer Abhängigkeit, und US-Konzerne hatten ungehinderten Zugriff auf das Öl des Landes – bis Hugo Chávez Präsident wurde, sie aushebelte und die Ölförderung verstaatlichte. Sein unverzeihlicher »*Fehler*«: Die Erlöse aus dem Ölgeschäft nutzte er zur Versorgung und Bildung seiner Landsleute. Typisch Sozialist!

Seit jenen Tagen versuchen die US-Regierungen beider Couleurs, Republikaner ebenso wie Demokraten, die sozialistische Bewegung Venezuelas zu bezwingen und ihre Regierungen zu stürzen. Erstmals gewaltsam schon im Jahr 2002, und danach immer wieder. Das Instrumentarium: Schwerwiegende Wirtschaftssanktionen, Putschversuche, Finanzierung und Steuerung gewaltbereiter Oppositionsparteien der Wohlhabenden und Besserverdiener, Sabotageakte, Attentate.

Auch davon kein Wort in der Tagesschau: Der langjährige Sonderberichterstatter des Menschenrechtsrates der Vereinten Nationen, Alfred de Zayas, hat Anfang 2019 empfohlen, der Internationale Strafgerichtshof in Den Haag solle die Wirtschaftssanktionen der USA gegen Venezuela als mögliches Verbrechen gegen die Menschlichkeit untersuchen.[12] Solche bedeutenden Hinweise unterschlägt ARD-aktuell gewohnheitsmäßig und routiniert.

In den vergangenen fünf Jahren haben die US-Sanktionen Venezuela von den meisten Finanzmärkten abgeschnitten. Das bewirkte erhebliche Rückschläge in Ölproduktion und -verkauf. Der globale Ölpreisverfall besorgte den Rest. Venezuelas Bürger erlitten den schlimmsten jemals registrierten Rückgang des Lebensstandards aller Länder Lateinamerikas. Auf diese Sachlage hebt die Tagesschau-Berichterstattung kritisch ab, nicht aber auf die objektiven Ursachen – und schon gar nicht zeigt sie auf den Verursacher: den schändlichen Erpresser und Hegemon USA. Die unstreitige Völkerrechtswidrigkeit der von Washington verfügten Sanktionen war einfach kein Thema für die Hamburger Spitzenjournalisten.[13]

Die Mainstream-Medien rechnen den wirtschaftlichen Verfall Venezuelas nicht der imperialistischen Politik der USA zu, sondern kreiden sie der Regierung Maduro an. Auch ARD-aktuell steigert von Deutschland her die internationale Aufmerksamkeit für die Protestbewegung der angeblich »*hungernden Bevölkerung*« – wiewohl die meisten Fernsehbilder zeigen, dass es gutgenährte Angehörige der Mittelschicht sind, die da auf den Straßen der Hauptstadt Caracas krakeelen. Aber was schert deutsche Staatsfunker die Objektivität oder gar die Armut der indigenen Venezolaner, wenn es gilt, die Ideale der westlichen Wertegemeinschaft ins rechte Bild zu setzen?

Typischer O-Ton von ARD-aktuell: »*Hilfsmittel brennen, es gibt Tote, das heißt, wir haben jetzt einen legitimen Grund, um weitere Sanktionen einzuführen oder vielleicht sogar eine militärische Intervention … man kann den USA berechtigt unterstellen, dass sie tatsächlich helfen wollen, die Not in Venezuela ist groß, die Menschen leiden Hunger … Auf der anderen Seite ist es ebenso richtig zu sagen, dass die USA eigene wirtschaftliche Interessen haben in Venezuela, es ist ein ölreiches Land, es gibt schon lange Öl- bzw. Wirtschaftsbeziehungen mit Venezuela. Und der US-Sicherheitsberater John Bolton hat es gesagt, dass es natürlich für die USA interessant wäre, jetzt diese Wirtschaftsbeziehungen zu vertiefen mit einer neuen Regierung Guaidó, also insofern ist es hier auf der einen Seite der Wunsch der USA jetzt zu helfen, dem kann man glauben, aber auf der anderen Seite stehen auch massive Wirtschaftsinteressen dahinter...«*[14]

Solch dümmliches, realitätsfernes, verfälschendes und zudem holpriges Gerede darf sich eine veritable ARD-Studioleiterin(!) tatsächlich erlauben? Und das wird gesendet? Das macht auch abgehärtete Zeitgenossen fassungslos. Xenia Böttcher betreibt blütenreine Meinungsmache im Rahmen einer Tagesschau-Sendung. Sie bewegt sich genau in dem »*Frame*« der Bundesregierung: Die USA wollen doch nur helfen, helfen, helfen, aber der böse »*Machthaber*« Maduro lehnt die Hilfe ab, zum Schaden seiner hungernden Bürger. Eigeninteresse der USA? Freilich, schon, schon, ein kleines bisschen Eigeninteresse ist zwar dabei, aber hauptsächlich dient doch alles der Wiederbelebung der Wirtschaft Venezuelas ... Die ARD-Korrespondentin scheut sich nicht einmal, einem Kriegseinsatz das Wort zu reden. Beweislos rechnet Xenia Böttcher der Maduro-Regierung die Gewaltexzesse an der Grenze zu Kolumbien zu. Sie recherchiert nichts, sie hinterfragt nichts; Filmbelege und Zeugenaussagen, die ihrer vorgefassten Meinung entgegenstehen, ignoriert sie. Sie nimmt ungeniert in Kauf – der Platzhirsch ARD hat die Deutungshoheit, es besteht keine Gefahr –, dass professionell arbeitende Journalisten ihre Lügengeschichten entlarven.[15]

Ihr Geschwätz über die angeblich hungernden Venezolaner: ein Propaganda-Versatzstück, das in den ARD-aktuell-Darbietungen selten fehlt. Verschwiegen wird hingegen, dass die USA mit ihrer Sanktions- und Embargopolitik gezielt die medizinische Versorgung der Bevölkerung untergruben. Das, und nicht angebliche Lebensmittelknappheit, war zur tödlichen Gefahr geworden. Washington hatte den Venezolanern ein ähnliches Schicksal wie den Jemeniten zugedacht: Sollten sie doch krepieren. Es nimmt nicht Wunder, dass ARD-aktuell Informationen darüber unterschlug, dass Russland helfend einsprang, um mit der Lieferung von hunderten Tonnen Medikamenten zumindest die Grundversorgung wiederherzustellen.[16/17]

Trump, Bolton, Pompeo, Merkel, Maas und Konsorten wäre es anscheinend lieber gewesen, die Russen hätten die Venezolaner siechen lassen, denn das war der Zweck der Washingtoner Sanktionen. Die Inhumanität und Amoralität dieser Politikerbande kondensiert in einem Satz, den Donald Trump kurz nach seinem Amtsantritt im Jahr 2017 über Venezuela fallen ließ: »*Das ist das Land, gegen das wir in den Krieg ziehen sollten. Sie haben alles Öl und sind direkt an unserer Hintertür.*«[18]

Dazu passte John Boltons optisch hervorgehobene Ankündigung einer militärischen Intervention, eines völkerrechtswidrigen Überfallkrieges gegen Venezuela. Trumps nationaler Sicherheitsberater hatte gut sichtbar auf einem mitgeführten Schreibblock notiert: »*5.000 Soldaten nach Kolumbien*«. Mit dieser Kriegsansage war er in eine Pressekonferenz gegangen. Drohende Bolton-Adresse an Maduro während eines Rundfunkinterviews: »*Gestern habe ich getwittert, dass ich Ihnen einen langen und ruhigen Rückzugsort an einem schönen Strand weit weg von Venezuela wünsche. Und je früher Sie diese Gelegenheit nutzen, desto wahrscheinlicher ist es, dass Sie einen schönen, ruhigen Rückzugsort an einem schönen Strand anstelle eines anderen Küstenstrichs wie Guantánamo haben werden*«[19]

Und wo war ARD-aktuell, als US-Senator Marco Rubio am 24. Februar 2019 einen Tweet veröffentlichte, der nur als Morddrohung gegen Venezuelas Präsidenten Nicolas Maduro aufgefasst werden konnte? Der Tweet zeigt ein Foto des libyschen Staatschefs Muammar al-Gaddafi aus einer Zeit, als er noch im Amt war, sowie nach dem Muster: »*vorher-nachher*«, ein weiteres Foto von der verstümmelten Leiche des viehisch ermordeten Libyers, aufgenommen am Ende des US-geführten NATO-Kriegs gegen sein Land.[20] Doch damit mag ARD-aktuell, feinfühlig wie sie nun einmal ist, ihr Publikum nicht beunruhigen.

Wie überhaupt der deutsche Fernsehnachrichten-Konsument vor Informationen zu schützen ist, die ihm Rückschlüsse darauf erlauben, wohin die US-geführte Reise geht und mit wem. Als Beauftragten für die »*Wiedereinführung der Demokratie in Venezuela*« – welch ein Hohn auf Realität und menschliche Vernunft steckt allein schon in dieser Nomenklatur – ernannte das Weiße Haus Elliott Abrams:

einen Polit-Ganoven, der während der Reagan-Administration schlimmste Menschenrechtsverletzungen der USA in El Salvador förderte und rechtfertigte. Er setzte sich auch für Militärhilfe an Diktator Ríos Montt in Guatemala ein. In jener Zeit organisierte er zudem die illegalen Waffenlieferungen der CIA an die Contra-Rebellen in Nicaragua. Ein intriganter Lump. Wegen Falschaussage vor dem Kongress wurde er zwar verurteilt, aber schon kurz darauf begnadigt. Was die Berufung dieser Figur ins Amt eines Venezuela-Demokratiebeauftragten der USA über das Weiße Haus aussagt, verschleierte ARD-aktuell mit der pseudo-ironischen Phrase: »*Auch die Berufung von Elliott Abrams als Sondergesandter erinnert an alte Zeiten.*«[21]

Das Trio Bolton, Adams und US-Außenminister Mike Pompeo hat die Unterwerfung Venezuelas, vulgo: »*Demokratisierung*« im Auftragsbuch. (ebd.) Die Herren wollen ihren Hinterhof aufräumen und den Venezolanern Freiheit und Wohlstand bringen – und von ARD-aktuell fällt zu all den Ungeheuerlichkeiten nur Nichtssagendes ein.

Ein beruflicher Offenbarungseid. Nicht der erste – und sicher nicht der letzte.

4. Februar 2019

Programmkritik 4
Untergehen mit Mann und Maas
Per Völkerrechtsbruch soll Venezuela »demokratisiert« werden

Die Bastler von ARD-aktuell haben zum Thema »Machtkampf in Venezuela« bereits so viel Pfusch geliefert, dass ein Ziel ihrer Meinungsmache weitgehend verfehlt wird: darüber hinwegzutäuschen, dass die USA in Caracas putschen lassen. Washingtons Vasallen in Lateinamerika – und in der Europäischen Union – unterstützen die repressive Einmischung. Der Völkerrechtsbruch ist evident, aber die Nachrichtenschreiber vermeiden peinlichst, darüber gründlich zu informieren. Der Propagandakrieg des Westens zielt nicht

nur darauf ab, diesen oder jenen Präsidenten, Maduro oder Putin, Xi oder Kim, als das personifizierte Böse darzustellen. Absicht ist, dass am Ende niemand mehr irgendeinem irgendetwas glaubt. Eine Gesellschaft der Orientierungslosen ist einfacher beherrschbar.

Ähnlich, wie Kriege nicht mehr für den Sieg einer Nation über eine andere geführt werden, sondern zwecks Chaotisierens einer ganzen Region, die dann von der internationalen Kapitalelite hemmungslos ausbeutet wird, geht es im Informationskrieg um die Zerstörung von Wertvorstellungen und Wertmaßstäben. Der Rechtsnihilismus wird zur Normalität erhoben, Orientierungslosigkeit zum Regelfall. Am Ende kann beispielsweise die Tagesschau schamfrei einen Regierungssprecher in Berlin mit der Bemerkung zitieren, er wisse nichts Genaueres über Verfassung und Wahlsystem Venezuelas, aber Maduro müsse zurücktreten und Neuwahlen ausschreiben, weil seine Präsidentschaft nicht legal sei. Der Sprecher muss nicht fürchten, dass er und seine Dienstherrn dafür medial zur Schnecke gemacht werden.

In Caracas ist ein von den USA betriebener und von Deutschland diplomatisch unterstützter Umsturzversuch zugange.[1] Journalistenstimmen der Vernunft und der Kritik sind jedoch rar. Pars pro toto und zur Ehrenrettung der Gilde hier die Mahnung des Kommentators der *»Nürnberger Nachrichten«*, Georg Escher: *»Soll es in Venezuela Neuwahlen geben? Und wenn ja, wer entscheidet das: die Venezolaner oder auswärtige Mächte? In diesem Konflikt wird exemplarisch sichtbar, wie verwildert das internationale Recht mittlerweile ist.«*[2]

Eschers Kurzformel ist so zu auszulegen: Verwildert ist zwar nicht das internationale Recht, wohl aber der Umgang damit. Und das trifft auf unsere Politiker und ihre mediale Kumpanei gleichermaßen zu. Sie treiben Hand in Hand Schindluder mit dem Völkerrecht: *»Das Europaparlament positioniert sich in der Diskussion um den Umgang mit der Lage in Venezuela. Die Abgeordneten beschlossen mit großer Mehrheit, Oppositionsführer Juan Guaidó als rechtmäßigen Interimspräsidenten des südamerikanischen Landes anzuerkennen. Gleichzei-*

tig forderten sie die Regierungen der EU-Staaten auf, dieser Entscheidung zu folgen. Als Grund für die klare Positionierung wurden in der verabschiedeten Erklärung die jüngsten Äußerungen des amtierenden Präsidenten Nicolás Maduro genannt. Dieser hatte die EU-Forderung nach einer umgehenden fairen Neuwahl des Präsidenten in dem Land öffentlich abgelehnt. Ob sich die EU-Staaten auf eine gemeinsame Linie in der Frage der Anerkennung Guaidós einigen können, ist bislang unklar. Zu dem Thema soll es am Nachmittag noch einmal Gespräche bei einem informellen Außenministertreffen in der rumänischen Hauptstadt Bukarest geben.«[3]

Der Journalismus, speziell der öffentlich-rechtliche, habe die Aufgabe, Menschen unterschiedlichen Wissensstandes und unterschiedlicher Auffassungsgabe die Welt zu erklären,[4] konstatierte der Gründungsintendant des Deutschlandradios, Ernst Elitz, Ende Januar 2019. Dass er ARD-aktuell dabei als vorbildlich im Sinne hatte, ist nicht erwiesen. Diese Redaktion unterschlug in der Venezuela-Berichterstattung schon ungezählte Informationen, die im Sinne ihres gesetzlichen Programmauftrags unerlässlich gewesen wären.

An erster Stelle: Der Hinweis auf die Verpflichtung aller Staatsführungen zu friedlicher Konfliktlösung und das Verbot der Gewaltandrohung, verankert in der Charta der Vereinten Nationen: »*Alle Mitglieder unterlassen in ihren internationalen Beziehungen jede gegen die territoriale Unversehrtheit oder die politische Unabhängigkeit eines Staates gerichtete oder sonst mit den Zielen der Vereinten Nationen unvereinbare Androhung oder Anwendung von Gewalt.«*[5]

In der oben zitierten Tagesschau-Meldung wurde kein Versuch unternommen, so sachlich und umfassend zu informieren, dass jedermann/frau dazu befähigt wurde, sich eine qualifizierte eigene Meinung über die Vorgänge in Venezuela zu bilden. Es fehlte u. a. die Erklärung, dass das EU-Parlament keinerlei außenpolitische Kompetenz hat. Sein Beschluss war eine opportunistische Fensterrede.

Es fehlte eine Anmerkung, dass im internationalen Umgang nicht Personen »*anzuerkennen*« sind, sondern nur Staaten und deren Regierungen, und dass es allenfalls Sache des Weltsicherheitsrates wäre, festzustellen, ob eine Regierung legal im Amt ist oder nicht. Konsequenterweise unterschlug die Tagesschau die Nachricht, dass UN-Generalsekretär António Guterres Zurückhaltung anmahnte, zum Dialog mit der rechtmäßigen Regierung in Caracas aufrief,[6] und dass der Weltsicherheitsrat die Forderung Washingtons nach Anerkennung des selbsternannten Präsidenten Juan Guaidó am 27. Januar abgelehnt hat.[7]

Die Tagesschau verlor bisher auch kein Wort darüber, dass in Venezuela ein außerordentlich transparentes und sicheres Wahlsystem gilt, so dass in den vergangenen 30 Jahren niemals der Vorwurf von Wahlmanipulation erhoben wurde, ganz anders als in den USA und vielen anderen lateinamerikanischen Staaten. Kein Wort davon, dass Maduro im Mai 2018 formal korrekt mit 67,8 Prozent der Stimmen wiedergewählt wurde, bei allerdings nur knapp 48 Prozent Wahlbeteiligung, weil die traditionell zerstrittene Opposition sich nicht auf einen Gegenkandidaten verständigt und deshalb die Wahl boykottiert hatte.[8] Kein Tagesschau-Hinweis, dass es typisches Oppositionsgeschwätz ist, dieses Manko an Wahlbeteiligung nun Maduro in die Schuhe zu schieben und seiner Wiederwahl die Legitimität abzusprechen.

Die Tagesschau verschwieg, dass US-Außenminister Pompeo auch auf der Konferenz der OAS, der Organisation Amerikanischer Staaten, mit seinem Versuch gescheitert war, den Oppositionspolitiker Guaidó als neuen Präsidenten Venezuelas anerkennen zu lassen: Dazu wäre eine Zwei-Drittel-Mehrheit erforderlich gewesen. Von den 34 Mitgliedsstaaten stimmten jedoch nur 16 zu, nicht einmal die Hälfte.[9] Und das Scheitern der USA im Weltsicherheitsrat? An Heiko Maas lag es nicht, der hatte stramm gestanden und in diesem erlauchten Kreis rotzfrech und ultimativ *»unverzügliche Neuwahlen«* in Venezuela gefordert.[10]

Es ist inzwischen Standard der Tagesschau, die Pleiten deutscher Außenpolitik auf der Weltbühne am liebsten zu ignorieren. Das erweist sich an ihrer oben zitierten Meldung auch aus europäischem Blickwinkel.[11] Es sei unklar, ob sich die europäischen Außenminister auf eine Linie hinsichtlich der Anerkennung des selbsternannten *»Übergangspräsidenten«* Guaidó einigen könnten. Nein, liebe Tante Tagesschau, das konnten sie nicht; du hättest es melden müssen, dass unser nassforscher Außenminister auch in Bukarest im Kreis seiner EU-Kollegen nicht überzeugen konnte.

Am 3. Februar 2019 meldete die Tagesschau lapidar, Venezuelas Präsident Maduro lehne es weiter ab, eine Präsidentenwahl anzusetzen. Dazu ende mit diesem Tag eine Frist, die ihm Deutschland und sechs weitere EU-Staaten gesetzt hatten. Nach Ablauf wollten sie den selbsternannten Übergangspräsidenten Guaidó anerkennen.[12] Wie lange wird es wohl noch dauern, bis ARD-aktuell in feindlicher Manier Maduro nicht mehr als *»Präsident«*, sondern als *»Machthaber«* betitelt? Demonstrativ auf Linie der Berliner Regierung unterließ die Tagesschau auch in dieser Meldung die elementare Mitteilung, dass 21 EU-Regierungen, die große Mehrheit, sich dem undiplomatischen deutschen Vorstoß ausdrücklich nicht angeschlossen hatten und, anders als Heiko Maas, keinen Grund sahen, einen Bückling vor der imperialistischen Politik Washingtons zu machen. Entschieden hatten Griechenland, Österreich und Italien erklärt, dass eine Anerkennung Guaidós für sie überhaupt nicht infrage komme.[13]

Mit keiner Silbe wurde in den 20-Uhr-Sendungen des ersten Februarwochenendes erwähnt, dass die Mehrheit der EU-Regierungen lieber eine Vermittlerrolle gespielt hätte; dass die Präsidenten Mexicos und Uruguays bereit sind, unter Einschluss europäischer Vertreter alle in dem Konflikt engagierten Regierungen zu einer Schlichtungskonferenz einzuladen; dass die EU-Außenbeauftragte Federica Mogherini deshalb in Montevideo bereits Gespräche mit Uruguays Staatspräsident Tabaré Vázquez führte und anschließend eingeräumt hatte, für die Anerkennung Guaidós als legitimer Präsident Venezuelas werde es *»wahrscheinlich keine Mehrheit geben«*.[14]

Für derlei objektivierende Informationen ist in einer Tagesschau-Hauptausgabe einfach kein Platz. Da kann zwar mitgeteilt werden, Präsident Maduro habe vorgezogene Parlamentsneuwahlen angekündigt,[15] weiterführende Auskünfte unterbleiben jedoch – trotz des teuren Netzes von ARD-Auslandstudios und ihrer für Recherchen besoldeter Korrespondenten. Beispielsweise, ob Maduros Ankündigung neue Überlegungen rechtfertige und nun ein Aussetzen des Ultimatums unter Gesichtswahrung und verstärkte diplomatische Bemühungen angebracht seien. Das schafft die Tagesschau nicht, obwohl sich gemäß Journalistenhandwerk eine kritische und konfrontative Befragung von Heiko Maas geradezu aufdrängte.

Viel war in den Nachrichten des »*Ersten Deutschen Fernsehens*« hingegen vom vorgeblichen venezolanischen Demokratiedefizit die Rede als dem Motiv des Westens, nun einen »*regime change*« herbeizupressen. Die Tagesschau verweist in ihren Sendungen und Internet-Auftritten darauf, dass die USA dabei das Öl Venezuelas im Auge hätten. Das eine passt schwerlich zum anderen. In der Tat hat US-Sicherheitsberater John Bolton im Januar 2019 ganz unverblümt bekannt, er wolle Maduro aus dem Amt hebeln, um Zugriff auf das Öl Venezuelas zu bekommen.[16] Es ist jedoch nur eine Scheinobjektivität, die sich die Tagesschau hier genehmigt. Sie enthält sich jeder Aussage über die grundsätzliche Illegalität der maßlosen US-Begehrlichkeiten.

Das wahre Motiv der USA: Öl aus Venezuela wird an chinesischen Börsen gehandelt, und zwar – das übergeht die Tagesschau auch auf Online-Beiträgen – gegen chinesische Yuan, und nicht mehr gegen Dollar in New York.[17] Washington fürchtet um den Wert des Petro-Dollar und weiß zugleich, dass Fracking-Öl und Fracking-Gas aus US-Quellen im Welthandel langfristig nicht konkurrenzfähig sind und die Zukunft der US-Energieproduktion damit ungewiss ist.

Russlands Rosneft-Konzern ist der hauptsächliche Vermarkter des venezolanischen Öls. Indem John Bolton und Finanzminister Steven Mnuchin das venezolanische Tankstellennetz CITGO in den USA praktisch beschlagnahmen – CITGO ist eine Tochtergesellschaft von Venezuelas Staatskonzern PDVSA – erklären sie Caracas und Moskau zugleich den offenen Handelskrieg.[18] Hier geht es um hunderte Milliarden Dollar: CITGO gehört zu den Garantie-Effekten für die russischen Staatskredite, denen die Regierung Maduro ihr Überleben trotz der Embargo-Politik der USA verdankt. CITGO darf jetzt zwar weiterhin Öl aus Venezuela importieren, der Erlös geht aber auf US-kontrollierte Sperrkonten. Maduro reagierte prompt: Öltransporte in die USA sind nur noch gegen Vorkasse erlaubt – beim Ablegen der Tanker in Venezuela.

Raub als Mittel der Politik wird von den USA allerdings schon seit Generationen verübt, sie haben ihn quasi salonfähig gemacht. Das mag erklären, warum die Tagesschau auch von der rechtswidrigen Seite der CITGO-Affäre keine Notiz nimmt.

Der Laden beehrt uns – vorerst noch folgenlos – mit Nachrichtenprodukten wie diesem: »*In Venezuela hat der selbsternannte Übergangspräsident Guaidó seinen Plan für die Zukunft des Landes vorgestellt. Militärische Unterstützung durch die USA lehnt er zum jetzigen Zeitpunkt ab. Lieferungen von Lebensmitteln will er zulassen. In Caracas sagte Guaidó, die Polizei wolle ihn einschüchtern. Er versucht, Staatschef Maduro abzusetzen. Dessen Wiederwahl sei nicht legitim gewesen. Unter anderem die USA haben Guaidó bereits anerkannt.*«[19]

Da kommt bei den Tagesschauern keineswegs die Frage auf, was wohl hierzulande geschähe, wenn sich ein erfolgloser Oppositionspolitiker nach monatelangen Geheimgesprächen in Moskau und Beijing selbst zum Kanzler ausriefe und sofort von Moskau anerkannt würde: Garantiert würde ihm Schlimmeres widerfahren als nur »*Einschüchterungsabsichten*« der Polizei. Er säße umgehend wegen Hochverrats im Knast. Dass der selbsternannte »*Übergangspräsident*« Guaidó seit Monaten auf geheimen Treffen mit Diplomaten in Kanada, Brasilien, Kolumbien und den USA auf seinen Putschversuch vorbereitet worden war, hatte selbst die transatlantisch getrimmte US-Nachrichtenagentur Associated Press gemeldet,[20] nicht aber unsere Tagesschau.

Die ließ stattdessen ihre Moskau-Korrespondentin Ina Ruck Gerüchte weitertratschen, Maduro wolle 20 Tonnen Gold mit einem geheimnisvollen russischen Flugzeug aus Venezuela nach Russland »*in Sicherheit bringen*«. Im Übrigen sei Moskau besorgt, weil beim

Wechsel Venezuelas ins westliche Lager keine russischen Waffen mehr dorthin verkauft werden könnten.[21] *»Opportune Zeugen«* für solchen Stuss findet eine Qualitätskorrespondentin allemal. Richtig ist dagegen – und wurde deshalb verschwiegen – dass die Bank von England in vorauseilendem US-Gehorsam die Herausgabe venezolanischer Goldreserven im Wert von 1,2 Mrd. Dollar verweigert.[22]

In einer weiteren Sendung unterstützte die Tagesschau transatlantische Akzeptanzstrategien des gehätschelten *»Übergangspräsidenten«* Guaidó und berichtete, er habe sich an Moskau und an Beijing gewandt: Maduro sei nicht in der Lage, ihre Investitionen in Venezuela zu schützen, er aber werde allen sich daraus ergebenden Verpflichtungen weiter nachkommen.[23/24] Die Tagesschau verleiht Washingtons jüngstem Putschisten sogar die Aura eines wohltätigen Volksfreundes: Er *»vertritt die Interessen der Armen«*, heißt es in einem als politisches Porträt getarnten Rührstück auf tagesschau.de.[25] Es kommt eben drauf an, wie man die Dinge interpretiert. Als einen seiner ersten Schritte werde er den staatlichen Ölkonzern PDVSA privatisieren (d.h. ihn dem Zugriff US-amerikanischer Investoren anheimgeben), hatte Guaidó an anderer Stelle bereits wissen lassen.[26] Das berichtet die Tagesschau wiederum nicht. Was die Privatisierung eines Staatsbetriebes mit dem Volkswohl zu tun hat, weiß der deutsche Zuschauer nämlich recht genau: absolut nichts. Er hat es beispielhaft an der Geschichte der Deutschen Bundesbahn (heute Deutsche Bahn AG) und dem ruinösen Umgang der Treuhand mit den DDR-Staatsbetrieben studieren dürfen.

ARD-aktuell setzt dagegen in all ihren Angebotsformaten Maduro auf die Anklagebank: den Sozialisten, dessen untaugliche Wirtschafts- und Sozialpolitik Venezuela in Armut und Elend geführt habe. Gegen solche Agitation, die den Beschuldigten nicht zu Wort kommen lässt, Fakten erfindet und mit Halbwahrheiten arbeitet, kann man nur sehr begrenzt rational argumentieren. Negativbeweise sind selten möglich und noch seltener sinnvoll. Aus guten Gründen gilt vor Gericht der Grundsatz, dass nicht der Beklagte seine Unschuld, sondern der Kläger die Schuld des Beklagten nachweisen muss. Im Kombinat von Politik und Medien ist dieser Grundsatz aufgehoben. Es gilt als Fakt, was die USA behaupten.

Die Tagesschau lässt nicht erkennen, dass die USA in Venezuela das Völkerrecht schreddern und à la Maidan dabei sind, eine demokratisch gewählte Regierung zu stürzen - wenn es denn sein muss, mit krimineller Gewalt auf der Straße und mit der Folge einer Diktatur.[27]

»Das Dach der Freiheit wankt«, titelt die *Neue Zürcher Zeitung* wolkig; der Westen verdränge zugunsten wirtschaftlicher Interessen zunehmend moralische Bedenken.[28] Tatsächlich muss politisches Handeln zwar keinen Moralgesetzen folgen, wohl aber ist es nach den Regeln des Völkerrechtes zu bewerten. Auch dann, wenn *»der Westen«* dieses Regelwerk vollends ignoriert.

Das Fehlen jeglicher Moral und allen Rechtsbewusstseins demonstrierte Hassprediger John Bolton: Maduro werde *»in Guantanamo enden«*, falls er nicht endlich zurücktrete und aus Venezuela verschwinde.[29/30] Der Sicherheitsberater des US-Präsidenten droht einem Staatsoberhaupt mit dem weltweit berüchtigten US-Folterlager. Die Tagesschau fand auch das nicht berichtenswert. Der Vereinigte Staatenstreich wird von ihr schöngeschwiegen.

Honduras, anders als Venezuela, hat weder Öl, noch Goldvorkommen noch Seltene Erden. Dafür aber einen Diktator von Washingtons Gnaden, den korrupten Juan Orlando Hernández (dem deutsche Parteistiftungen mit den Steigbügel hielten). Die unübersehbaren Massenproteste der Honduraner,[31/32] Ausdruck ihrer Sehnsucht nach Rückkehr demokratischer Verhältnisse und sozialen Reformen, kommen in der Tagesschau-Berichterstattung allerdings nicht vor. Wie will eine Redaktion, die sich dergestalt und permanent doppelter Standards befleißigt, jemals *»sachlich und unabhängig«* berichten, die *»Grundsätze der Objektivität«* wahren und einen *»umfassenden Überblick über das internationale Geschehen«* geben?[33]

Wenn sich Flüchtlingstrecks aus Guatemala und aus Honduras auf den Weg in die USA machen, dann moralisiert ARD-aktuell gegen die Mauerpolitik des US-Präsidenten Trump, was das Zeug hält. Grund der Fluchtwelle seien Armut und Hunger, meldet die Tagesschau und bleibt damit schön brav an der Oberfläche. Sie meldet nicht, wer die Armut und den Hunger verursacht, geschweige denn die deutsche Mitschuld. Das wäre zu viel der objektiven und umfassenden Information.

In Gniffkes Namen: Das geht gar nicht.

31. März 2019

Programmkritik 5
Komplizen beim Putschversuch
ARD-aktuell begleitet widerspruchs- und kritiklos die völkerrechtswidrige Politik Washingtons und Berlins

»Schluss mit Meinungsmanipulation und Desinformation!«, fordert ein Solidaritätsbündnis, das sich »Hände weg von Venezuela!« auf die Fahnen geschrieben hat. Empörung herrscht darüber, dass sich US-Präsident Trump mit seinem »Russen raus aus Venezuela!«[1] ein weiteres Mal über das Völkerrecht hinwegsetzt – auch die Androhung von Gewalt ist gemäß UN-Charta unzulässig – und dass die Bundesregierung fortgesetzt dabei assistiert.[2] Dass die Redaktion ARD-aktuell als Schwester im rechtsverleugnenden Geiste jegliche kritische Berichterstattung über das kriegsgefährliche Treiben verweigert, geht einer wachsenden Zuschauerzahl auf die Nerven.

Bereits im Juli 2017 hatte der damalige CIA-Direktor und heutige US-Außenminister Michael Pompeo sinngemäß erklärt: Die USA haben großes Interesse daran, sicherzustellen, dass ein *»wirtschaftlich so fähiges Land wie Venezuela«* *»stabil«* sei.[3] Mit anderen Worten: nicht von Sozialisten regiert. Pompeo: *»Wir arbeiten deshalb hart daran.«* Im Klartext: am Sturz der Regierung Venezuelas. Dieser Hohn auf das Völkerrecht, die dreiste Einmischung in Angelegenheiten eines souveränen Staates, ausgesprochen vom Chef der CIA, fand in der Tagesschau keine Erwähnung. Bemerkenswert. Auf die politische Einseitigkeit, derer sich Deutschlands wichtigste Nachrichtenredaktion trotz ihrer Verpflichtung zu vollständiger und umfassender Information befleißigt, ist Verlass. Kritische Berichte über die *»Freunde«* unterbleiben.

Im venezolanischen Konfliktfall degenerierte ARD-aktuell zur medialen Bühne, auf der sich die rechtsextreme CIA-Marionette Guaidó selbst zum Übergangspräsidenten aufblasen und inaugurieren lassen durfte. Gniffke und seine gleichgesinnten Kollegen in den deutschen Medienhäusern gaben den kriminellen Affenzirkus als nachvollziehbaren, quasi legitimen politischen *»Machtkampf«* gegen den gewählten Präsidenten Maduro aus.

Kein Wort ließ die Tagesschau über die Motive der seit zwei Jahrzehnten anhaltenden US-Aggression gegen Venezuela verlauten. Nichts darüber, dass in Venezuela kein Kampf *»Demokratie vs. Diktatur«* ausgefochten wird, sondern dass sich auch hier alles um ökonomische Interessen dreht: Es geht hier vielmehr darum, dass die wohlhabende Klasse in Venezuela die Reformen von Chávez zugunsten der Armen nie akzeptiert hat. Es geht also um Verteilungsfragen, um die sozialpolitische Verfügung über die Einnahmen aus den reichen Ölvorkommen, um den bei erneuter Privatisierung zu befürchtendem Rückfall in die jahrhundertealte Marginalisierung der Unterschichten. Es geht um die Befürchtung, die rechte Oligarchie könne die Überbleibsel der Chávez-Revolution zerstören. Doch derartige Hintergründe sind in der Berichterstattung der Gniffke-Qualitätsjournalisten nicht vorgesehen«.[4]

In der Tat. Dort wird mit fragwürdigem Bildmaterial, Falschmeldungen, Halbwahrheiten und mieser Meinungsmache[5] ein Bühnenbild gezimmert, in dem die von den USA erpresste und brutal sanktionierte Regierung Venezuelas und ihr Präsident Maduro als schurkische Führer eines heruntergewirtschafteten Landes figurieren sollen. Mit keiner Silbe wird hingegen über die mordenden Provokateure der Oberschicht[6] berichtet, nichts wird über deren illegitimes Horten von wichtigen Gebrauchsgütern und ihren kriminellen

Bruch der Versorgungsketten mitgeteilt; auch wird nicht darauf eingegangen und geklärt, warum das Militär nach wie vor verfassungstreu den Bestand des Staates und der Regierung Maduro garantiert – unbeirrt, trotz der wiederholten gesetzwidrigen Aufforderung Guaidós, zu meutern oder zu desertieren.

Die Halbinformationen von Tagesschau & Co. liefern keine rationale Erklärung dafür, warum die große Mehrheit der ärmeren Bevölkerung Venezuelas weiterhin loyal zu den Chavisten und zu Präsident Maduro steht, trotz der drastischen Verschlechterung ihrer Lebensverhältnisse. ARD-aktuell unterstellt indirekt und fälschlich, bei Maduros Wiederwahl im vorigen Jahr sei es nicht mit rechten Dingen zugegangen. Die Redaktion geriert sich damit wie gewohnt als williges Agitationswerkzeug der Merkel/Maas-Funktionselite, dient ihr als Tröte; die journalistische Unterstützung der Bundesregierung bedeutet in der Konsequenz auch Billigung und indirekte Unterstützung einer zu allen Mitteln greifenden US-Außenpolitik.

Auf falsche beziehungsweise unterlassene Informationen angesprochen, flüchtet sich die Chefredaktion in niveaulos faule Ausreden. Als wir zum Beispiel in einer formellen Programmbeschwerde am 24. Mai 2017 bemängelten, dass zwar über Proteste der großbürgerlichen Opposition in Venezuela berichtet, im Gegensatz dazu aber Informationen über eine zeitgleiche Massendemonstration zugunsten der Regierung unterdrückt wurden, gab er zur Antwort: »*Auch andere namhafte deutsche Medien gingen nicht darauf ein … In einer kurzen Meldung wie dieser ist es uns nicht möglich, ausführlich alle Aspekte eines Themas zu beleuchten …*«[7]

Dass einem alten Wort nach halbe Wahrheiten ganze Lügen sind, kümmert Dr. Gniffkes Musterjournalisten nicht die Spur. Sie setzen absichtlich auf Desinformation, in vollkommenem Widerspruch zu den gesetzlichen Pflichten von ARD-aktuell, entgegen Vorgaben wie dieser: »*Ziel aller Informationssendungen ist es, sachlich und umfassend zu unterrichten und damit zur selbstständigen Urteilsbildung der Bürger und Bürgerinnen beizutragen.*«[8]

Ein gravierendes Beispiel für Pflichtverletzung stellt die Tagesschau-Berichterstattung über die Landung zweier russischer Militärtransportflugzeuge auf einem Flughafen bei Caracas dar. Auf tagesschau.de heißt es darüber: »*In Venezuela sind russische Militärmaschinen mit 99 Soldaten und Dutzenden Tonnen Ausrüstung gelandet. Die Opposition kritisiert das scharf. Die Regierung Maduro spricht dagegen von einer normalen Militärkooperation*«.[9]

Im Text findet sich zwar die formal richtige Wiedergabe des Geschehensablaufes. Was jedoch fehlte, waren konkrete Angaben über die objektiv gegebene Rechtsgrundlage des Militärtransports, einen bereits 2001 geschlossenen Vertrag zwischen Russland und Venezuela.[10] Ersatzweise erwähnt tagesschau.de die Hinweise eines »Sprechers der russischen Botschaft«, was den Vorgang jedoch unzulässig subjektiviert und die Rechtsgültigkeit der Vertragsgrundlage fragwürdig erscheinen lässt.

Wichtigeres Versäumnis in diesem Fall ist allerdings, dass kein Wort über den politischen Kontext der russischen Militärtransporte nach Venezuela gesagt wird. Sie erfolgen als Unterstützung gegen die politische Aggression der USA, ein rund um den Globus spürbares Phänomen: Die USA unterhalten in 70 Prozent der Staaten dieser Welt Militärbasen.[11] »*America first!*«

Auch über das Völkerrecht: Donald Trump spricht unverblümt den kolonialherrschaftlichen Anspruch der militärischen Supermacht USA aus. An diesem Punkt wird das vollständige Versagen der Tagesschau sichtbar. Während sie sonst, auch aus nichtigen Anlässen, mit Kritik an Trump nicht spart, beweist sie zuverlässig verschwiegenes Verständnis, sobald es darum geht, mit welchen Mitteln die USA ihre Führungsrolle durchzusetzen versuchen.

Die Tagesschau verschweigt Motive und aggressive Methoden der Drahtzieher der Destabilisierung Venezuelas: Nichts davon, dass US-Außenminister Pompeo trotz der völkerrechtlich einwandfreien, 18 Jahre alten russisch-venezolanischen Militärkooperation seinen Außenministerkollegen Sergej Lawrow angerufen und gedroht hatte, dass »*die USA und Länder der Region nicht ta-*

tenlos zusehen werden, wie Russland die Spannungen in Venezuela verschärft.«[12]

Dreist. Selbstverständlich unterließen es Dr. Gniffkes Qualitätsjournalisten auch, über die couragierte und bündige Antwort zu berichten, die der venezolanische Außenminister Jorge Arreaza auf Pompeos Unverschämtheit hin gab: Es sei blanker »*Zynismus, dass ein Land wie die USA mit mehr als 800 Militärbasen in der Welt, einem beachtlichen Teil davon in Lateinamerika, und einem wachsenden Militärbudget von mehr als 700 Milliarden Dollar*« sich in die militärtechnischen Kooperationsprogramme zwischen Russland und Venezuela einmische. Für »*Spannungen*« im Land sorge vielmehr die US-Regierung durch ihre »*Drohungen mit Gewaltanwendung, die kriminelle Wirtschaftsblockade und die direkte Führung beim gescheiterten Putsch-Versuch.*« (ebd.)

Das von unseren Massenmedien – Gniffkes abgetakeltes »Flaggschiff« Tagesschau inklusive – verbreitete Propagandaszenario »*Diktator Maduro gegen Demokrat Guaidó*« und das Verniedlichen beziehungsweise Verschweigen der US-amerikanischen Rolle in dem Konflikt dienen der Täuschung des deutschen Zuschauers: Es soll bemäntelt werden, dass die Einmischung der USA allein das Ziel hat, den Zugriff US-gestützter Konzerne auf das venezolanische Öl zu ermöglichen und die Hegemonie der USA in ihrem Hinterhof zu sichern. Historische Ideengrundlage dafür ist die »*Monroe-Doktrin*« und deren Forderung »*Amerika den* (US-)*Amerikanern*«.[13]

Die Darstellung der Tagesschau gibt lediglich vor, dass es dem »Werte-Westen« um Demokratie und um das Wohlergehen der venezolanischen Bevölkerung gehe. Tatsächlich liegt jedoch der US-Politik die gleiche Logik zugrunde wie schon ihren Kriegen der zurückliegenden 20 Jahre: gegen Jugoslawien, Irak, Somalia, Libyen oder Syrien. Immer das gleiche Muster: funktionierende Staatswesen zerstören und chaotisieren, die sich dem US-Imperium nicht unterwerfen wollen. Nach Erlkönigs Motto: »*Ich liebe dich, mich reizt deine schöne Gestalt; und bist du nicht willig, so brauch ich Gewalt.*«[14]

Dass Russland – als Verbündeter Venezuelas – ganz offensichtlich nur versucht, die Reißleine zur Verhinderung einer völkerrechtswidrigen Intervention der US-Regierung zu ziehen, hat für Gniffke & Co. keinen Gebrauchswert. Trotz steigender Gefahr einer unmittelbaren militärischen Konfrontation zwischen den Atommächten USA und Russland.[15] Mehr journalistische Ignoranz geht kaum.

Ein kurzfristig anberaumtes Treffen in der italienischen Hauptstadt zwischen dem »*Sonderbeauftragten der USA*« für venezolanische Angelegenheiten, Elliot Abrams, und dem stellvertretenden russischen Außenminister Sergej Rjabkow diente einem offenen Meinungsaustausch über die Situation in Venezuela. Auch von dieser Zusammenkunft berichte die Tagesschau nichts.

Abrams ist, wie man inzwischen weiß, kein gewöhnlicher Diplomat. Er ist ein Regime-Change-Spezialist mit krimineller Vergangenheit, verurteilt wegen Unterstützung terroristischer Operationen, insbesondere während der berüchtigten Iran-Contra-Affäre zur Destabilisierung Nicaraguas in den 1980er Jahren. Ein verurteilter Verbrecher, auf freiem Fuß nur dank eines präsidialen Gnadenaktes. Seine Ernennung durch Präsident Trump unterstreicht die kriminelle Energie in Washingtons Vorhaben, den Regimewechsel in Caracas zu erzwingen.[16]

Viele Einzelheiten des Gesprächs in Rom wurden nicht bekannt. Als sicher gilt jedoch, dass Rjabkow seinem Gegenüber Abrams unmissverständlich die Grenzen aufzeigte: Moskau dulde keine US-amerikanische Militärintervention in Venezuela. Russlands rote Linie: Das Völkerrecht, die Souveränität der Nationen und internationales Vertragsrecht sind zu achten, wie es Moskau bereits in Bezug auf Syrien vorgeführt hat. Es liegt nahe, dass die Landung russischer Offiziere in Caracas den US-Abenteurern vor Augen führen sollte, wie entschieden Russland sich gegen eine militärische US-Intervention in Venezuela stellt. Journalistischer Qualitätsnachweis: ARD-aktuell verkaufte dem perplexen Zuschauer als bare Selbstverständlichkeit, dass Außenminister Heiko Maas den selbsternannten Gegenpräsidenten Guaidó diplomatisch anerkannt hatte. Die Hamburger Qualitätsjournalisten unternahmen keinen Versuch, diese politische Absurdität gründlich auszuleuchten.

Maas ignorierte das Völkerrecht. Er missachtete den Grundsatz, nur Staaten, nicht Personen diplomatisch anzuerkennen. Er setzte sich darüber hinweg, dass Guaidó sich nicht nur nach venezolanischen, sondern international gültigen und auch nach deutschen Rechtsnormen strafbar gemacht hatte: Landesverrat (Umsturzplanung mit militärischer Unterstützung ausländischer Regierungen, hier der USA und Kolumbiens), Hochverrat (gewaltsamer Umsturzversuch vom Inland aus), Aufforderung an die Armee zur Meuterei, Aufforderung an die Truppen zur Desertion, unerlaubter Zugriff auf venezolanische Guthaben im Ausland, unerlaubter Grenzübertritt, Anstiftung zur gewaltsamen Grenzverletzung vom Ausland aus, Amtsanmaßung. Guaidós widerrechtliche und strafwürdige Aktivitäten benennen und problematisieren, das wäre seriöser Journalismus gewesen.

Aber die ARD-aktuell-Redaktion bot nichts dergleichen. Sie ließ keinen Verdacht aufkommen, dass es sich bei der willfährigen »*Anerkennung*« um eine deutsche Tributleistung gehandelt haben könnte: ein Gegengeschäft für Präsident Trumps Verzicht, Strafzölle auf Autoexporte zu erheben. Sie versuchte stattdessen, mit Katastrophenberichten aus Venezuela auf die Tränendrüsen des Publikums zu drücken. Dazu dienten Informationen über das angeblich massenhafte Kinderleid. Die Stichworte zu den venezolanischen Horrorszenarien stammten allerdings aus den Kampagnen des Möchte-Gern-Präsidenten Guaidó: »*Seit 24 Stunden funktioniere nichts mehr, schimpft Karolina Vera, eine Enddreißigerin mit Kleinkind an der Hand. ›Seit gestern ist der Strom weg‹*«[17], lassen unsere großartigen ARD-Qualitätsjournalisten eine opportune Zeugin schimpfen; sie geben damit einer emotionalen Einzelstimme Raum, anstatt selbst sachlich zu berichten. Der Zweck immer der gleiche: Stimmungsmache gegen Venezuelas Regierung.

Seriöser Journalismus zeichnet sich durch Unparteilichkeit, Vollständigkeit und Kontinuität in der Krisenberichterstattung aus. Von derart zuverlässigem Nachrichtenangebot ist die Tagesschau meilenweit entfernt. Sie unterschlägt nur allzu oft Wesentliches.

Beispiel: Der vom »*Übergangspräsidenten*« Guaidó für Deutschland ernannte Botschafter Otto Gebauer wurde von Außenminister Maas nur als Gesprächspartner empfangen.[18] Sogar unserem Häuptling Große Klappe scheint inzwischen zu dämmern, dass die bedenkenlose Anerkennung Guaidós eine Peinlichkeit sondergleichen ist. Gebauer, schon 2002 beim Putsch gegen Hugo Chávez ein wichtiger Strippenzieher, wurde am 13. März 2019 in Berlin nicht als Botschafter akkreditiert, sondern *nur »als persönlicher Vertreter von Interimspräsident Guaidó«* bezeichnet.

Als die Linkspartei-Bundestagsabgeordnete Heike Hänsel wissen wollte, warum Gebauer nicht formell akkreditiert werde, ließ das Außenministerium verlauten: »*Hierfür sind die politischen Rahmenbedingungen aus Sicht der Bundesregierung nicht erfüllt.*«[19] Begründung: Gemäß der venezolanischen Verfassung sei die maximale Amtszeit eines Interimspräsidenten (30 Tage) mittlerweile überschritten; innerhalb der Frist hätten Neuwahlen ausgerufen werden müssen. Warum Guaidó trotz des Fristablaufs noch als »*Interimspräsident*« tituliert wird, wollten oder konnten Maas und seine Leute allerdings nicht erklären.

Na bravo. Da sollte anscheinend ein von den Berliner Außenamtsjuristen geöffnetes Scheunentor als Hintertürchen für Maas fungieren. Aber der, gebückt Richtung Washington, wagte wohl nicht mal jetzt, sich unter dem schön herausgearbeiteten Vorwand aus der Affäre zu ziehen. Es gäbe inzwischen sogar noch eine weitere förmliche Begründung für ihn, die Biege zu machen. Guaidó dürfe in den nächsten 15 Jahren kein politisches Amt ausüben, teilte der venezolanische Staatsrechnungsprüfer Elvis Amoroso mit. Seine Begründung: »*Er hat ihm nicht zustehende öffentliche Aufgaben wahrgenommen und gemeinsam mit ausländischen Regierungen Aktionen zum Schaden des venezolanischen Volkes durchgeführt.*«[20] Zudem gebe es Zweifel an der Rechtmäßigkeit seiner Einkünfte. Es wäre dies ein weiteres von mehreren Ermittlungsverfahren gegen Guaidó In Venezuela.

Aber die deutschen Medien fragen einfach nicht danach. Sie reichen vielmehr unbeirrt den venezolanischen Ladenschwengel und Hampelmann der USA als »Präsident« ohne Land herum. Schon gar nicht zeigt Chefredakteur und SPD-Mitglied Dr. Kai Gniffke irgendwelche Spuren professioneller Hygiene. Er lässt seine Leute wegschauen. Ein möglicher Grund: Er will seinen Parteifreund Maas nicht als die Witzfigur dastehen lassen, zu der sich Heiko I. selbst aufgemandelt hat. Gniffke möchte SWR-Intendant werden. Dazu braucht er jede Stimme im Rundfunkrat, auch die der Intelligenten unter seinen Sozi-Parteigenossen.

Russland / Ukraine

»Die gemeinsame Geschichte der Deutschen und Russen ist weder eine Kette kriegerischer Auseinandersetzungen noch eine Demonstration unversöhnlichen Hasses. Den beiden Weltkriegen gingen nur wenige blutige Zusammenstöße voraus, aber lange Epochen fruchtbaren Zusammenwirkens, in denen nicht nur Handelswaren ausgetauscht wurden, sondern auch Können und Wissen, Verständnis und Sympathie. Immer wieder in den tausend Jahren dieser gemeinsamen Geschichte fühlten sich Menschen aus beiden Völkern zueinander hingezogen oder zum Land des anderen. Neben rein sachlichen Kontakten war da immer noch eine mit dem Verstand nicht zu erklärende wechselseitige Attraktion, der Wunsch, Wesen und Geist des anderen zu erfassen, den Menschen zu erleben, der sich so unvorstellbar in der Musik, der Literatur, den bildenden Künsten offenbart.«[A]

Behauptungen des Westens über angebliche Großmachtgelüste der Russen halten sich trotz der ebenfalls kolportierten widersprüchlichen Legende vom rückständigen, gesellschaftlich und politisch trägen Russen seit einem Jahrhundert hartnäckig. Die Propagandamaschinerie des Dritten Reiches schürte die Ängste vor einer »jüdisch-bolschewistischen Gefahr« gezielt, um den Angriffs- und Vernichtungskrieg gegen die Sowjetunion als eine Art Notwehr zu verbrämen. Die Russland-Feindbilder wirkten über die Zeiten des »Kalten Krieges« noch jahrzehntelang und bis heute, insbesondere in der westlichen Hemisphäre, vergiftend weiter. Antirussische ethnische Stereotypisierung wurde in Hollywood und anderen Filmbetrieben kreiert, in Kitschliteratur fortgeschrieben, auf reaktionäre politische Propagandaplakate und Titelseiten gebannt und bis heute – vor allem von Journalisten des Mainstreams – mit Inbrunst fortgeschrieben. Die kontinuierliche Beschallung der Öffentlichkeit mit verletzenden, demütigenden und zutiefst rassistischen Angriffen auf das russische Volk gebiert Ressentiments, niedere Instinkte wie Hass, Vorurteil und Gewaltbereitschaft und schließt so humanistische Verständigung zwischen Völkern aus. Der Übergang von der gezielten Stigmatisierung bis hin zur kollektiven Gewalt wird von Massenmedien gepflastert. Das geschieht nicht aus Versehen.

Die Aufrechterhaltung des Feindbildes Russland geht mit einer unangemessenen Überhöhung des Eigenbildes einher, welches sich bei näherer Betrachtung als Trugbild erweist. Denn die aggressive Dämonisierung Russlands, die seit der Präsidentschaft Wladimir Putins wieder an Fahrt aufgenommen hat, resultiert aus Treue zu einem waffenstarrenden Weltpolizisten aus Übersee, der um seine hegemoniale Macht fürchtet.

Die abschätzige Darstellung »des Russen« gehört zum Tagesgeschäft von konzern- und staatsnahen Medien. Anstatt die historisch und geopolitisch bedingten Wissenslücken der Deutschen über Russland mit ideologiefreien Informationen zu füllen, wird ein rassistisch und politisch-ideologisch geprägtes Feindbild kolportiert. Insbesondere die Russland-Korrespondenten von ARD, ZDF und Deutschlandradio treiben dieses Spielchen ungestört vor Ort und erbringen damit unfreiwillig den Beweis dafür, dass Russland liberal genug ist, Auslandsmedien auszuhalten, die dem Gastland alles andere als wohlgesonnen sind.

Ein besonderes Beispiel von Feindpropaganda lieferte der transatlantisch gebriefte Anchorman und wohl bestbezahlte Nachrichtenmoderator der Republik,[B] Claus Kleber, in einer seiner Anmoderationen im ZDF-heute-journal, als er seine Vision von einer Invasion Russlands im Baltikum an die Wand malte – die Niederschlagung durch die NATO-Staaten inklusive.[C] Die Hemmschwelle sinkt zusehends.

Insbesondere Russlandkorrespondenten der öffentlich-rechtlichen Anstalten haben erhebliche Schwierigkeiten damit, die historische deutsche Schuld am beispiellosen Vernichtungskrieg gegen die damalige Sowjetunion innerhalb ihrer Berichterstattung angemessen zu berücksichtigen. Um die 13 Millionen Soldaten kamen auf sowjetischer Seite ums Leben. Von insgesamt mehr als fünf Millionen sowjetischen Kriegsgefangenen starben bis Kriegsende drei Millionen in deutscher Gefangenschaft. Dazu kommen mehr als zwei Millionen ermordete sowjetische Juden und sechs bis zehn Millionen weitere Zivilisten. Die Zahl von 27.000.000 sowjetischen Kriegstoten ist in historischen Dokumenten belegt. Eine immense Größenordnung und eine gigantische Schuld.

Am 27. Januar 1945 befreiten Soldaten der Roten Armee das Konzentrations- und Vernichtungslager Auschwitz, in dem mindestens 1,1 Millionen meist jüdische Häftlinge ermordet wurden. Für das, was ab 1941 von Deutschen in der damaligen Sowjetunion angerichtet wurde, ergibt sich auch für das vereinigte Deutschland von heute insgesamt eine Verantwortung, die angesichts bündnispolitischer Duckmäuserei immer mehr aus dem Fokus gerät. Während in Russland, Weißrussland und der Ukraine der 22. Juni offizieller Gedenktag ist, ist der Jahrestag des Überfalls der Wehrmacht auf die Sowjetunion hierzulande kaum im Bewusstsein präsent. Mehr noch: Selbst die mediale Erinnerung daran ist noch antirussisch grundiert.

Die kritische Öffentlichkeit ist im Interesse von Frieden und Mitmenschlichkeit gefordert, die andauernde Stigmatisierung, Stereotypisierung und Demütigung des russischen Volkes als das zu identifizieren was es ist: simpler Rassismus. Die pauschale mediale Stimmungsmache gegen Russland, gegen seinen Präsidenten und damit schlussendlich gegen das russische Volk, bewirkt das Gegenteil von Völkerverständigung und Friedenssicherung – sie bewirkt vor allem Feindbildaufbau. Wohin Dämonisierung und die andauernde Demütigung von Menschen, in allen nur erdenklichen Lebensbereichen führen kann, äußert Marian Turski:

»Auschwitz begann mit der Demütigung des Menschen.
Wenn heute jemand einen Roma, einen Juden, einen Bosnier,
einen Türken, einen Israeli, einen Palästinenser,
einen Christen, einen Moslem oder einen Ungläubigen
demütigt, so ist das ein neuer Beginn von Auschwitz.«

Marian Turski,
Vorsitzender des Jüdischen Historischen Instituts, Warschau

17. Juni 2018

Programmkritik 6

WM in Russland – Das üble Foulspiel der Nachrichten-Redakteure

ARD-aktuell zieht in der Rahmen-Berichterstattung zur Fußball-WM in Russland alle feindseligen Propaganda-Register

Auch Weltsport-Ereignisse kommen schon mal zur rechten Zeit, um sich weidlich auszutoben. Zur Begleitberichterstattung im speziellen Fall der Fußball-WM in Russland schicken beispielsweise »Tagesschau« und »Tagesthemen« journalistische Anti-Typen wie die WDR-Korrespondentin Golineh Atai und den selbsternannten Doping-»Enthüllungsjournalisten« Hans-Joachim Seppelt an die Propaganda-Front. Die zeigen mustergültig, wie sich eine friedliche Form der internationalen Begegnung und des multinationalen sportlichen Leistungsvergleichs zu antirussischen Ressentiments und üblichem Putin-Bashing missbrauchen lässt.

Atai am 14. Juni 2018 im Kampfmodus: *»Putins Propagandaplattform« ... »die Fußball-WM in Russland wirft ethische Fragen auf« ... »Intellektuelle veröffentlichen Boykottaufrufe« ... »So oder so, Putin steht als Sieger da.«*[1]

Üblicher Qualitätsjournalismus: Nichts Konkretes auf der Pfanne, stattdessen den russischen Präsidenten dämonisieren und über angeblich sich stellende, aber nicht benannte *»ethische Fragen«* spintisieren – schon ist eine fette Portion abträgliche Stimmungsmache abgesondert. Plus Missgunst im Übermaß: *»... Putin steht als Sieger da«.*

Korrespondentenberichte dürfen laut Rundfunkstaatsvertrag zwar Meinung enthalten. Das setzt aber nicht den gesetzlichen Programmauftrag für den öffentlich-rechtlichen Rundfunk außer Kraft: Die ARD soll »die internationale Verständigung, die europäische Integration ... fördern«.[2] (ZDF *»Die Angebote sollen dabei auch die Zusammengehörigkeit ... fördern sowie der Verständigung unter den Völkern dienen und auf ein diskriminierungsfreies Miteinander hinwirken.«*[3]

Vielen Zuschauern geht die propagandistische Akzentuierung der Nachrichten über Russland längst zu weit. Ein aussagefähiges Beispiel dafür, wie die faktische Missinterpretation des rundfunkgesetzlichen Auftrags zur Völkerverständigung im Publikum *»ankommt«: »Wenn Golineh Atai von Ethik zu sprechen beginnt, dreht sich mir der Magen um. ... Für Golineh Atai ist die Fußball-WM – wie auch alles andere mit Russland-Bezug – DIE Chance, richtig mit Dreck zu werfen. ... Ihre ›Fragen‹ sind reine Polemik, denn sie hat überhaupt keine Fragen, sie hat ein zementiertes Weltbild, in das Russland, so wie es sich für sie (!) darstellt, nicht hineingehört.«*[4]

Die boulevardeske Geschichte um den mit dem Bundesverdienstkreuz behängten sogenannten *»Doping-Experten«* Seppelt ist ein weiterer Beleg für journalistische Perversion: Ein *»unberechenbares Risiko«* sei es für den Sportreporter, wenn er nach Russland zur Fußball-WM führe, behaupten plötzlich die deutschen *»Sicherheitsbehörden«*, und in den ARD-aktuell-Nachrichten wurde diese argumentations- und beweislose Albernheit übernommen. Hatte sich Außenminister Maas nicht gerade erst dafür eingesetzt, dass das von Seppelt beantragte und von Moskau widerrufene Einreisevisum dann doch erteilt wurde?

Anscheinend reichte die Befürchtung, russische Behörden könnten Seppelt zu seinen mittlerweile weitgehend als pure Spekulation aufgeflogenen Staatsdoping-Geschichten befragen, dem heldenmütigen Aufklärer zum Verzicht auf den WM-Besuch zu raten – und der fraglichen ARD-Truppe genügte sie, aus dem Alarmismus deutscher Überwachungsbehörden auch noch eine Tagesschau-Meldung zu produzieren.[5] Eine Meldung mit Null-Relevanz (aber x-mal veröffentlicht!), lediglich geeignet, die Russen als unkalkulierbare Gefahrenquelle zu denunzieren. Sie unterstreicht allerdings, wie gut ARD-aktuell und staatliche Geheimdienste kooperieren.

Aus ihrem Schützengraben, nicht aus einem TV-Studio, feuert WDR-Korrespondentin Birgit Virnich: *»Russland nutzt die Veranstaltung, um Prestige zu gewinnen, und versucht über die schlimmste Menschenrechtskrise hinwegzutäuschen, die es seit dem Zusammen-*

bruch der Sowjetunion gibt.«[6] Ein Vorwurf, der nicht einmal von russischen Oppositionellen oder der Menschenrechtsorganisation »*Amnesty International*« in derart maßloser Übersteigerung erhoben wird. Virnich weiter: »*Mit Popstars wie Robbie Williams versucht man die Spannungen der letzten Monate zu überstehen. Im Vorfeld hatte es viel Kritik gehagelt. Selten hatte die Weltpolitik den Gastgeber so geschlossen argwöhnisch beäugt und so war Altkanzler Schröder einer der wenigen Ehrengäste bei der Eröffnungsfeier.*«

Freilich, viel – freundlich gesagt – *Kritik* an Russland: Behauptungen über russische Hackerangriffe zum Beispiel, über den Giftanschlag in Salisbury und über den bösen bösen Umgang der Russen mit den armen armen terroristischen Söldnern und Kopfabschneidern in Syrien, über die leider leider militärisch und außenpolitisch so erfolgreiche Rolle der Russen in Nahost …

An der Eröffnungsfeier in Moskau nahmen, anders als Virnich weismachen will, zahlreiche Ehrengäste aus aller Welt teil. Lediglich die Spitzenpolitik der WWG, der »*Westlichen Wertegemeinschaft*«, war unterrepräsentiert. Die Russen sollten das allerdings als einen Pluspunkt für sich verbuchen und berücksichtigen, welche Summe an Völkerrechts- und Kriegsverbrechen diese WWG repräsentiert.

Der Popstar Robbie Williams hat während seines Auftritts bei der Eröffnungsfeier der politischen und medialen Elite seiner Heimat Großbritannien den Stinkefinger gezeigt. Sie hatte ihm fälschlich vorgeworfen, er habe sich von Moskau einkaufen lassen, obwohl er unentgeltlich und aus reiner Freude am Ereignis mitwirkte. Den Stinkefinger hätten aber die ARD-Nachrichtenleute mindestens ebenso verdient. Journalisten-Imitate wie Atai, Seppelt, Virnich & Co. sind leider keine Ausnahmeerscheinungen, sondern antirussischer Regelfall.

Veröffentlichte (ARD-)Meinung ist zum Glück nicht dasselbe wie die Meinung der Öffentlichkeit. Die Mehrheit der Deutschen findet es nach neuesten Umfragen vollkommen in Ordnung, dass die Fußball-WM in Russland stattfindet und deutsche Politiker in Russland als Gäste erscheinen.

Dass deutsche Journalisten ausgewogen, fair und historisch sensibel über Russland berichten können, hat Markus Lanz mit der Reportage »*Gespräche mit ziemlich fremden Freunden*« bewiesen.[7] Sein vorzüglicher Programmbeitrag ist eine schallende Ohrfeige für die russophobe Phalanx der Gniffkes, Buhrows, Zamperonis. Nicht zu reden von den Klebers in Lanz' eigenem Laden, dem ZDF …

3. Juni 2018

Programmkritik 7
Der Michel am Tagesschau-Nasenring
Die Schablone des Nachrichtenangebotes von ARD-aktuell: Was nicht hineinpasst, wird weggeschnippelt oder missdeutet

Nachrichten fälschen und Unzutreffendes verbreiten, ist leicht. So simpel, dass es die Medien oft zu leichtsinnigem Übertreiben verführt. Sie lassen sich sogar dazu hinreißen, eindeutigen Mumpitz westlicher Nachrichtenagenturen für wahr auszugeben. Ungeprüft, bedenkenlos. Eben in der Gewissheit, dass es die Kollegen in den anderen korporierten Massenmedien genauso machen. Es klappt ja auch fast immer: Der gröbste Unfug wirkt glaubhaft, weil er in unserer gleichgeschalteten Informationswelt von allen Seiten erschallt. Gräuelmärchen wie die Mordgeschichten über die Skripals in Salisbury oder über Arkadi Babtschenko in Kiew mögen, wenn sie denn auffliegen, zwar als Lachnummern gelten. Doch schränkt ihre obszöne Lächerlichkeit den Propagandakrieg und seine Gefährlichkeit keinen Moment ein. Sie lässt vielmehr leicht übersehen, dass Propagandasender dann besonders erfolgreich sind, wenn es ihnen geräuschlos gelingt, wichtige Nachrichten zu unterschlagen.

Die Redaktion ARD-aktuell, also Tagesschau, Tagesthemen & Co., hat darin eine bemerkenswerte Perfektion entwickelt. Hier ein paar Beispiele:

Die EU hat Ende Mai 2018 ihre Wirtschaftssanktionen gegen Syrien um ein weiteres Jahr verlängert.[1]

Sie folgte damit den Wünschen Washingtons. Der Beschluss soll ungeachtet seiner unmenschlichen Nebenwirkungen dazu dienen, Präsident Assad zu stürzen. Der Westen will eine ihm genehmere Führung in Damaskus an die Macht bringen. Das berichten die Qualitätsmedien zwar nicht mit diesen Worten, es bleibt aber das demokratiefeindliche und völkerrechtswidrige US-EU-Ziel. Welche geostrategischen und energiewirtschaftlichen Interessen dahinterstecken, wird in den Nachrichtenangeboten nicht problematisiert. Die mörderische Wirkung der nun schon seit sieben Jahren exekutierten Sanktionspolitik wird einfach ignoriert. Die Meldung *»UN-Sonderberichterstatter: ›EU-Sanktionen tragen zum Leid des syrischen Volkes bei‹«*[2] kam in den Sputniknews, aber ARD-Tagesschau und ZDF-heute-journal unterschlugen sie.

Zwei Wirkungen erzielt die EU-geformte Blockade-Politik: Sie bricht die Versorgungsketten der syrischen Bevölkerung (Medikamente, Nahrungsmittel, Ersatzteile) und erzeugt permanent neue Fluchtwellen. Sie ist das Gegenteil dessen, was Kanzlerin Merkel angeblich will: *»Fluchtursachen bekämpfen«*. Ach ja, unsere Menschlichkeit heuchelnde Kanzlerin! Der mörderische Sanktionsbeschluss wurde vom Europäischen Rat gefasst. Dieses Über-Gremium untersteht zwar keiner demokratischen Kontrolle, dafür aber der Berliner Fuchtel.

Ausführlich berichtete die Tagesschau über das Ergebnis der *»internationalen«* Untersuchungskommission, JIT, die den Abschuss des malaysischen Verkehrsflugzeugs (Flug MH17) vor vier Jahren über der Ukraine klären soll. Zwar ist das von den Niederlanden geführte *»Joint Investigation Team«* kein Gericht, nicht mal eine Anklagebehörde. *»International«* ist es ebenfalls nicht, sondern nur multinational: eine nach politischen Interessen ausgesuchte Gruppe aus Niederländern, Belgiern, Australiern, Ukrainern und Malaysiern. Ihre tendenziöse Ausrichtung wird kenntlich daran, dass in ihr zwar die fraglos tatverdächtige Ukraine sitzt, nicht aber Russland – und dass es Malaysia, obwohl die Unglücksmaschine von dort stammte, erst nach langem Hin- und Her und massiven Protesten gelang, in diese Kommission aufgenommen zu werden.

Jetzt also kam besagtes prowestlich dominiertes JIT vorgeblich zu der Erkenntnis, dass MH17 von einer Boden-Luft-Rakete russischer Bauart (BUK-System) getroffen wurde. Was freilich auch gar nichts über die Täter aussagt (und was Experten nach wie vor bezweifeln; sie gehen, wie der vormalige Flugkapitän Peter Haisenko, davon aus, dass die MH17 von einem ukrainischen Kampfjet mit den Bordkanonen abgeschossen wurde). Den westlichen Medien, die Tagesschau voran, reichte aber die JIT-Einschätzung für die Meldung *»Niederlande und Australien erklären Russland schuldig am Abschuss der MH17«.*[3]

Prompt unterschlug die Tagesschau, dass anderntags ausgerechnet der malaysische (!) Verkehrsminister Anthony Loke widersprach: *»Keine Beweise für Russlands Schuld an MH17-Abschuss«.*[4]

Malaysia, seit mehr als einem halben Jahrhundert fest im Griff der – prowestlichen – Partei United Malays National Organisation, erlebt gerade einen historischen Umbruch.[5] Bei einem in Malaysia als *»Mutter aller Wahlen«* gefeierten Urnengang wurde Machthaber Najib Razak überraschend aus dem Amt gekippt. Die neue Regierung vollzieht eine geopolitische Neuorientierung. Der Ferne Osten lässt das US-Imperium weiter bröckeln. Darüber schweigt natürlich die Tagesschau. Für die korporierten Massenmedien in Deutschland sind die Rollen fest vergeben: »Amerika« *und »der Westen«* gut, Russland und der Osten böse. (nur am Rande: Japan, Taiwan, Thailand etc. sind *»Westen«*). Diese Schablone liegt dem Nachrichtenangebot auf. Was nicht hineinpasst, wird weggeschnippelt oder missdeutet.

Beispielsweise dieses: Unsere tapferen Jungs von Heer, Luftwaffe und Marine bereiten sich auf kriegerische Auseinandersetzungen mit Russland vor. Und das in mehreren US-geführten Großmanövern, allen voran dem *»Saber Strike 2018« (»Säbelhieb 2018«).* Die wie gewohnt kindisch-großmäulige Namensgebung darf nicht über die Brisanz dieses militärischen Massenauftriebs unmittelbar an der russischen Grenze täuschen. Erprobt werden die auf Aggression getrimmte neue NATO-Führungsstruktur in Polen und in den baltischen Staaten, das deutsch-polnische NATO-Hauptquartier für den Ostseeraum in Szczecin und die unter deutschem Befehl stehende NATO-*»Battle-*

group« in Litauen. 18.000 Soldaten nehmen an dem Manöver teil. Es ist kein Sandkastenspiel für Jungpfadfinder mehr, sondern Zündeln am Pulverfass. Mehrere deutsche Kriegsschiffe üben parallel dazu im Manöver »*BaltOps 2018*« die Kriegführung in der Ostsee.[6]

ARD-aktuell-Chefredakteur Gniffke hat die Chuzpe, alle Nachrichtenanbieter, die ihm politisch nicht passen, von seinen Redakteuren ignorieren zu lassen und sie halböffentlich als »*unseriös*« abzumalen (Telepolis, Deutsche Wirtschafts-Nachrichten u.a.). Als deren Chefs das mitbekamen, machte er zwar vor ihnen Kotau und widerrief. Gegenüber seinen Rundfunkräten und erst recht in seiner Kolumne auf tagesschau.de verschwieg er aber, dass er gebuckelt hatte. Eine solche Type hat die Dreistigkeit, Nachrichtenanbieter wie RT und Sputniknews für unglaubwürdig zu erklären, weil sie staatlich finanziert sind, und zugleich die semi-staatliche AFP, die kommerziellen Agenturen AP, Reuters und dpa für Gralshüter der Objektivität auszugeben. Lautsprecheranlagen der Plutokraten... Auf den Grundsatz »audiatur et altera pars« – stets auch der anderen Seite Gehör schenken, wenn ein sachgerechtes Urteil zu suchen ist – braucht ein feiner ARD-Pinkel nichts zu geben. Auf seriöse Information für sein Publikum erst recht nicht.

Journalisten, die sich als Propagandisten herrschender Politik missbrauchen lassen, nennt der vormalige US-Unterstaatssekretär Paul C. Roberts »*Presstituierte*« (presstitudes). Eine treffende Wortschöpfung.

29. Juli 2018

Programmkritik 8
Die desinformative Nachrichtengebung von ARD-aktuell über die Ukraine
Das Ukraine-Bild der ARD-Falschmünzer

Der Staat Ukraine steht am Rande des Zusammenbruchs. Sein bis ins Mark korruptes Regime des dem Oligarchen Poroschenko hält sich nur mithilfe der USA, der EU und besonders Deutschlands so-

wie per Zusammenarbeit mit faschistoiden Helfershelfern mühsam im Amt. Wie lange noch? Der ukrainische Außenmister ließ wissen, monatlich verließen 100.000 Ukrainer das Land.[1/2] Und pflichtwidrig schweigt ARD-aktuell (Tagesschau, Tagesthemen & Co.) eisern darüber. Laut Oleksandr Vilkul, dem Vizevorsitzenden des Oppositionsblocks, haben bisher 8 Millionen Ukrainer ihre Heimat auf der Flucht vor Armut und Arbeitslosigkeit verlassen. Das Land ist mit 13 Milliarden Euro bei der EU und mit weiteren 11 Milliarden US-Dollar beim Internationalen Währungsfonds verschuldet. Diese Last wäre nur zu tragen, wenn ihr ein angemessenes Bruttosozialprodukt gegenüberstünde. Wie das Poroschenko-Regime jedoch die 2019 fälligen ersten Rückzahlungsraten aufbringen und seinen Tilgungsverpflichtungen nachkommen will, ist völlig unklar.

Die Roten Nullen im Berliner Finanzministerium wissen es offenkundig ebenfalls nicht. Man will angeblich *»einen Beitrag zur finanziellen Stabilisierung des Landes leisten«*, was in Wahrheit jedoch bedeutet, dass nichts dergleichen geschieht und das Geld im riesigen Korruptionssumpf verschwindet.

Die Westliche Wertegemeinschaft, in anderen Fällen rücksichtslos auf ihren Profit bedacht und darauf, dass ihre Schuldner mit Zins und Zinseszins zurückzahlen, auch wenn das Volk dabei ausblutet, tritt im Fall der Ukraine nicht als gewaltsamer Geldeintreiber auf. Die Pläne zur Ausplünderung des Landes wurden schon vor dem Maidan-Putsch geschmiedet und zielen auf mehr ab als die Unterwerfung unter finanziellen Frondienst.

Die EU und der IWF machen Druck, dass die ukrainische Regierung endlich die Beschränkungen für den Verkauf von Ackerland aufhebt, an dem internationale Investoren der Agrarindustrie großes Interesse haben. Außerdem soll das Ausfuhrverbot für Rundhölzer abgeschafft werden. Die ukrainischen Wälder dürften bald Vergangenheit sein.

Die Ukraine verfügt über 43 Millionen Hektar an fruchtbaren

Schwarzerde-Böden, nicht von ungefähr war sie einst die Kornkammer der Sowjetunion. Derzeit ist der Verkauf von mehr als zwei Hektar Anbaufläche noch verboten, und Ausländer dürfen überhaupt kein Land kaufen. Die ukrainischen Bauern bewirtschaften die riesigen Flächen auf Basis von Pachtverträgen, Eigentum an Agrarflächen gibt es kaum. Die EU, der IWF und die Weltbank üben seit Monaten auf das ukrainische Parlament massiven Druck aus, dieses »*Moratorium für den Verkauf von Ackerland*« abzuschaffen.

Poroschenko und seine Spießgesellen werden dem nachgeben müssen, sobald sie nicht mehr in der Lage sind, die Schulden zurückzuzahlen. Die Alternative wäre, die Ukraine für zahlungsunfähig zu erklären; dann aber fiele das Ackerland erst recht in die Hände der Spekulanten.

Über diese desaströse Situation und die gierige Plünderungsabsicht der Geldelite in der Westlichen Wertegemeinschaft schweigt nicht nur ARD-aktuell, sondern de facto sind die korporierten Massenmedien insgesamt in einem Kartell zur Unterdrückung alarmierender Nachrichten verbunden. Vor geraumer Zeit haben wir wegen der Unterschlagung entsprechender Informationen Beschwerde erhoben: »*Es hätte längst kenntlich gemacht werden müssen, um was es der ›Westlichen Wertegemeinschaft‹ im Ukraine-Konflikt tatsächlich geht: Um die vollständige Ausplünderung eines Staates und seiner wertvollen Ressourcen unter Mithilfe korrupter Oligarchen, um die Destabilisierung und Unterwerfung eines weiteren Staates (die vormalige US-Sicherheitsberaterin Condoleezza Rice: ›creative chaos‹) unmittelbar an der Grenze zu Russland. ARD-aktuell ist zwar verpflichtet, ›umfassend‹ zu informieren und den Bürgern die ›Einordnung‹ der Informationen zu ermöglichen. In der Berichterstattung über die Ukraine demonstriert ARD-aktuell seine Pflichtvergessenheit aber in nicht mehr überbietbarer Weise.*«

Die Reaktion war gleich null. Weder NDR-Intendant Lutz Marmor noch die NDR-Rundfunkräte aus Gewerkschaften, Kirchen, Arbeitgeberverbänden oder Parteien sahen sich veranlasst, die permanenten Verstöße gegen die Programmrichtlinien zu unterbinden.

Die Ukraine betreffend übermittelt Dr. Gniffke dem deutschen Publikum grundsätzlich frohe Botschaften, auf dass seine illegitime Chefin, Kanzlerin Merkel, nicht wegen ihrer verfehlten Politik in Misskredit gerate.

Tagesschau-Konsumenten sollen der Überzeugung bleiben, dass der Maidan ein prächtiger demokratischer Aufbruch war, ein Leuchtfeuer für die Menschenrechte. Es soll verhindert werden, dass der deutsche Staatsbürger sich fragt, warum im eigenen Land kein Geld für Rentenerhöhungen da ist, aber für ein korruptes Regime in Kiew und für den Profit multinationaler Konzerne Milliarden rausgeworfen werden. Schon gar nicht darf die Frage aufkommen, warum die Bundesregierung auch im Fall der Ukraine dramatische Fluchtursachen erzeugt, anstatt sie zu bekämpfen. Die Nachrichtenunterschlagung der Hamburger Gniffke-Truppe ist nicht zufällig, sondern hat System.

Beleg: Im analysierten Zeitraum gab es in den Nachrichtensendungen von ARD-aktuell gerade mal fünf Beiträge über die Ukraine, Tendenz: unpolitisch, boulevardesk.

- 17. Juli 2018: Bericht über einen angeblichen Spionage-Fall in der OSCE, die das Minsker Abkommen begleitet. Wer was wo und in welchem Umfang ausspionierte wurde, blieb ungesagt. Statt Information nur Spekulation, nicht anders vom Gniffke-Laden zu erwarten: Die Spur führt zum russischen Geheimdienst FSB.
- 29. Juni 2018: Beitrag über die Verlängerung der EU-Sanktionen gegen Russland. Faktenwidrig behauptet tagesschau.de, der Grund für die EU-Maßnahme sei, dass Russland zu wenig zur Umsetzung der Minsker Vereinbarung unternehme. Objektiv hintertreibt Präsident Poroschenko unter dem Druck seiner rechtsextremen Strippenzieher die Umsetzung des Minsker Abkommens.
- 18. Juni 2018: Ähnlicher Beitrag über die Verlängerung der Krim-Sanktionen, mit Tenor: Der böse Russe hat die Krim *»annektiert«*. Prominente Gegenmeinungen von Völkerrechtlern wie Reinhard

Merkel, es handle sich durchaus nicht um gewaltsame und rechtswidrige Aneignung, bleiben unerwähnt, der Wunsch von mehr als 90 Prozent der Krimbewohner, in die Föderation russischer Republiken aufgenommen zu werden, wird im Westen ohnehin ignoriert.

- 17. Juni 2018: ARD-aktuell berichtet über eine Demonstration in Kiew für die Gleichstellung von Schwulen und über die Ausschreitungen rechtsextremer Gruppen dagegen. Ein Mini-Ereignis mit gerade einmal 3000 Beteiligten, aber für Gniffkes Leute ausreichend, es zur Welt-Nachricht aufzublasen und damit das Schweigen über die riesigen, echten Probleme der Ukraine zu tarnen.
- 12. Juni 2018: ARD-aktuell berichtet über *»winzige Schritte«* bei der Umsetzung des Minsker Abkommen, lässt aber unerwähnt, *welche* Schritte und *inwiefern* winzig. Kein Wort über Poroschenko und sein Doppelspiel bei der vorgeblichen Befriedung der Ukraine.

Diese dürftige, unkritische und regelrecht desinformative Nachrichtengebung über die Ukraine ist kennzeichnend für die Berichterstattung der letzten vier Jahre. Kein Wort über den desaströsen wirtschaftlichen Zustand des Landes, nichts über das soziale Elend der Bevölkerung, nichts über den nazistischen Terror, den Verfall des Justizwesens. Keine Nachrichten über die zunehmende Rechtlosigkeit und die um sich greifende Anarchie.

Und auch dies unterschlug ARD-aktuell: Der UN-Sonderbeauftragte gegen Folter, der Schweizer Nils Melzer, berichtete Anfang Juni 2018 nach einer Rundreise, in der Ukraine seien Folter und Misshandlung von Gefangenen an der Tagesordnung. Verdächtige verschwänden in unbekannten Haftzentren, die vom Geheimdienst SBU oder von informellen Milizen betrieben würden. Die Täter hätten keine Strafverfolgung zu befürchten.

Schweigen in Tagesschau und Tagesthemen auch darüber, dass faschistoide Gewalttäter in jüngerer Zeit wiederholt Roma-Lager angegriffen, die Ärmsten der Armen in der Ukraine terrorisiert und einen von ihnen erschlagen haben. Wenn dergleichen Verbrechen sich in Deutschland ereignen, herrscht mediale Empörung. Ukrainische rechtsextreme Mordbrenner gelten offenbar als nicht so bemerkenswert.

Das vollständige Versagen in der Berichterstattung beschönigen Gniffke & Co. so: »*Jeden Tag wird bei ARD-aktuell aufs Neue darüber diskutiert und gerungen, über welche Ereignisse in welchem Umfang berichtet wird. ... aus Tausenden von Meldungen muss zwangsläufig eine Auswahl getroffen werden. ... wir gehen so verantwortungsvoll wie möglich damit um. Dabei sind wir keiner politischen Instanz, Partei oder sonstigen Interessengruppen verpflichtet. ... frei von staatlicher Einflussnahme. Ob und in welchem Umfang über ein Thema berichtet wird, hängt auch davon ab, was sich an dem jeweiligen Tag noch alles ereignet hat.*«[3]

Nichts von diesen Ausflüchten ist aufrichtig und zutreffend. Die ARD-aktuell ist eine rund laufende Manipulationsmaschine, wenn man die Maßstäbe des Publizisten Ulrich Teusch, Träger des Roman-Herzog-Medienpreises, anlegt: »*Erstens werden Nachrichten in ganz bestimmter Weise gewichtet. Zweitens werden Nachrichten gezielt unterdrückt. Drittens werden Nachrichten in tendenziöser Weise bewertet, das heißt es wird mit zweierlei Maß gemessen ... Alle drei Aspekte ... verstärken sich wechselseitig. Wenn sie auf bestimmten Themenfeldern lange genug und mit ausreichender Intensität wirken, entstehen dominante Narrative, also große journalistische Erzählungen ..., in die dann alle neu einlaufenden Informationen eingeordnet werden – oder eben auch nicht, so sie denn nicht ins Narrativ passen.*«[4]

Das Narrativ über den gewaltsamen Umsturz in der Ukraine: Ein Aufstand der Unterdrückten. Jetzt herrscht Demokratie, der Westen garantiert sie, und alles ist gut. An allen Missverhältnissen und dem Bürgerkrieg ist Putin Schuld. Was nicht in diese Denkschablone passt, wird weggelassen, unterdrückt, unterschlagen. Trotz der gesetzlichen Verpflichtung des öffentlich-rechtlichen Rundfunks, »*umfassend und objektiv*« zu berichten.

2. Dezember 2018

Programmkritik 9

Auftrieb zum neuen Krim-Krieg – Antirussische Agitation der ARD-aktuell-Redaktion

Journalistische Zirkusnummern um Poroschenkos Kriegsrechts-Begehr für die Ukraine

Konfrontation zwischen der Ukraine und Russland in der Meerenge von Kertsch: Putschpräsident Poroschenko provoziert einen läppischen Zwischenfall nahe der neuen Krim-Brücke und nutzt ihn als Vorwand, um Kriegsrecht über die Ukraine zu verhängen. Tatsächlich will er die anstehenden Wahlen stornieren, denn er selbst ist dabei nur mehr Zählkandidat. Die ARD-aktuell-Redaktion unterschlägt jedoch erst einmal den Hintersinn der Aktion. Stattdessen dient sie sich westlichen Politikern als Tröte für russlandfeindliche Sprüche an und lässt sogar NATO-Stoltenberg stänkern – obwohl die Ukraine (noch) nicht NATO-Mitglied ist. Die Tagesschau verschleiert, wer das Chaos und Leid in der Ukraine angerichtet hat: Die US-geführte »Westliche Wertegemeinschaft« darf ihren Scheinheiligen-Schein wahren.

Verschleiern und Geschichte leugnen: Der Westen hat die Katastrophe mit Intrige, Geld und Gewalt herbeigeführt. USA und EU organisierten den Putsch auf dem Maidan und demonstrierten nachdrücklich ihre NATO-Machtansprüche. Angesichts dieses mit vielen Toten und Verletzten herbeigeführten Umsturzes votierte eine überwältigende Mehrheit der Krimbewohner für Trennung von der Ukraine und Aufnahme in die Russische Föderation. So geschehen; seither herrschen Krise und Kriegsgetrommel. Mit dabei: ARD-aktuell. Die Berichterstattung über den Zwischenfall in der *Kertsch-Straße*, dem Nadelöhr zwischen Schwarzem und Asowschem Meer, ist nur eines von vielen Beispielen.

In den Programmrichtlinien für den öffentlich-rechtlichen Rundfunk heißt es: »*In Berichten und in Beiträgen, in denen sowohl berichtet als auch gewertet wird, dürfen keine Tatbestände unterdrückt werden, die zur Urteilsbildung nötig sind«*[1] und weiter, die Berichterstattung *solle »die internationale Verständigung fördern (und) für die Friedenssicherung eintreten«.*[2]

Dies setzt jedoch Sachlichkeit, kritischen Journalismus und Distanz zu jedweder Regierung voraus, insbesondere zur eigenen. Das aber ist nicht Sache der Qualitätsjournalisten in Dr. Gniffkes Tagesschau. Konformistisch reden sie Kanzlerin Merkel und Außenminister Maas nach dem Munde und kolorieren deren *»Feindbild Russland«.*

Dass Tagesschau-Redakteure ungern selbst über komplexe Zusammenhänge informieren, zeigt sich an ihrer häufigen Inanspruchnahme von »Experten«. Vorgeblich neutrale Fachleute entheben die Redaktion der Notwendigkeit, selbst Stellung zu beziehen und sich dabei zu exponieren. Mit der Auswahl des jeweiligen Experten lässt sich zudem ganz unauffällig die Tendenz einer Nachricht gestalten. Besonders beliebt sind die Vertreter der *»Stiftung Wissenschaft und Politik«.* Wer sie befragt, beweist Linientreue und kann nichts falsch machen: Es ist die »Denkfabrik« der Bundesregierung, finanziert vom Steuerzahler.[3] Kanzlerin und Minister ziehen die Angestellten dieses Instituts ständig zu Rate. *»Stiftung«* klingt jedoch immer gut und außerdem neutral.

Die ARD-aktuell-Redaktion wandte sich im hier betrachteten Fall an die Expertin Dr. Sabine Fischer. Die kam zwar gleich zu Beginn zu der Erkenntnis: *»Ich sehe auf russischer Seite im Moment eigentlich kaum ein Interesse an einer militärischen Eskalation. Russland hat sich im Grunde genommen seit einem halben Jahr sehr stark zurückgezogen.«*[4] Aber trotz dieser objektiv stimmigen Ansicht gaben die Gniffke-Krieger nicht klein bei. Sie fragten und schwadronierten so lange herum, bis das Feindbild wieder gerade hing und sich *»neue Sanktionen gegen Russland«* fordern ließen.

In den Folgetagen war den Medien keine Übertreibung zu blöde, um damit Kriegsangst in der deutschen Öffentlichkeit zu schüren. Sogar den bei seinen Landsleuten höchst unbeliebten Poroschenko führten sie als Zeugen an: *»Ukrainischer Präsident Poroschenko warnt vor Krieg«.*[5]

Verbales Abrüsten: Fehlanzeige. Objektive Darstellung des Zwischenfalls, seiner Entstehung, seines historischen Kontextes und der dafür Verantwortlichen: Fehlanzeige. Inhaltlich überzeugende Analyse: Fehlanzeige. Die Qualitätsjournalisten hielten es nicht einmal für nötig, die Stimmung im ukrainischen Parlament einzufangen, dessen Mitglieder dem Kurs Poroschenkos nicht folgen wollten, jedenfalls nicht in vollem Umfang.

»Poroschenko hat das Kriegsrecht erklärt, als ob er einen Wagen mit Roshen-Süßigkeiten verkaufen würde. Was Poroschenko vorgeschlagen hat, hat keinen militärischen Sinn, es beraubt die Ukrainer aller Verfassungsrechte«,[6] betonte der eher zum rechten Spektrum zählende Abgeordnete Ljaschko. Nach dem Inkrafttreten des Kriegsrechts verlören die Bürger ihr Recht auf Privatsphäre, Redefreiheit, Medienfreiheit, Versammlungsfreiheit, Bildung, Arbeit und vor allem ihr Wahlrecht.

Was interessierte das im Hause Gniffke? Dort meldete man es erst und nur am Rande, als es mit Rücksicht auf die kritische Gegenöffentlichkeit nicht mehr vermeidbar war. Kriegsrecht beseitigt die bürgerlichen Freiheitsrechte? Dass 80 Prozent der Ukrainer dank intensiver Zuwendung und Einflussnahme der Westlichen Wertegemeinschaft ohnehin schon unter der Armutsgrenze dahinvegetieren: nichtig. Gerade wurden diesen Ärmsten auch noch Gaspreiserhöhungen von 20 Prozent zugemutet.[7/8] Dieser Tage meldete *RT Deutsch*: *»Ganze Städte erfrieren.«*[9] Nichts von all dem in der Tagesschau.

Gniffkes journalistische Vorkämpfer für Menschenrechte und Demokratie nutzen ausschließlich das Material der transatlantisch genormten westlichen Nachrichtenagenturen und das Gewäsch der dito genormten und hochbezahlten ARD-Korrespondenten. Das tatsächliche Elend in der Ukraine hat niemanden zu interessieren. Dass die Ukrainer mittlerweile bei einem durchschnittlichen Monatseinkommen von 176 Euro angelangt sind,[10] darf niemand wissen.

Hierzulande soll niemand auf den Gedanken kommen, dass die Ukraine den USA und der EU geopfert wurde – Ergebnis einer Aggression mit ausschließlich geostrategischen und ökonomischen

Zielen. Was zählen da schon – jenseits des Wortes – Freiheit und humanitäre Anliegen?

Ein alter Grundsatz lautet: Propaganda muss, wenn sie denn wirken soll, ihren Inhalt in möglichst simpler Form und in ständiger Wiederholung vorbringen. Der Pleonasmus *»völkerrechtswidrige Annexion der Krim«* gehört zum Stammvokabular der ARD-aktuell-Redaktion, aus der der RIAS zu sprechen scheint. In der 20-Uhr-Tagesschau am 26. November 2018 kam das Wort *»Annexion«* gleich zwölfmal vor, und drei weitere Male wurde indirekt darauf angespielt. Und wenn die *»Annexion«* einmal nicht *»völkerrechtswidrig« war, dann »illegal«*. Gekrönt mit dem überflüssigen Hinweis, die Vereinten Nationen hätten sie nicht anerkannt.

Als ob die stets politisch motivierten Resolutionen der UN-Vollversammlung trotz ihrer Unverbindlichkeit gleichzusetzen wären mit einem völkerrechtlich gültigen Gerichtsurteil. Aus wohlerwogenen Gründen wird der Internationale Gerichtshof in den Haag nicht befasst. Auch namhafte Völkerrechtler vertreten und begründen die Auffassung, die Aufnahme der Krim in die Russische Föderation sei durchaus keine Annexion gewesen. Den WDR, der bis an die Senderspitze mit Mitgliedern der *Atlantik-Brücke* besetzt ist, kümmert es nicht. Sein Mitarbeiter Stefan Stuchlik durfte den Zwischenfall von Kertsch in den Tagesthemen kommentieren und zur Verkündung seines Verständnisses von Wahrheit nutzen: *»Wir wissen, wer schuld ist. Nicht am gestrigen Vorfall, sondern an der Gesamtsituation. Russland hat völkerrechtswidrig die Krim besetzt, beherrscht den Eingang zum Asowschen Meer und kann der Ukraine die Zufahrt zu wichtigen Häfen sperren … Russland hat, bitte alle mal hinsehen, aus Unrecht Fakten gemacht.«*[11]

Das ist das Niveau bornierter Schwätzer, die bis heute alle gegenläufigen Argumente und die alles auslösende Vorgeschichte leugnen. Stuchlik & Co. ignorieren einfach Entstehung und Verursacher des Konflikts. Als ob es nie jenen berüchtigten Mitschnitt eines Telefongesprächs gegeben hätte, in dem die US-Sonderbeauftragte für eurasische Angelegenheiten, *»Fuck the EU«*-Victoria Nuland, beziffert, wie viel Washington zwischen 1991 und 2014 für einen angestrebten Regime Change in der Ukraine ausgab: 5 Milliarden US-Dollar.

Dass die Vorfälle in der Straße von Kertsch Teil und Resultat der vom Westen hervorgerufenen Entwicklung in der Ukraine sind, ließ die ARD-aktuell-Redaktion im Dunkeln. Wochenlang hatten Tagesschau und Tagesthemen kaum etwas über die Ukraine gemeldet, unter Verletzung ihrer Pflicht, »*einen umfassenden Überblick über das internationale Geschehen in allen wesentlichen Lebensbereichen*« zu geben.[12]

Dass bewaffnete ukrainische Schiffe Russland schon seit dem Frühjahr provozierten, wurde verschwiegen. Kurzfassung: Im März kaperte die ukrainische Küstenwache ein russisches Fischerboot im Asowschen Meer, 15 Seemeilen vor der ukrainischen Küste. Ein Rechtsbruch, denn laut einem 2004 besiegelten Abkommen zwischen Moskau und Kiew dürfen sich Handels- und Kriegsschiffe beider Seiten außerhalb der jeweiligen Zwölf-Meilen-Zonen frei bewegen. Moskau sprach von einem »*Akt offener Piraterie*«, protestierte gegen die Beschlagnahme des Kutters und die Inhaftierung seiner Mannschaft. Erfolglos bis heute.

Die ARD-aktuell unterließ es auch, die Hintergründe der jüngsten ukrainischen Provokation knapp zu beschreiben: Das Asowsche Meer ist ein zur Ukraine und zu Russland gehörendes Binnenmeer, kein internationales Gewässer. In seiner Zufahrt, der Straße von Kertsch, finden schon immer geregelte Kontrollen statt, vormals russische und ukrainische, jetzt nur noch russische, seit die Krim zur Russischen Föderation gehört. Ist die Krim russisch, dann ist auch die Straße von Kertsch russisch. Wenn drei bewaffnete ukrainische Küstenschiffe dort einlaufen, sich der Anmeldung und Kontrolle entziehen und Blockademanöver fahren, ist eine russische Reaktion unausbleiblich. Als die erfolgte, die drei Schiffe aufgebracht und die Mannschaften gefangen genommen wurden, schäumte es aus allen Rohren der Tagesschau; diesmal waren's ja Ukrainer, nicht Russen, die da festgesetzt worden waren.

Solche Doppelstandards sind Kennzeichen von Propaganda. Was kümmert's die Tagesschau? Sie blieb auf Berliner Linie. Und die Bundesregierung übersah, absichtlich oder nicht, dass der Zwischenfall sich in der Straße von Kertsch zugetragen hat, nicht im Asowschen Meer.[13]

Maas stützte sich zudem wie üblich auf Voten der »*Stiftung Wissenschaft und Politik*« wie dieses: Poroschenko habe nicht genug für die militärische Aufrüstung der Ukraine getan. »*Noch gravierender ist, dass die ukrainische Führung seit Jahren weitgehend ignoriert hat, dass die Ukraine im Asowschen Meer einer wachsenden Gefahr durch Russland ausgesetzt ist und sich nicht um den Ausbau ihrer Flottenkapazitäten gekümmert hat.*«[14]

Poroschenko sah sich regelrecht aufgefordert, Russland zu provozieren. Sowohl für Hilfsgelder und Milliardenkredite aus dem Westen als auch im Interesse seines Machterhalts spielte er einmal mehr den Schmutzfinger, diesmal in der Meerenge bei Kertsch.[15/16]

Politik ist, sich mit Realitäten zu arrangieren, wenn sie sich aktuell als unabänderlich erweisen. Die Krim gehört heute – und auch historisch – zu Russland. Die meisten ihrer Bewohner betrachten sich zudem als Russen. Wann endlich verhält sich der Westen rational und gemäß den Gegebenheiten? Akzeptieren muss er sie nicht, aber als Faktum hinnehmen sollte er sie. Realitäten leugnen und eine Provokation der nächsten folgen zu lassen, demonstrativ Kriegsschiffe zu entsenden, Unmengen Waffen in die Ukraine zu pumpen,[17] tausende US- und GB-»*Militärberater*« zu schicken und ein korruptes und verhasstes Regime mit Milliarden Dollar und Euro an der Macht zu halten: Das ist Interessenpolitik für den militärisch-industriellen Komplex und gereicht den betroffenen Völkern zu unermesslichem Leid. Das zu ignorieren und zu verschweigen, statt es kritisch aufzuzeigen, spricht journalistischen Qualitätsstandards Hohn.

Weder die ARD-aktuell-Redaktion noch andere Vorposten im hiesigen Meinungsmonopol konnten oder wollten die sonstigen provokanten Vorgänge melden, die den russischen Brückenbau über die Meerenge von Kertsch beschleunigten: Hatte die Ukraine nicht die Gasversorgung der Krim gekappt? Hatten ihre »*Aktivisten*« nicht die Stromleitungen zur Krim gesprengt? Hatten die Machthaber in Kiew die Halbinsel nicht ebenso wie den Donbass blockieren lassen und ihr sogar die Wasserversorgung abgestellt?

Es scheint nun allerdings so, als habe das korrupte Oligarchen-System samt seiner neonazistischen Milizen, seiner irrationalen Unterwerfung unter US-Vorgaben und der Unfähigkeit zu rationaler Politik das Fass zum Überlaufen gebracht. Die Kriegsrechtsnummer war wohl doch der Tropfen zu viel. Merkel und anderen vormaligen Scharfmachern in der EU scheint die Lust auf weitere Sanktionen gegen Russland vergangen zu sein, obwohl diese zunächst mit großem Geschrei gefordert worden waren.

Gniffkes Musterjournalisten erwähnen das vorsichtige Einlenken allerdings nicht. Sie liefern nur Merkel-Devotionalien, wie üblich: Friedens-Angela auf Rettungsmission.[18] Kein erklärendes Wort darüber, dass und warum die Kanzlerin die Unterstützung einiger europäischer Gefolgsleute verloren hat. Die Sanktionierung Russlands nützt der US-Wirtschaft, der westeuropäischen schadet sie. Ansonsten bleibt sie wirkungslos und belebt sogar die russische Eigenständigkeit. Mehrere EU-Staaten pflegen inzwischen wieder engere Beziehungen zu Russland. Nach Zypern, Bulgarien, Griechenland und Ungarn nun auch Österreich und Italien.

Europas politische Linke, auch die deutsche, befürwortet seit vielen Jahren eine Zusammenarbeit mit Russland. Jetzt gesellen sich an sich unappetitliche Kräfte hinzu, Rechtspopulisten und Rechtsnationale : FPÖ, Lega Italia, Front National, Ungarns Fidesz, die Schwedendemokraten, die Dansk Folkeparti, die niederländische Partij voor de Vrijheid. Derweil sind bürgerliche Positionen wie die von Gabriele Krone-Schmalz (»Russland verstehen«) und eine auf Ausgleich mit Russland bedachte Kapitalfraktion marginalisiert.

Und die alten deutschen Volksparteien in der vermeintlichen politischen Mitte? Die fallen mittendurch. Die jüngeren Wahlen zeigen es. Gniffkes Albtraum: Die Garanten des öffentlich-rechtlichen Rundfunks und Unterstützer des korporierten Qualitätsjournalismus und seiner Sinekuren schwächeln. Allesamt haben sie sich ihren Niedergang selbst zuzuschreiben.

10. Dezember 2018

Programmkritik 10

INF-Vertrag – Die Auftragsbotschafter der Tagesschau

Qualitätsjournalisten begleiten die Infragestellung des INF-Vertrags mit ihrem Leitmotiv: Russland in Misskredit bringen

USA und NATO orchestrieren die Gefährdung des Weltfriedens sorgfältig: Kaum nimmt das Kriegspotenzial in einem Konfliktherd etwas ab – Beispiele: Libyen, Syrien, Ukraine – schon liegt an anderer Stelle die Lunte am Pulverfass. Jetzt drohen die USA, den INF-Vertrag über das Verbot nuklearer Mittelstreckensysteme zu kündigen. Angeblich, weil Russland dagegen verstößt, und zwar mit seinem Marschflugkörper Novator 9M729, NATO-Code: »SSC-8«. Wie immer spielt ARD-aktuell dazu die Leitmelodie: russlandfeindliche Töne, mal piano, mal fortissimo.[1] Tagesschau und Tagesthemen fragen weder nach Belegen für die Vorwürfe aus Washington, noch gehen sie gar der Frage nach, ob die USA nicht ihrerseits den INF-Vertrag verletzen. Um im Bilde zu bleiben: Ob das Pulver im Fass noch trocken ist, prüfen sie auch nicht.

Vor 31 Jahren leitete der INF-Vertrag das Ende des Kalten Krieges zwischen West und Ost ein und bot Europa seither relativen Schutz vor atomarer Bedrohung. Jetzt verlangen USA und NATO von Russland ultimativ, auf seine Novator 9M729 zu verzichten: binnen zwei Monaten. Andernfalls will Präsident Trump den INF kündigen. Und die Redaktion von ARD-aktuell stellt weder sich selbst noch öffentlich die für Journalisten immer obligatorische Frage: Warum das, warum gerade jetzt? Hatte Trump nicht schon vor Monaten seine Unzufriedenheit mit dem INF erklärt?[2] Passte den USA nicht schon zu Obamas Zeiten die ganze Richtung nicht mehr?[3]

Das neue Stichwort im Schurkenstück löst das Thema Syrienkrieg ab. Die Propagandakrieger atmen auf: Denn die Terrorbanden in Syrien, von Dr. Gniffkes Tagesshow als *»moderate Rebellen«* oder *»bewaffnete Opposition«* verniedlicht, sind ja längst geschlagen; mit den bei Idlib eingekesselten Söldnerheeren wird nur noch über Waffenruhe, Kapitulation und Abzug verhandelt; die al-Qaida-nahen »*Weißhelme*« haben im Westen, auch in Deutschland, Unterschlupf gefunden. Tagesschau & Co. ging der Stoff für antirussische Propaganda aus. Die verbliebenen humanitären Probleme in Syrien waren und sind für ARD-aktuell kein thematischer Ersatz.

Die vom Bundeskabinett massiv geförderte Sanktionierung Syriens zwingt dessen Bevölkerung weiter Leid und Elend auf. Aber Tagesschau und Tagesthemen interessiert weder diese Schändlichkeit noch die deutsche Mitschuld an der Zerstörung Syriens. ARD-aktuell-Redakteure bürsten nicht gegen den Kriegstreiberstrich, auf dem sich ihr Vormann Gniffke und »*Faktenfinder*« wie Patrick Gensing (»*Ich war als Jugendlicher Antifa-mäßig unterwegs*«) prostituieren.[4] Das Elend der Menschen dient solchen Figuren allenfalls zur Agitation gegen »*Machthaber Assad*« und gegen das russische Militär. Der amoralische Umgang mit Omram, dem syrischen Jungen von Aleppo mit Blut im Gesicht und Furcht in den Augen,[5] ist vielen Mitmenschen vielleicht noch in Erinnerung.

Dass die USA und ihre westliche Allianz – Deutschland mittenmang – in Syrien ihren völkerrechtswidrigen Krieg fortsetzen und tagtäglich Menschen umbringen,[6] ist der Tagesschau keine Meldung wert. Wenn »*wir*«, die »*Guten*«, für Freiheit und Menschenrechte in Syrien Bomben werfen, dann ist das ethisch höherwertig als das völkerrechtlich saubere Eingreifen der Russen, nicht wahr? Und für »*unsere*« Besorgnis um Syriens Zivilbevölkerung muss die schon ein paar Kollateralschäden hinnehmen …

Syrien? Thema durch. Vorübergehend bot das Intermezzo an der Krim-Brücke für ARD-aktuell weiteren Anlass zur Aufwiegelung gegen Russland.[7] Über die Genesis dieses Konflikts aber, der die Ukraine ins Verderben stürzte, ein neofaschistisches Regime in Kiew an die Macht und Europa einmal mehr in Kriegsgefahr brachte, leistete sich die Tagesschau lediglich Verzerrtes, Desformation oder Informationsverweigerung.

Die »*Ausstiegs-Drohung*« der USA aus dem INF-Vertrag, der Entwicklung und Bau von Atomraketen mittlerer Reichweiten von 500 bis 5.500 Kilometern verbietet, gab ARD-aktuell neues Futter. Vor 31 Jahren, im Dezember 1987, schuf der INF-Vertrag Entspannung zwischen den Supermächten; jetzt machen ihn die USA nach außen hin zu einem Zankapfel. Die Vorgeschichte und den politischen Kontext lässt die ARD-aktuell einfach weg. Stattdessen unterstützen Tagesschau & Co. die durchsichtige Strategie der USA, Russland vor der Weltöffentlichkeit als vertragsbrüchig hinzustellen. Der Gleichklang des öffentlich-rechtlichen Senders mit der Erklärung des US-Scharfmachers und Außenministers Pompeo ist beeindruckend.[8]

Dabei wäre es so einfach gewesen, ein wenig Frischluft in diesen AgitProp-Gestank zu blasen: Ein kleiner Hinweis auf vergleichbar schräge Manöver der USA hätte genügt. Hatte Präsident Trump nicht erst im Frühjahr das Atomabkommen mit Iran aufgekündigt? Hatte er dabei nicht ebenfalls vollkommen beweislos Vertragsverletzungen behauptet, entgegen aller bekannten Fakten? Hatte er nicht auch da *»Nachbesserungen«* zugunsten der USA erpressen wollen und neue Sanktionen gegen Iran verhängt – unter Verletzung des Völkerrechts? O-Ton Pompeo: *»Die USA erklären, dass Russland den Abrüstungsvertrag gebrochen hat. Wir werden ihn auch nach 60 Tagen suspendieren, es sei denn, Russland wird den Vertrag voll und überprüfbar einhalten.«*

Die Tagesschau tut so, als erschöpfe sich ihre Verpflichtung zu objektiver und umfassender Berichterstattung in der Wiedergabe solcher Sprücheklopferei. Dr. Gniffkes Qualitätsjournalisten ignorieren großzügig, dass es bisher allein den USA vorbehalten blieb, bestehende Atomabrüstungsverträge einfach zu kündigen. Russland und die VR China müssen trotzdem als Feindbilder herhalten, sie dienen Washington zur Begründung seiner geradezu aberwitzigen Aufrüstung.

Im Kalten Krieg hatten die USA und die Sowjetunion versucht, auch mit dem ABM-Vertrag (Anti-Ballistic Missile Treaty, 1972) die Installation neuer Raketenabwehrsysteme zu verhindern. Aber 2002 hatte US-Präsident George W. Bush den Vertrag aufgekündigt und damit begonnen, »*Raketenschutzschirme*« nahe der russischen Westgrenzen zu installieren: in Rumänien, in Polen und gar in Tschechien (bis Prag Schluss damit machte). Angeblich zum Schutz Mittel- und Westeuropas vor Angriffen aus Iran oder Nordkorea.

Auch dem Bush-Nachfolger und Friedensnobelpreisträger Obama war keinerlei Vertrauensbruch tabu: Während er das Ziel einer atomwaffenfreien Welt verkündete, ließ er neue taktische Atomsprengköpfe entwickeln und »*modernisierte*« damit einseitig das nukleare Arsenal der USA. Zugleich ließ er den Konflikt mit Russland eskalieren.[9] Kurzum: Die Vorgeschichte US-amerikanischer Vertrags- und Vertrauensbrüche hätte ARD-aktuell nicht unerwähnt lassen dürfen, wenn seriöse Berichterstattung über den INF ihre Absicht gewesen wäre.

Am 22. Oktober 2018 reiste der Nationale Sicherheitsberater der USA, John Bolton, nach Moskau. Die *New York Times* berichtete, die Trump-Regierung wolle Russland über ihre Absicht informieren, aus dem INF-Vertrag auszusteigen.[10] Interessant ist, was das Blatt über die Hintergründe der Bolton-Reise wusste, gestützt auf regierungsnahe Informanten und ausländische Diplomaten: Zweck des geplanten Vertragsausstiegs sei es, »*den USA zu ermöglichen, der chinesischen Aufrüstung im Pazifik etwas entgegenzusetzen.*« China ist nämlich nicht durch den INF-Vertrag gebunden. Er wurde ja nur zwischen den USA und der Sowjetunion geschlossen …

Also ist der antirussische Zoff nur ein Ablenkungsmanöver, ein dümmliches, abgekartetes Spiel? Oder der naheliegende Versuch Washingtons, einen neuen Keil zwischen Russland und die VR China zu treiben? Ziel der Aggression ist die VR China, sie steht ganz oben auf der Liste jener Länder, deren Regierungen sich nicht dem Diktat der USA unterwerfen wollen.

Einflussreiche US-Strategen meinen: Ein begrenzter Atomkrieg darf jetzt wieder ins politische Kalkül einbezogen werden. Elbridge A. Colby, früher stellvertretender Sekretär für Strategie und Streitkräfteentwicklung, schreibt unter dem Titel »*Wenn du Frieden willst, bereite dich auf Atomkrieg vor*«: »*Die Risiken eines nuklearen Spiels mit dem Feuer mögen enorm sein, aber ebenso groß wäre der Gewinn eines nuklearen Vorteils gegenüber dem Gegner.«*[11]

Über diesen Irrsinn unterrichtet ARD-aktuell das deutsche Publikum nicht, obwohl es das erste Opfer einer nuklearen Antwort Russlands wäre.

Flankiert von der »*Macht um acht*« tragen auch Regierungsmitglieder wie der großformatige Heiko Maas mit ihren antirussischen Sprüchen nicht zu distanzierter Betrachtungsweise und Meinungsbildung bei. Die selbstzerstörerische Konzeption der deutschen und der europäischen Außenpolitik nimmt billigend in Kauf, dass das »Spiel mit dem nuklearen Feuer« auf deutschem Boden gespielt wird.

Doch »Wir Willigen« kommen lieber Trumps Forderung nach Rüstungsausgaben in Höhe von zwei Prozent des Bruttosozialproduktes nach und pumpen zusätzliche Milliarden in die Waffenindustrie,[12] als mit diesem Geld die Hartz-IV-Sätze zu verdoppeln. Die (noch) mitregierenden Sozialdemokraten sind auf Linie. Ihr Heiko Maas, die personifizierte Pleite rationaler Außenpolitik und bisher noch in keinem einzigen Fall mit eigenständigem guten Konfliktmanagement hervorgetreten, darf sich im öffentlich-rechtlichen Rundfunk mit Sprüchen wie diesen profilieren: *»Ich hoffe, dass dieser ›last call‹ auch dazu führt, dass alle Möglichkeiten unternommen werden, um die Vertragstreue wiederherzustellen, … dass das nicht einfach wird, das wissen wir auch, weil das in den letzten Jahren auch nicht gelungen ist … aber es steht viel auf dem Spiel …«*[13]

Er unterstellt den Russen Vertragsbruch und behauptet zugleich, USA und NATO hätten sich seit Jahren um allseitige Vertragstreue bemüht. Deutscher Qualitätsjournalismus lässt solche Windbeutel pupen, ohne ihnen zu widersprechen. Wie der Außenminister bemüht sich auch die ARD-aktuell-Redaktion, logische Brüche in ihrer Darstellung der Weltlage zu verkleistern. Da sie gegen Präsident Donald Trump von Anfang an verächtlich stänkert, fällt es ihr jetzt schwer, die Kritik an dem Unsympathen mit der Rechtfertigung seiner Aufrüstungspolitik zu verbinden. Das Hamburger Flaggschiff greift in solchen Fällen zu Trick 17: Die USA, so wurde jetzt unterstrichen, würfen Russland ja schon seit langem vor, den INF-Vertrag zu brechen. Hinweise der Geheimdienste auf ein neues russisches Raketensystem gebe es bereits seit Obamas Zeiten.[14]

Spionagedienst-Verlautbarungen als Fakten zu verkaufen ist ein ARD-üblicher Kniff, ein Beleg der Regierungsabhängigkeit der wichtigsten deutschen Nachrichtensendung.[15] Dabei verstrickt sich allerdings Dr. Gniffkes Musterjournalisten-Truppe auch mal in Widersprüche. Am 23. Oktober 2018 stellte die Tagesschau die von US-Sicherheitsberater Bolton nach Moskau gebrachte Botschaft von der beabsichtigten INF-Vertragskündigung noch als »*wenig freundlichen Akt*« dar und ließ die russische Seite betonen, eine Vertragskündigung ohne Nachfolgeregelungen sei nicht gerade ratsam.[16] Die ARD-»*Faktenfinder*« kamen bezüglich der Frage »*Wer verletzt den INF-Vertrag?*« am gleichen Tag immerhin zu der Erkenntnis: »*Beide haben eine gewisse Form von Glaubwürdigkeit.*« Sie zitieren zustimmend diese Äußerungen des SIPRI-Chefs Dan Smith (SIPRI = Stockholm International Peace Research Institute, das Friedensforschungsinstitut in Schweden). Und weiter: »*Man befinde sich in einem Stadium von Vorwurf und Gegenvorwurf. Ohne Zugang zu geheimen Dokumenten fehlt auch Forschern hier die Möglichkeit, genauer nachzuprüfen*«.[17]

Ja was denn nun? Wie passt das zur volltönenden Promotion der Tagesschau für das Ultimatum der USA? Liebe Desinformationsopfer, tief durchatmen: Russland hat den USA längst Informationen über die Tests mit dem Marschflugkörper-System Novator 9M729 zur Kontrolle übergeben.[18] Und: Washington und Moskau verhandeln bereits seit fünf Jahren in aller Stille über einen einvernehmlichen Verzicht auf den INF-Vertrag.[19]

Was aber kümmert jemanden vom Range des ARD-aktuell-Chefredakteurs die Erkenntnisleistung weltweit anerkannter Friedens- und Konfliktforscher, was kümmern ihn historische Fakten und bedenkenswerte Argumente aus Moskau? Er ist schließlich nur Lautsprecher einer Politik im Interesse von USA, NATO und Bundesregierung.

17. März 2019

Programmkritik 11
Ukraine? Geht Sie nichts an!
ARD-aktuell ist dem politischen Schweigekartell beigetreten, das Desaster in Kiew verlangt aber den Offenbarungseid

Am 31. März 2019 durften die Ukrainer ihren nächsten Präsidenten wählen. Die Aussichten für den erneut kandidierenden Amtsinhaber Petro Poroschenko waren beinah genauso gering wie die Kenntnis des deutschen Durchschnitts-Fernsehzuschauers von den Verhältnissen im osteuropäischen Nachbarland. Wer wusste schon, dass im Bewerberfeld auch die Hasspredigerin Timoschenko wieder und der Komiker Selensky erstmalig antreten[1] – und was das über die politische Kultur der Ukraine besagt? Unsere wichtigsten Nachrichteninstitute, voran ARD-aktuell, bieten eben keine fortlaufende Information über den Brandherd Kiew. Geben Sie das Stichwort »Ukraine« in die Suchfunktion auf tagesschau.de ein, dann können Sie sich vor Augen führen, wie der deutsche Qualitätsjournalismus baden geht.[2]

Tagesschau & Co. unterschlagen konsequent, dass die massive Einmischung der USA, der NATO und der EU den Ukrainern nicht mehr Demokratie und Wohlstand gebracht hat, sondern Bürgerkrieg, Konfrontation mit Russland, systemische, den Staat zerfressende Korruption, faschistischen Terror, Oligarchen-Herrschaft und Verelendung der Bevölkerung. Die Bundesregierung trägt ein gerüttelt Maß an Mitverantwortung für die politische und menschliche Katastrophe und müsste eigentlich in Sack und Asche gehen. Sie braucht es nicht, weil sie sich auf die journalistische Charakterlosigkeit verlassen kann, die in den Nachrichtenredaktionen des öffentlich-rechtlichen Rundfunks herrscht. Das dortige Schweigekartell hat sich zwanglos selbst organisiert.

Wer aufklären möchte, sollte chronologisch vorgehen und bei der Vorgeschichte des Maidan-Putsches, der Sezession der Krim sowie des Bürgerkrieges um die Ostukraine beginnen. Deren Grundlage war das von der Europäischen Union angebotene Assoziierungsabkommen. Es war ein klassischer Lockvogel, der einen Keil in die Beziehungen Kiews zu Moskau treiben und die Ukraine der westlichen Ausbeuterelite ausliefern sollte. Die Täuschung war umfassend und gelang. Das Abkommen weckte in der ukrainischen Bevölkerung riesige Hoffnungen auf eine Verbesserung ihrer Lebenssituation.

»Das Assoziierungsabkommen zwischen der EU und der Ukraine ist das fortgeschrittenste Abkommen, das die EU einem Drittland vorlegen kann, um eine Kooperation in allen Bereichen zu koordinieren. Das Assoziierungsabkommen räumt der Ukraine im Hinblick auf ihre Beziehungen zur EU erhebliches Entwicklungspotenzial ein«,[3] erklärten zum Beispiel der französische Botschafter Alain Remy und sein deutscher Kollege Christoph Weil 2013 in einem Interview mit der Zeitung *DEN* in Kiew.

Ein solcher Sirenengesang musste nach dem Zerfall der Sowjetunion in der von Armut und korrupter Oligarchie geprägten Ukraine verführerisch wirken. Geldangebote und hohle Versprechungen reichten, um Hoffnungen zu wecken und einen politischen Umsturz in die Wege zu leiten.[4] Die Einsicht, auf der geostrategischen Bühne nur eine Statistenrolle gespielt zu haben und für fremde, inhumane Zwecke missbraucht worden zu sein, kam für die Masse der Ukrainer zu spät.

Die *»Westliche Wertegemeinschaft«* exportierte ihre Ideologie als Hochkonzentrat in die Ukraine: In *»Freiheit und Demokratie«* entstanden ultranationalistische und faschistoide Organisationen, deren Schlägertrupps und mörderische Terrorbanden auf den Straßen Regie führen und Gewaltfantasien gegen Andersdenkende und Minderheiten ausleben. Das politische Gift reicht bis in Parlament und Regierungsspitze. Das Gedenken an Nazi-Kollaborateure wie den Kriegsverbrecher Stepan Bandera wird mittlerweile bis hinauf in die gesellschaftliche Elite wieder gepflegt; der Massenmörder ist bei Weitem nicht der Einzige, der staatsdoktrinär wieder zu unverdientem Ansehen kam.

Die traditionell einflussreichen Oligarchen vermehrten mit nicht mehr zu überbietender Dreistigkeit und krimineller Energie ihren Reichtum. Der Geheimdienst ist Machtapparat in der Hand einiger reaktionärer Strippenzieher. Es regiert Gesetzlosigkeit; Daten von Personen, die sich für Frieden und Humanität engagieren, landen auf schwarzen Behördenlisten, ebenso die Namen ausländischer Politiker, die den neuen Herren in Kiew kritisch begegnen. Als prominentester Deutscher ist übrigens Ex-Bundeskanzler Gerhard Schröder dort aufgeführt.[5]

Die vom Westen vorangetriebene Destruktion hat nicht einmal vor dem christlich-konfessionellen Raum Halt gemacht. Mit verheerenden Folgen für den kulturellen Konnex der unterschiedlichen Ethnien in der Ukraine ließ Petro Poroschenko die Zugehörigkeit der Ukrainer zur russisch-orthodoxen Kirche aufkündigen und ein eigenständiges ukrainisch-orthodoxes Episkopat in Kiew gründen. Eine schwerer wiegende kulturelle Aggression gegen alle Ukrainer mit Zugehörigkeit zum russischen Kulturkreis lässt sich kaum denken. Dass nunmehr westliche Konzerne und kapitalistische Magnaten die Felder und Wälder der Ukraine aufkaufen und das Land ausplündern können, vervollständigt das Bild der Verwüstung.[6] Das Wohlergehen der ukrainischen Bevölkerung interessiert die »*Westliche Wertegemeinschaft*« nach gewonnener Schlacht einen feuchten Staub. Die Ukraine, einst als Land mit leistungsstarker Schwerindustrie, Bodenschätzen und als ertragreiche Kornkammer Europas bekannt, entwickelt sich unter den Knuten des transatlantisch beherrschten Internationalen Währungsfonds und der EU zum Armenhaus Europas. Die Menschen verlassen es in Scharen. Allein nach Russland flüchteten mehr als eine Million vollkommen mittellose Ukrainer.[7] Dem Elend inflationärer Preise und bodenlos niedriger Löhne versucht zu entrinnen, wer kann.

ARD-aktuell hat wie die meisten deutschen Leit- und Konzernmedien die ukrainische Katastrophe weitestgehend ignoriert. Der Vorwurf der Fälschung ist berechtigt und begründbar: Selbst in den wenigen doch noch durchgereichten Informationsangeboten wurde so getan, als seien in Kiew positive Entwicklungen in Gang. Waren Misshelligkeiten nicht zu leugnen, dann wurde »der Russe« beschuldigt. Die Hoffnung der Ukrainer auf einen baldigen EU-Beitritt begann bereits kurz nach dem Maidan, sich zu verflüchtigen. Heute stehen die Chancen dafür bei null. Die Ukraine habe, so erklärte vor knapp einem Jahr der EU-Repräsentant in der Ukraine, Hugues Mingarelli, keine Aussichten, der Europäischen Union beizutreten: »*Die Türkei und die Balkan-Länder sind die einzigen, die über einen Beitritt zur EU verhandeln, sie haben eine deutliche Perspektive der EU-Mitgliedschaft. Im Fall mit der Ukraine gibt es heutzutage keine Perspektive der EU-Mitgliedschaft.*«[8]

Über die Seifenblasenproduktion des Westens, seine Politik der Ausbeutung gegenüber der Ukraine und seine Aggressionen gegenüber Russland schweigen sich Chefredakteur Gniffke und die Seinen aber zumeist aus. Des Staatsfunkers Haupteigenschaft ist sein liebedienerischer Konformismus mit den in Berlin Regierenden.

Deren unverdrossene transatlantische Orientierung soll nicht bloßgestellt, die Regierung darf nicht desavouiert werden. Dafür leistet Gniffke Gewähr. Das selbsterklärte Ziel einer »friedliche Zusammenarbeit in Europa«? So es die je gab: in Rauch aufgegangen. Die Kanzlerin hat in ihrer gesamten Amtszeit keine politische Eigenständigkeit erkennen lassen. Wohl aber hat sie entscheidend dazu beigetragen, dass Deutschlands Herrenmenschendenken sowie seine finanzielle und wirtschaftliche Dominanz das selbsterklärte Projekt einer »friedlichen Zusammenarbeit in Europa«, so es diese je gab, in Rauch aufgehen ließ. Das Elend der Griechen und das der Flüchtlinge in Europa sprechen eine klare Sprache. Merkel ist es in keiner Phase ihrer Amtszeit gelungen, in weltpolitischen Konflikten als erfolgreiche Vermittlerin aufzutreten oder politisch brisante Entwicklungen zu stoppen. Sie hat stattdessen an der Seite Washingtons immer wieder Öl ins Feuer gegossen, sowohl hinsichtlich der Sanktionspolitik gegen Russland, Syrien und Venezuela als auch bei den Kriegen in Afghanistan, im Nahen Osten und reihenweise in afrikanischen Ländern. Den Reibach macht derweil die deutsche Wirtschaftselite, allen voran die Rüstungsindustrie. Sie blickt auf eine EU, die sich unter deutscher Führung systematisch in Gegensätze manövriert und dabei ihre demokratische Legitimität eingebüßt hat. Die EU kann sich dafür mit dem Friedensnobelpreis schmücken.

Sprechen »*Nord Stream 2*« oder »*Minsk II*« gegen diese Behauptung? Der bisherige Fortschritt des Gasleitungsprojekts ist weit mehr den Russen und dem Exkanzler Schröder sowie einigen der in Berlin mitregierenden Sozis zuzuschreiben als der Kanzlerin. Es gibt mit »*Minsk II*« nur ein Ereignis, das aus ihrer politischen Lethargie etwas herausragt: Im Rahmen der Minsk-Verhandlungen hat sie spät ihre »*außenpolitische Bestimmung*« gefunden. Möglicherweise, weil sie sich davon öffentliche Anerkennung versprach.

Für ein Land von der Größe und mit dem politischen Gewicht Deutschlands erschienen die Konflikte im Osten der Ukraine, kaum zwei Flugstunden von Berlin entfernt, aus Merkels Sicht wohl irgendwie noch regelbar.[9] Das Ergebnis ihres Engagements ist allerdings gleich null. Wer Staatsmännern wie Präsident Putin und Außenminister Lawrow mit hohlen NATO-Friedensduftwolken imponieren und im gleichen Atemzug seine Unabhängigkeit von den USA glaubhaft machen möchte, beweist nur erschütternde Inkompetenz. Als politische Fürsprecherin eines schmierigen Poroschenko konnte die Kanzlerin ohnehin keine ehrbare Rolle spielen.

Was im Abkommen Minsk II festgelegt und von Poroschenko postwendend sabotiert wurde, blieb deshalb auch dem deutschen Publikum vorenthalten. Chefredakteur Gniffke weiß, dass er Merkels Scheinheiligenschein polieren muss. Als Hofjournalist und medialer Helfershelfer hat er keine Alternative. Das entsprechende Rollenverständnis ist seiner Karriere dienlich. Nicht von ungefähr winkt Intendantenposten des Südwestrundfunks.[10]

Gänzlich ignorieren konnte aber selbst ein Gniffke das Thema »*Präsidentschaftswahl in der Ukraine*« nicht. Was also tun? Ein eher unauffälliges Angebot für den Tagesschau-Auftritt im Internet mit Julia Timoschenko als Zentralfigur,[11] in den analogen Sendungen eine ablenkende thematische Einbettung in die allgemeine Berichterstattung anlässlich des fünften Jahrestags des *»Euro-Maidan« (!)*: Das musste reichen. Das Ganze selbstverständlich im üblichen Rahmen russenfeindlicher Stimmungsmache. Dieses *»Framing«* ist von jeher die probate Lösung, und da es halt- und argumentationslos ist, tut ein kräftiger Schuss Desinformation über die *»prorussischen Separatisten«* in der Ostukraine das Seine.

Für ARD-aktuell-Korrespondentenberichte aus der Ukraine ist jetzt Atlantik-Brücke-Mitglied Ina Ruck zuständig, nachdem Udo Lielischkies und Golineh Atai von der Front abgezogen wurden, der eine ins Rentnerdasein, die andere zurück zum Heimatsender WDR. Die Berichterstattung über die Ukraine erfolgt vom ARD/WDR-Studio in Moskau aus. Dort sitzt seit 2014 Birgit Virnich, auch sie stammt aus dem transatlantischen Propaganda-Gestüt des WDR-Intendanten Buhrow.

Ina Ruck passt prächtig zu ihr. Ein Hochamt in der Vorberichterstattung über die Präsidentenwahl in der Ukraine zelebrierte ARD-aktuell zum fünften Jahrestag des Maidan-Putsches: ein Schaltgespräch des Tagesthemen-Moderators Ingo Zamperoni (WDR, Mitglied der Atlantik-Brücke) mit Ina Ruck (dito: WDR, Axel-Springer und Reemtsma-Preisträgerin).[12] Zamperoni: *»In fünf Wochen wählen die Ukrainer ihren Präsidenten, folgt dann der nächste große Schritt Richtung Demokratie?«* Mit dieser Frageformulierung wird das Denken der Zuschauer konditioniert; begründungslos setzt die Floskel *»der nächste große Schritt«* einfach voraus, dass bisher schon welche unternommen worden sind. Ausgeblendet werden damit die Schlägereien im Parlament, die neofaschistischen Umzüge in Kiew, die Attentate auf kritische Journalisten, auf ethnische und soziale Minderheiten wie Roma und Schwule, die mörderische Verfolgung russischstämmiger Ukrainer, die unverminderte Korruption, die ausdrückliche, von Poroschenko verfügte Nichtzulassung deutscher Wahlbeobachter, usw. usf.

Ina Rucks Antwort ist typisch und gibt Einblick in ihr fragwürdiges rein formalistisches Demokratieverständnis: »*... die Tatsache,* *dass so kurz vor der Wahl völlig offen ist, wer sie gewinnen wird, weil drei Kandidaten fast gleichauf liegen in den Umfragen, dies ist schon ein Zeichen dafür, dass es hier doch sehr viel demokratischer vorgeht als z. B. beim Nachbarstaat wie Russland oder Weißrussland, da wäre so etwas natürlich nicht denkbar …«*

Drei Kandidaten mit jeweils nicht einmal 20 Prozent an Zustimmung in den Umfragen: bezeichnenderweise der politisch unerfahrene Komiker Selensky,[13] außerdem die beiden korrupten Milliardäre Poroschenko und Timoschenko, er und sie Oligarchen, verstrickt in halbkriminelle Patronage-Netzwerke. Ein solches Bewerberfeld als Beleg für demokratische Verhältnisse zu werten, ist Qualitätsjournalismus vom Feinsten.

Zamperonis nächste, ausnahmsweise gelungene Frage gilt den Schuldigen des Massakers an mehr als hundert Demonstranten und Polizisten auf dem Maidan und dem Stand des Ermittlungsverfahrens: Wer waren die Heckenschützen? Mit ihrer verquasten Antwort versucht Ina Ruck aber nur einmal mehr, Russland zu verdächtigen. Sie leugnet glattweg längst Erwiesenes, verkehrt Zeugenaussagen ins Gegenteil und verzerrt den Sachverhalt bis zur Unkenntlichkeit.

So führt sie die deutsche Öffentlichkeit hinters Licht: »*… sehr schleppend geht das nur voran, viel zu schleppend, und das hat einige Gründe, z. B. und vor allem, weil es diese große Anzahl von Fällen gibt, also die schiere Zahl und dann gibt es nur wenig erfahrene Ermittler und dann, das ist zu verdanken der nicht stattgefundenen Justizreform, sitzen noch sehr viele Richter des alten Regimes in vielen Gerichten und haben wenig Interesse an Aufklärung. Die Frage, wer denn eigentlich geschossen hat auf dem Maidan, das ist ja auch längst eine politische Frage geworden, und das hängt auch damit zusammen, dass Russland vor allem das Narrativ erfolgreich verbreitet, dass vor allem die Opposition geschossen habe, obwohl natürlich alle Indizien in eine ganz andere Richtung zeigen. Es sind ja ein paar, ja wenige Polizisten auf dem Maidan erschossen worden, aber die weitaus meisten Opfer, die meisten Toten gab es unter den Demonstranten …«*

So klingt eine hochbezahlte Qualitätsjournalistin des öffentlich-rechtlichen Rundfunks. Ukrainischen Richtern des *»alten Regimes«* die Schuld am Scheitern der Verbrechensaufklärung und Strafverfolgung zuzuweisen, ist an Ignoranz nicht zu überbieten. Selbst journalistischen Pfeifen dürfte auffallen, dass es in den wenigen bisher angeleierten Prozessen zur juristischen Aufarbeitung des Umsturzes keine *»Richter des alten Regimes«* gab. Ex-Präsident Janukowitsch beispielsweise wurde in Abwesenheit in einem Schauprozess zu 13 Jahren Haft verurteilt.[14]

Das Gegenteil der Ruck-Behauptung wäre beweisbar: Während der Amtszeit Poroschenkos wurde der Justizapparat systematisch von missliebigen Richtern und Staatsanwälten *»gesäubert«*. Von Rechtsprechung kann dank des Einflusses der rechten und der faschistischen Ultras auf die Justizverwaltung längst nicht mehr die Rede sein. Dass allzu tüchtige und aufklärungswillige Juristen in der ukrainischen Neuzeit keine Chance haben, dazu trägt übrigens die EU erheblich bei. Sie hat sich, so fassungslos das auch machen mag, sogar ein Veto-Recht bei der Besetzung von Richterposten gesichert.[15]

Für die Ineffizienz der ukrainischen Strafjustiz ist Poroschenko samt oligarchischer Hintermänner und neonazistischem Flankenschutz verantwortlich, nicht etwa *»belastete Richter des alten Systems«*, die Ina Rock herbeiredet. Verfahren schleppen sich hin, weil immer wieder Angeklagte oder Zeugen und Beweismaterial *»abhandenkommen«*. Schlimmer noch: Bekannte Mörder unter den Maidan-*»Kämpfern«* wurden sogar amnestiert.[16]

Rucks Behauptung, es gebe in den Verfahren keine qualifizierten Ermittler, *»alle Indizien«* zeigten *»natürlich in eine ganz andere Richtung«* ist gesteigerter Blödsinn, Produkt ihrer russophoben Fantasie. Sie lenkt mit diesem Schmarren davon ab, dass die Ermittlungsverfahren einfach deshalb nicht vorankommen, weil das neue Regime nicht das geringste Interesse an Aufklärung, hingegen sehr viel zu verbergen hat. In seinem Apparat sitzen Zeitgenossen, die allerhand auf dem Kerbholz haben.

Ins Stammbuch von ARD-aktuell: Entscheidende kriminaltechnische Beweise für das Massaker am 20. Februar 2014 verschwanden urplötzlich. Dazu gehörten Schilde und Helme getöteter und verwundeter Demonstranten, Kugeln, die den Körpern der getöteten Demonstranten und Polizisten entnommen bzw. in Bäumen, Blumenkästen und im Boden gefunden und sichergestellt worden waren. Bäume mit Kugeln und Einschusslöchern wurden kurzerhand gefällt und damit die Rekonstruktion von Flugbahnen der Geschosse verhindert.

Ein Ballistik-Bericht der Staatsanwaltschaft hatte bereits im Januar 2015 dokumentiert, dass kein einziges der Projektile, das den Leichen der Demonstranten entnommen worden war, aus den Kalaschnikows der Sicherheitspolizei Berkut stammte. Es gab keine Übereinstimmung mit Kugel-Proben aus den Waffen dieser Spezialtruppe des *ancien regime*. Die Analyse wurde mithilfe eines computergestützten Systems zur automatisierten Schusswaffenidentifizierung (IBIS) erstellt und im Gerichtsprozess zwar veröffentlicht, aber die neue ukrainische Regierung und parteiische Medien wie ARD-aktuell ignorierten den Report[17] ebenso wie vorhandenes Video- und Fotomaterial.[18]

Von demokratischen Verhältnissen ist die Ukraine dank des Wirkens der Transatlantiker in Politik und Medien ebenso weit entfernt wie ARD-aktuell von der Erfüllung ihrer staatsvertraglichen (= gesetzlichen) Pflicht, sachlich, umfassend und der Wahrheit verpflichtet zu informieren. Die Tagesschau, das *»Flaggschiff der ARD«* (Eigenlob) hat nichts Heroisches an sich, sondern ist nur eine blecherne Regierungströte.

Jederzeit einer Kanzlerin zu Diensten, die nur so tut, als wolle sie sich nicht in die Präsidentschaftsfrage der Ukraine einmischen. Sie mischt sich mächtig ein. Zwar weniger offen und unverfroren als im Fall Venezuela, aber genauso rücksichtslos. Schmierlappen Petro Poroschenko war ihr Statthalter in Kiew – und soll es bleiben: *»Wir haben immer sehr eng zusammengearbeitet. Das ist eine Garantie, dass es auch weitergeht.«*[19]

21. Januar 2019

Programmkritik 12
Neonazis und Breitmaulfrösche gibt's in Kiew nicht
ARD-aktuell berichtet nicht über das Scheitern der ukrainischen Staatsführung und die Machtergreifung von Oligarchen und Faschisten

Seit dem Maidan-Putsch hat ARD-aktuell über die Ukraine meist nur dann berichtet, wenn sich zugleich anbot, gegen Russland zu polemisieren. Über die desaströsen Zustände, die schiere Not der Bevölkerung, die krasse Korruption, das Versagen der Justiz sowie die Raffgier und Macht der vom Westen gepäppelten Oligarchen schwiegen sich Tagesschau & Co. hingegen weitgehend aus. Meldungen über die mörderischen Umtriebe der Neonazis und ihren Einfluss auf Parlament und Regierung sind vollends tabu. Umfassende Nachrichten darüber halten nur die bewussten Medien im Internet bereit. Noch greift erst eine Minderheit regelmäßig darauf zu.

Unmittelbar nach dem Putsch hatten unsere öffentlich-rechtlichen Medien, nach eigenen Angaben (!), Materialien des transatlantischen Think-Tanks »*Open Society Foundations*«[1] des US-Milliardärs Soros genutzt und dort abrufbare Texte dem deutschen Publikum als »*objektive und unabhängige Nachrichten*« untergejubelt.[2] Deren propagandistischer Kern: »*Behauptungen einer rechtsradikalen Gefahr in der Ukraine sind reine russische Propaganda*«. Motto: »*Der Russe ist immer schuld*« …

Dieser Linie ist ARD-aktuell bis heute treu geblieben. Die Redaktion marginalisiert oder verschweigt faschistische Exzesse in der Ukraine. Während die Internetseiten von tagesschau.de reichlich Berichte über rechtsradikale deutsche »*Bürgerwehren*« enthalten, finden vergleichbar extremistische, sogar mordende ukrainische Organisationen keinerlei Aufmerksamkeit bei Chefredakteur Gniffkes journalistischen Antifa-Experten. Die Tagesschau verschweigt sogar, dass Präsident Poroschenko – bei der Präsidentenwahl im März 2019 der Kandidat mit den geringsten Chancen – Faschisten und rechtsradikale Bürgerwehren zu »*Wahlbeobachtern*« bestimmt hat. Es gibt für solche redaktionelle Verschwiegenheit nur ein Urteil, nur einen Begriff: Nachrichten-Unterschlagung.

Die Ukraine ist ein europäisches Nachbarland, Informationen über sie sind Nachrichtenpflicht; seit Einmischung und Subversion der USA, der EU und der NATO ist sie ein prekäres Bürgerkriegsland und zugleich Treibsatz eines drohenden Krieges gegen Russland. Kiew hängt am Tropf des IWF sowie der europäischen, insbesondere deutschen Staatskassen und mutiert zur protofaschistischen Autokratie. Dr. Gniffkes Qualitätsjournalisten ignorieren bewusst, dass die »*ukrainische Demokratiebewegung*«, der »*Maidan*«, eine Schimäre war, eine Erfindung der Giftküchen westlicher Geheimdienste.

Ersatzweise informiert die Tagesschau das deutsche Publikum über die Euro-milliardenschwere Oligarchin Julia Timoschenko, weil diese erneut das Präsidentenamt anvisiert. Das ist ein Anzeichen dafür, dass Präsident Petro Poroschenko die Unterstützung unseres Berliner Regimes verloren hat. Wir erinnern uns, dass Kanzlerin Merkel seit jeher ein Faible für ihre »*Freundin*« hatte, die blondgefärbte Julia; unsere »*Änschii*« hält es gern mit Milliardärinnen. Und wie so oft präsentiert ARD-aktuell einen Beitrag ganz im Sinne der Kanzlerin, der allerdings vor Oberflächlichkeit und Falschinformation nur so strotzt.[3]

Fernab vom gesetzlichen Programmauftrag, der »*objektive und umfassende*« Berichterstattung vorschreibt, behaupten die ARD-Musterjournalisten, Timoschenko sei »*international populär*«. »*Populär*« ist ein positiv besetztes Wort. Mit dem unpräzisen Adjektiv »*international*« wird verschleiert, dass nur Angehörige der »*Westlichen Wertegemeinschaft*« Sympathien für Timoschenko hegen. Das nimmt nicht wunder. Sie erfreute schließlich den deutschen Mainstream mit den gehässigsten und schrillsten russlandfeindlichen Tönen: »*Es wird Zeit, dass wir unsere Gewehre ergreifen und losziehen, um diese verdammten Russen zusammen mit ihrem Führer töten.*«[4/5]

Sie werde alle ihre Beziehungen spielen lassen und alle Mittel einsetzen, »*damit die ganze Welt sich erhebt, so dass in Russland nicht einmal ein verbranntes Feld zurückbleibt*«. (ebd.)

Sie sei auch bereit, ein Maschinengewehr zu ergreifen und »*diesem Motherfucker* (Anm.: Gemeint ist der russische Staatspräsident Putin) *in den Kopf zu schießen*«. (ebd.)

Ein richtiges Herzchen, nicht wahr? Aber mit ihren Hasstiraden gewann die »*Ikone*« viele deutsche Verehrer: die Grünen-Abgeordnete Rebecca Harms beispielsweise, den Alt-Bundespräsidenten Joachim Gauck, den damaligen Außenminister Guido Westerwelle und den mittlerweile wegen finsterer Geschäfte aufgefallenen EU-Parlamentarier Elmar Brok (CDU). Kanzlerin Merkel hatten wir ja schon genannt. Artig bedankte sich die ukrainische Oligarchin: »*Angela war die stärkste Anführerin für Demokratie und Freiheit*«.[6]

Sowas verbindet natürlich. Und verpflichtet regierungsfromme Tröten wie ARD-aktuell zu journalistischer Schmiegsamkeit mit geostrategischer Zielsetzung.[7]

Da darf ein Qualitätsjournalist schon mal ignorieren, wofür die Milliardärin und gewissenlose Politikerin Timoschenko des Weiteren bekannt und was in den »*Panama Papers*« nachlesbar ist: ungeheure Raffgier und kriminelle Geldgeschäfte. Ergiebig sind diesbezüglich auch die Akten des in den USA geführten Betrugsverfahrens gegen den ukrainischen Ex-Regierungschef Lasarenko. Die Ankläger dokumentierten seinerzeit, dass Timoschenko allein in den Jahren 1996 und 1997 rund 100 Millionen US-Dollar verschoben hatte. Da sie ihre Geschäfte über andere Länder abgewickelt hatte, entging sie allerdings der US-amerikanischen Rechtsprechung, gilt dort aber als »*unindicted co-conspirator*«, als nicht angeklagte Mitverschwörerin.

ARD-aktuell hat seinerzeit zwar über diesen Vorgang schamhaft kurz und an unauffälliger Stelle berichtet,[8] aber sich mit keiner Silbe dafür gerechtfertigt, dass die Redaktion vor dem Maidan-Putsch mit riesigem Aufwand und propagandistischem Eifer dabei mitgemacht hatte, Julia Timoschenko als Opfer der »*ukrainischen Justiz und des russlandfreundlichen* (sic!) *Systems*« zu glorifizieren. Dr. Gniffkes Luxusqualitäts-Journalismus setzt eben auf das kurze Gedächtnis des Publikums des »*Ersten Deutschen Fernsehens.*«

Bei der weiteren Jubilatio von ARD-aktuell über die Julia (s. Fußnote 3) bedient die Redaktion ihr Publikum mit Primitiversatz für politischen Inhalt, mit Trivialitäten im Boulevardstil. Darunter: Timoschenko habe eine »*markante Haartracht*«. Es folgt, von Fakten ungetrübt, der Hinweis, Timoschenko sei durch die »*Orangene Revolution*« im Jahr 2004 »*international bekannt*« geworden. Internationale Aufmerksamkeit hatte sie schließlich schon seit 2001, als der frühere Präsident Kutschma sie wegen Urkundenfälschung ins Gefängnis stecken ließ. 42 Tage danach kam sie wieder frei, in den Gerüchteküchen war Hochbetrieb.

Wo wenigstens heute Fakten von Interesse wären, liefert die Tagesschau aber nur blauen Dunst: »*Im Wahlkampf forderte Timoschenko eine Verfassungsreform, ein großes Wirtschaftskonzept sowie einen Friedensplan für den Donbass.*« (s. Fußnote 3)

Man muss zu bewussten und wesentlich informativeren Medien im Internet wechseln, um zu erfahren, dass Timoschenko das »*Minsker Abkommen*« ablehnt und stattdessen, unter Berufung auf das »*Budapester Memorandum*«,[9] eine Berufsarmee schaffen und sofort der NATO beitreten will. Von einem Wirtschaftskonzept ist nichts zu finden, es sei denn, man versteht darunter das populistische Versprechen, die Gaspreise für die Bevölkerung um die Hälfte zu senken.[10/11]

Mit keiner Silbe vermittelt ARD-aktuell, wie jämmerlich die Wahlen voraussichtlich ausgehen werden und wie wenig Rückhalt alle Kandidaten in der Bevölkerung haben. Die »*Nr. 1*«, Timoschenko, liegt mit gerade einmal 18 % Zustimmung an der Spitze des Kandidatenfeldes. Eine Klatsche für alle Westler, die diese Type als demokratische Heilsbringerin bejubeln; sie und ihre Mitbewerber stellen sich als Rohrkrepierer heraus. Dass ARD-aktuell keine Umfrage-Zahlen nennt, ist notwendiger Teil des Propagandakrieges: Der deutschen Bevölkerung soll verborgen bleiben, dass der von Merkel und Steinmeier unterstützte Putsch vor fünf Jahren weder Demokratie noch

Wohlstand gebracht hat, sondern die Bevölkerung ins Elend stürzte – und den Faschisten und Neonazis Tür und Tor öffnete.

Gewonnen haben die reichen Spekulanten und Kriegsgewinnler des Westens sowie ihre ukrainischen Statthalter: Präsident Poroschenkos Einkommen stieg allein im vorigen Jahr angeblich um das 82-Fache.[12] Verloren haben die ukrainischen Bürger. Zwar behauptet die Tagesschau ebenso unverdrossen wie verschleiernd, »*wirtschaftlich entwickele sich das Land nur langsam, es hänge von ausländischem Geld ab*« (s. Fußnote 3), aber von (positiv zu verstehender) Entwicklung in der Ukraine kann keine Rede sein.

Ein Blick auf die Zahlen zeigt, wie sehr ARD-aktuell beschönigt und fälscht: Das ukrainische Bruttoinlandprodukt (BIP) ist pro Kopf der Bevölkerung in den Jahren seit 2013 (Vertreibung Präsident Janukowitschs) bis 2017 von 4.000 auf 2.600 US-Dollar gesunken. Die Staatsverschuldung hat sich im selben Zeitraum nahezu verdoppelt, von 40 % auf 78 % des BIP.[13] Die Inflationsrate lag 2013 noch bei minus (!) 2 %; seit den »Segnungen« des Maidan ist der jährliche Geldwertverlust zweistellig. 2018: 11 %.[14] Die Arbeitslosenstatistik zeigt seit 2013 eine Zunahme von 2 % auf 9 %, wobei erschwerend zu berücksichtigen ist, dass die Bevölkerung inzwischen wegen der Armutsflucht um drei Millionen abgenommen hat.

»*Im Osten wehrt sich das Land seit 2014 gegen prorussische Separatisten, hinter denen sich die russische Militärmacht verbirgt.*« (s. Fußnote 3) Stärker verfälschend lässt sich die politische Situation kaum darstellen. Es verhält sich genau umgekehrt, die zeitgeschichtlichen Archive dokumentieren es: Die ostukrainische Bevölkerung, mehrheitlich ethnische Russen, wehrte sich gegen den Maidan-Putsch und muss seitdem erdulden, dass Poroschenko eine militärische Attacke nach der anderen gegen sie führen lässt. Er verweigert ihnen die Autonomie, obwohl sie im Minsker Abkommen verankert ist[15] und sabotiert ohnehin alle Auflagen dieses Abkommens systematisch. Nicht Putin hat unerfüllte Pflichten aus Minsk II mit Sanktionen belegt, wie vom Westen ständig und seinen medialen Sprachrohren behauptet, sondern Poroschenko ist der Friedensverräter.

Diese klarstellende Information unterlässt ARD-aktuell konsequent. Die Tagesschau versteigt sich sogar zu dieser Geschichtsklitterung: »*Trotz des Moskauer Drucks hat sich die Ex-Sowjetrepublik in den Jahren unter Poroschenko stabilisiert und eine Reihe von Reformen durchgeführt.*« (s. Fußnote 3)

Richtig ist, dass Poroschenko wie besessen versucht, die Verbindungen der Ost-Ukrainer zu Russland zu kappen (bis zur Spaltung bezüglich der Landessprache und der orthodoxen Kirche), ein Hohn auf alle Stabilitätsbestrebungen. Auch die Förderung faschistischer Umtriebe, der Selbstjustiz neonazistischer Todesschwadronen, die Provokationen im Asowschen Meer, die Verklärung des Massenmörders und Nazi-Kollaborateurs Bandera zum Nationalhelden und die Verhängung des Kriegsrechts über die Ost-Ukraine zeigen, dass das gepeinigte Land von Normalität und Stabilität weit entfernt ist.

ARD-aktuell sorgt mit Propaganda und Halbwahrheiten dafür, dass die Mehrheit der deutschen Öffentlichkeit den Maidan-Putsch bis heute nicht als Schachzug US-amerikanischer Geostrategie gegen Russland begreift. Die Verlogenheit der Berichterstattung (und der Nicht-Berichterstattung!) ist zwar durchaus spür- und belegbar, aber kritischer Instinkt beim Medienkonsum beginnt in der Bundesrepublik erst, sich zu entwickeln. Als kleine Fördermaßnahme für Nachdenkliche sei hier – und im Unterschied zur Tagesschau-Praxis – die Frage aufgeworfen, wie Berlin und Brüssel es wohl rechtfertigen könnten, dass die Ukraine nun schon wieder 4,5 Milliarden Euro aus Steuermitteln erhält.[16] Milliarden für ein ukrainisches Regime von korrupten Oligarchen – und nicht beispielsweise für die acht Millionen Mitmenschen in Armut, die unterversorgten Kinder, Alten und Vergessenen in unserem eigenen Land.

Unter wahrhaft republikanischen Verhältnissen wäre so viel Regierungskriminalität ein Fall für den Bundesrechnungshof – und anschließend für die Strafjustiz. Aber von republikanisch-demokratischen Verhältnissen sind auch wir in Deutschland meilenweit entfernt.

Syrien

Wer erinnert sich eigentlich noch an die Zeit, bevor Baschar al-Assad in den Augen westlicher Staaten und ihrer Handlanger in Konzern-Presse und Rundfunkanstalten vom modernen Reformer zum »Schlächter von Damaskus« mutierte? Es war diese Zeit, als die Vorzeige-Syrien-Expertin Kristin Helberg noch wohlwollend über die »vorbildlichen« Reformanstrengungen der syrischen Staatsführung und die Vorzeigeprojekte berichtete, die in Syrien gemeinsam mit europäischen Unternehmen auf den Weg gebracht wurden. Als die EU im Rahmen ihrer strategischen und expansiven europäischen Nachbarschaftspolitik (ENP)[A] Assoziationsabkommen mit Ländern des südlichen und östlichen Mittelmeerraumes verabredete, glichen sich die jeweiligen Ziele wie ein Ei dem anderen: Integration des jeweiligen Nachbarlandes in die europäische Wirtschaftszone, also in den europäischen Binnenmarkt, komplette neoliberale Öffnung, Freihandel, bei gleichzeitiger Nichtmitgliedschaft und damit Nichtmitsprache in der Europäischen Union. Auch das säkulare Syrien unter Assad war ein heißer Kandidat für ein solches Assoziationsabkommen mit der EU, das 2004 schlussendlich unterschriftsreif war, jedoch nie unterzeichnet wurde.

Syrien befand sich bereits in der Verhandlungsphase unter enormem Druck seitens der sich seit 9/11 verstärkt auf dem Kriegspfad befindlichen USA, die Syrien faktisch in die »Achse des Bösen« integriert und damit als mögliches weiteres Angriffsziel im »Krieg gegen den Terror« markiert hatten. Deshalb sah Assad in dem Assoziationsabkommen trotz radikal-neoliberaler Knebelparagrafen eine Möglichkeit, seine Beziehungen zum Westen zu verbessern. Die ursprüngliche »Achse des Bösen« wurde in einer Rede des damaligen

US-Präsidenten George W. Bush im Januar 2002 definiert und umfasste den Irak, Nordkorea und den Iran. Anfang Mai 2002 erweiterte der damalige Staatssekretär im Außenministerium, John Bolton, besagte Achse um Libyen, Syrien und Kuba und drohte diesen Ländern ebenfalls mit militärischen Angriffen.[B] Die Europäische Union verweigerte schließlich die Ratifizierung des Abkommens, nachdem Syrien beschuldigt wurde, an der Ermordung des ehemaligen libanesischen Ministerpräsidenten Rafiq al-Hariri am 14. Februar 2005 beteiligt gewesen zu sein.[C]

Nichtsdestotrotz setzte Assad seinen wirtschaftsliberalen Kurs fort und produzierte neben den aus europäischer Sicht mit Wohlwollen registrierten verbesserten Investitionsbedingungen – durch Mittel wie Subventionsabbau, Abschaffung der Preisbindung auf Bedarfsgüter etc. – eben auch Verlierer in veritabler Anzahl innerhalb seines eigenen Volkes. Viele Initiatoren des Aufstandes waren Verlierer der westlich orientierten Reformpolitik Assads.[D]

Trotz der Tatsache, dass sich Syrien auf einem – nach westlichen Maßstäben – »guten Weg« befand, schwenkte der Westen bald um auf einen tatkräftigen Anti-Assad-Kurs, in dessen Verlauf eine Militarisierung der Proteste einherging, während gleichzeitig eine Opposition unterstützt wurde, von der man sich »nach Assad« eine stringente Fortsetzung des neoliberalen, prowestlichen Kurses versprach. Die sogenannten »Freunde Syriens«, zusammengesetzt aus etwa 70 Staaten, die sich für einen Regimewechsel in Syrien einsetzen, hatten sich als Ansprechpartner den vorwiegend aus Exilanten zusammengesetzten »Syrischen Nationalrat« (SNC) auserkoren. Die Leitfiguren des von den Muslimbrüdern dominierten SNC verfügten über hervorragende Kontakte zu US-Institutionen und entsprechenden Geldgebern.

Bereits seit Januar 2012 bot die regierungsnahe deutsche »Stiftung Wissenschaft und Politik« (SWP) unter dem Namen »The day after: Supporting a democratic transition in Syria« zahlreichen Oppositionellen Raum und Mittel, um den Umsturz in Syrien sowohl logistisch und finanziell als auch mit Rat und Tat zu begleiten. Mit an

Bord war das »US Institute for Peace«, ein Ableger des US-Außenministeriums. Alle Arbeiten gründeten auf der festen Überzeugung, dass Assad stürzen werde.

Die Tagesschau bemüht des Öfteren Vertreter der SWP (Markus Kaim, Volker Perthes, Guido Steinberg u. a.) vor die Kamera, um dem Publikum die »aktuelle Lage in Syrien« aus »Expertensicht« einzuordnen. Aus Sicht des »Experten« Markus Kaim dürfe sich ein Desaster, wie die deutsche Nicht-Beteiligung am Libyen-Krieg unter keinen Umständen in Syrien wiederholen.[E]

Die problematische Nähe von Journalisten zur Macht gebiert Leerstellen und Tabus in der Berichterstattung und Konformität der journalistischen Inhalte mit der Eliten-Diskussion. Der Journalismusforscher Siegfried Weischenberg nannte diesen Zustand einst »strukturelle Korruption«: »Korruption liegt im Journalismus dann vor, wenn Medienschaffende nicht das drucken oder senden, was sie wissen. Oder wenn sie loben, weil sie – im weitesten Sinne – bestochen worden sind.«[F] Es gehe darum, welchen Anteil die Journalisten und ihre Kontakte zu den Eliten bei der Geburt oder der Verhinderung von Medienthemen haben, denn im »Anfangsstadium können Themen noch zensiert, gesperrt oder auf Seitengeleise unpolitischer Angelegenheiten abgeschoben werden; die Mächtigen haben noch die Möglichkeit, zum Thema selbst ja oder nein zu sagen.«[G] Die öffentlich kolportierte Befürwortung eines völkerrechtswidrigen Angriffskriegs (unzutreffend als Bürgerkrieg verbrämt) durch Regierungspersonal, erreicht so dank Tagesschau & Co. ein Millionenpublikum, wogegen die wesentlich brisantere, gegenläufige Einschätzung des Wissenschaftlichen Dienstes des Deutschen Bundestags kurzerhand unterschlagen und dem Publikum vorenthalten wird. So funktioniert Meinungsbildung aus dem Flaggschiff der deutschen Nachrichtengebung.

Was glauben Sie, verehrte Leser, was eine Berichterstattung wert ist, die sich auf solche Art Berater stützt?

16. September 2018

Programmkritik 13

ARD-aktuell – Servil und kriegsbereit

Die Tagesschau übernimmt die Agenda der Regierung und verschweigt den Rechtsnihilismus der Debatte über den Syrien-Einsatz

Soll auch die Bundeswehr in Syrien Bombenangriffe fliegen? Die »Wissenschaftlichen Dienste des Bundestages« gutachten, ein solcher Kriegseinsatz sei Völkerrechtsbruch und unvereinbar mit dem Grundgesetz. Trotzdem erklärten sich Bundeskanzlerin Merkel und ihre Verteidigungsministerin von der Leyen im Bundestag dazu bereit, falls in Idlib Chemiewaffen verwendet würden. Sie bewegen sich damit fernab aller Rechtsgrundlagen, fernab der Realität in Syrien und fernab der überwältigenden Mehrheit der deutschen Bevölkerung. Und was berichtet ARD-aktuell, was melden Tagesschau und Tagesthemen über diesen unglaublichen Skandal? NICHTS.

»Es gibt einen Unterschied zwischen journalistischem und politischem Handeln. Es ist nicht die Aufgabe von Journalisten, eine Partei oder einen charismatischen Politiker zu bekämpfen,« schrieb der renommierte New Yorker Medienwissenschaftlicher Jay Rosen in einem *»Brief an die deutschen Journalisten«*[1] selbigen ins Stammbuch. Und weiter: *»Es reicht nicht, die Agenda von den Regierenden zu übernehmen. … Als Journalisten haben Sie nicht die Aufgabe, den Leuten zu sagen, was sie denken sollen.«*

Man darf davon ausgehen, dass Rosen damit vor allem *»Qualitätsjournalisten«* wie ARD-aktuell-Chefredakteur Dr. Kai Gniffke meinte. Mit vollem Recht, wie die irreführenden Nachrichten der Tagesschau über Syrien immer wieder belegen:

(Studio) *»Bundesaußenminister Maas hat mit seinem russischen Kollegen Lawrow über den Syrienkrieg beraten. Dabei forderte Maas Moskau auf, eine Großoffensive gegen die letzte Rebellenhochburg Idlib zu verhindern. …«*

(Reporter): »... *Eine humanitäre Katastrophe drohe vor allem, wenn die Regierungstruppen bei einem Vormarsch Chemiewaffen einsetzen würden.*«

(Maas): »*Russland verfügt über die Möglichkeiten, auf das syrische Regime einzuwirken, und wir bauen darauf, dass diese jetzt genutzt werden, damit ein solcher Einsatz von Chemiewaffen unter allen Umständen verhindert wird. ...*«[2]

Die Redaktionen von ARD-aktuell sind per Rundfunkstaatsvertrag verpflichtet, umfassend und objektiv zu berichten. Sie müssten folglich politische Äußerungen auf ihre Sachlichkeit, Angemessenheit und auf (verborgene) Absichten hin überprüfen. Auch Außenminister Maas hat ein Luftwaffen-Bombardement als Antwort auf einen Chemiewaffenvorfall bisher nicht kategorisch abgelehnt und folgt somit Merkel und von der Leyen. Die Tagesschau hätte also nachzufragen, ob und wie es sich denn mit dem Grundgesetz und der Charta der Vereinten Nationen verträgt, dass die Kanzlerin und ihre Minister das Wort »*Krieg*« abschmecken wie die Soße zum Schweinebraten.[3/4]

Als nächstes hätte die Redaktion zu untersuchen, wie sich die westlichen Warnungen vor einem angeblich zu befürchtenden Chemiewaffengebrauch der syrischen Armee dazu verhalten, dass Syrien unter internationaler Kontrolle seinen Chemiewaffenbestand samt Produktionsanlagen längst vernichten ließ.

Den Gesetzen der Logik folgend wäre weiterhin zu fragen, welches Interesse die mittlerweile wieder landesweit siegreiche syrische Armee denn daran haben könnte, in der bevorstehenden Schlacht um die »*letzte Rebellenhochburg*« Idlib das einzig noch denkbare Chlorgas einzusetzen – und damit zu riskieren, von der US-geführten Westallianz kurz vor dem vermeintlichen Ende des Krieges diskreditiert und bombardiert zu werden? Alle Kriegserfolge gefährden mit ein paar »*Fassbomben*« voll Chlorgas? Mit einem chemischen Produkt, das auch im Zivilsektor in weitem Gebrauch ist und wegen seiner geringen Eignung nicht einmal auf der internationalen Liste der Kampfstoffe geführt wird, wohl aber in den Propagandafilmen der »*Weißhelme*« eine verdächtig auffällige Rolle spielt?[5]

Dass Russland seit Wochen vor »*Operationen unter falscher Flagge*« warnt, davor, dass die Terroristen in Idlib Vorbereitungen für einen Chlorgaseinsatz träfen, um damit die westliche Kriegsallianz zum Angriff auf syrische und russische Streitkräfte zu provozieren[6/7/8] – kein Wort darüber in der Tagesschau. Stattdessen unterstützt ARD-aktuell das Bemühen der »*Westlichen Wertegemeinschaft*« und deren, nun ja: »freien« Medien, einen Grund für verschärfte Bombardierung in Syrien zu konstruieren. Zu Gunsten der Dschihadisten und Al-Qaida-Nachfolger in Idlib?[9/10]

Pflicht der Redaktionen von ARD-aktuell wäre es, die interessengeleiteten Politikeraussagen mit Tatsachen abzugleichen, dokumentiert zum Beispiel während der zurückliegenden Befreiung Ost-Aleppos. Auch damals lieferte ARD-aktuell unbotmäßige Berichte. Sie stellte den Rückeroberungsakt als Kriegsverbrechen der russischen und der syrischen Streitkräfte als »humanitäre Katastrophe« dar, ungeachtet aller Fakten; sie ignorierte geradezu zwanghaft die Frage nach Auswirkungen der terroristischen Schreckensherrschaft in Ost-Aleppo und nach den Qualen, die die Zivilbevölkerung unter der Besatzung erleiden musste. Die Redaktion zog keine Schlüsse aus den Berichten der befreiten Bewohner Aleppos.

Fraglos wird eine gewaltsame Befreiung Idlibs ebenfalls viele Opfer fordern. Fraglos müssten Tagesschau-Redakteure aber auch beschreiben, was die Konsequenzen einer fortdauernden Terrorherrschaft der 60.000 in Idlib konzentrierten Dschihadisten und Söldner wären.[11] Was hieße das für die Zivilbevölkerung? Was wären die Folgen, wenn die Terroristen von ihrer »*Hochburg*« aus weiterhin in Syrien tödlich agieren können? Was sonst ergibt sich denn aus der Aufforderung an Russland, die Rückeroberung Idlibs durch die syrische Armee »*unter allen Umständen zu verhindern*«?

Als sich die Bundesregierung bereit erklärte, einigen der obskuren »*Weißhelme*« Asyl zu gewähren, die in Südsyrien vor der Gefangennahme durch die syrische Armee standen, beschönigte ARD-aktuell diesen von Maas als *»humanitäre Hilfe«* ausgegebenen Einfall mit einem höfischen Knicks.[12] Es störte die Tagesschau-Redaktion auch nicht, dass die niederländische Regierung ihre Unterstützung für die *»Weißhelme«* eingestellt hat, weil an deren Integrität profunde Zweifel bestehen.[13]

Wären der Redaktion das Völker- und das Verfassungsrecht noch irgendetwas wert, dann würden ihre Verantwortlichen das bedenkenlose Gerede der Bundeskanzlerin und ihrer Minister von einer *»humanitären Katastrophe«* im Falle eines Angriffs der syrischen Armee in Idlib hinterfragen. Humanitäre Katastrophen auf syrischem Staatsgebiet waren unseren Regierenden bislang eher gleichgültig. Alle wurden von der Westlichen Wertegemeinschaft selbst herbeigeführt: mit einem unmenschlichen Wirtschaftsembargo Syriens, mit Milliarden Dollar und Euro für Waffenlieferungen an die Terroristen, darüber hinaus mit der Organisation eines ständigen Nachschubs von Söldnern aus nahezu allen Kontinenten.

Selbst Tagesschau-Redakteure sollten erkennen können: Die beschworene *»humanitäre Katastrophe«* stellen derzeit 60.000 kampferfahrene Terroristen und Dschihadisten in Idlib dar, organisiert in der al-Qaida, der Haiat Tahrir al-Scham (HTS) und dem IS. Mord, Folter, Vergewaltigung, Plünderung und Missbrauch von Zivilisten als *»Schutzschilde«* stehen bei ihnen zu Buche. Die Verbrecher werden sich wohl kaum der Nächstenliebe und Barmherzigkeit verschreiben, wenn die syrische Armee sie endlich auch aus Idlib vertreibt. Sie werden vielmehr über die Türkei nach Europa strömen. Der dschihadistische Terror wäre dann auch bei uns erst richtig zuhause. Berlin, Brüssel, Paris, London und Rom fürchten den Zustrom tausender gewaltfähiger Banditen und dessen kulturelle und politische Folgen für Westeuropa.[14/15]

Die Regierenden der Westlichen Wertegemeinschaft haben mit ihrem Terrorkrieg in und gegen Syrien Probleme geschaffen, die sie nun nicht lösen können. Dass sie anfangs anstelle Assads ein Dschihadisten-Regime in Damaskus wünschten, verschleiern sie jetzt. Dabei war und ist ihnen ARD-aktuell sehr behilflich. Wohin nun aber mit den 60.000 lieb gewordenen »*Rebellen*«, sprich Kopfabschneidern?[16] Wer nimmt sie auf?

Eine Nachrichtenredaktion des öffentlich-rechtlichen Rundfunks hat keine politische Ratgeberkompetenz und auch keinen solchen Auftrag. Sie hat sich auf objektive Berichterstattung zu beschränken, auf ihre demokratische Kontrollfunktion gegenüber Parlament und Regierung. Sie ist gesetzlich verpflichtet, »*die internationale Verständigung zu fördern und für die Friedenssicherung einzutreten*«. Sie müsste somit schleunigst melden, was der Wissenschaftliche Dienst des Bundestages über das Berliner Kriegsgeschrei befand und damit der Regierung sowie deren Gewährsleuten im Parlament nachdrücklich auf die Zehen steigen: »*Die Teilnahme Deutschlands an einem völkerrechtswidrigen Militäreinsatz kann niemals verfassungskonform sein.* (Deutsche Staatsorgane dürften) »*nicht an einem Verstoß von Drittstaaten gegen allgemeine Regeln des Völkerrechts mitwirken. … Im Ergebnis wäre eine etwaige Beteiligung der Bundeswehr an einer Repressalie der Alliierten in Syrien in Form von ›Vergeltungsschlägen‹ gegen Giftgas-Fazilitäten völkerrechts- und verfassungswidrig.*«[17]

Dass Bundesregierung und Parlament nach Ansicht der Juristen bereits Verfassungs- und Völkerrechtsbruch begangen haben, geht übrigens auch aus einem weiteren Befund der Bundestags-Wissenschaftler zu den Tornado-Einsätzen der Bundeswehr über Syrien hervor, die Zieldaten für Bombardements der westlichen Allianz ermitteln: »*Auch die (bloße) militärisch-logistische Unterstützung …* (ist) *… als Unterstützung eines völkerrechtswidrigen Handelns selbst völkerrechtswidrig.*«[18]

Auch dieses Gutachten ignorierte die Tagesschau und machte sich zum Komplizen des Völkerrechts- und Verfassungsbruchs pflichtvergessener Politiker. Solche Nachrichtenunterschlagung hat bei ARD-aktuell Tradition. Entgegen ihrem gesetzlichen Auftrag und entgegen dem Anspruch ihrer Millionen Zuschauer – die zugleich zahlende Kunden sind –, ignoriert sie dabei auch, was die Bevölkerung über eine deutsche Kriegsbeteiligung denkt.

Über längere Zeiträume ermittelt, dieses: Für einen Kriegseinsatz »*auf jeden Fall*« sind nur 5 Prozent. »*Ja, aber nur mit einem UN-Man-*

dat« sagen 31 Prozent. Nein, *»auf keinen Fall«* sagen 62 Prozent.[19] Doch wenn schon die Regierung und die Berliner Parlamentsmehrheit auf den Willen der Bevölkerung pfeifen, wie sollte sich dann deren Sprachrohr Dr. Kai Gniffke dem Interesse seiner Tagesschau-Zuschauer verpflichtet fühlen?

Zum Schluss eine gute Nachricht: *»Auf die Frage ›Sollte sich die Bundeswehr an einem Militäreinsatz gegen das Assad-Regime beteiligen, falls dieses im Syrienkrieg Giftgas einsetzt?‹, antworteten 73,7 Prozent der Befragten mit ›Nein‹ und nur 20,8 Prozent mit ›Ja‹. 5,5 Prozent waren unentschieden. Das ergab eine repräsentative Umfrage des Meinungsforschungsinstituts Civey.«*[20]

30. April 2018

Programmkritik 14
Syrien – Im Propagandabett Monströses gezeugt
Der Wiederaufbau Syriens aus transatlantischer Sicht lässt ARD-aktuell in trüben Quellen fischen

Die ersten Meldungen über die angebliche Enteignung von »Millionen von Syrern« fielen rein zufällig mit der Brüsseler »Geberkonferenz für« Syrien zusammen, die von der EU und den Vereinten Nationen ausgerichtet worden war. »Die Europäische Union und die internationale Gemeinschaft werden sich nur dann am Wiederaufbau Syriens beteiligen, wenn es einen politischen Prozess unter Schirmherrschaft der UN gibt«, hatte die EU-Außenbeauftragte Federica Mogherini aus diesem Anlass erklärt. Dieser Prozess soll nach dem Willen der EU und der von ihnen unterstützten syrischen Opposition ohne den syrischen Präsidenten Baschar al-Assad stattfinden. Anstatt sich über die realen Gegebenheiten und die gesetzliche und verfassungsgemäße Lage zu den Eigentumsverhältnissen in Syrien zu informieren, verstieg man sich wie gewohnt auf eine tendenziöse und wahrheitswidrige Interpretation der Dinge.[1]

Wenn deutsche Außenpolitik und Hamburger Qualitätsjournalismus miteinander kopulieren, erzeugt die Tagesschau groben Unfug, wie diesen hier: »*Die Bundesregierung hat ihren Widerstand gegen Wiederaufbaupläne von Syriens Machthaber Assad angekündigt, die zur Enteignung syrischer Flüchtlinge führen könnten. Man werde das Vorhaben nicht dulden und die Vereinten Nationen einschalten, kündigte die Bundesregierung an. Assad hatte ein Dekret unterzeichnet, das bei der Ausweisung von Neubaugebieten vorschreibt, dass sich frühere Eigentümer binnen 30 Tagen vor Ort melden müssen. Das dürfte den meisten Flüchtlingen aber nicht möglich sein.*«[2]

Wobei gleichgültig ist, wer da eigentlich wen befruchtet hat. SPD-Außenminister Maas und seine Behörde erachten es, so scheint es, ebenso wenig für erforderlich, sich über das »*Dekret*« erst einmal zu informieren, wie die Tagesschau-Redaktion-Recherche und Nachprüfung für nötig hält, ehe sie so etwas herausposaunt.

Auf tagesschau.de heißt es: »*Dem Gesetz zufolge werden in jedem Bezirk Ämter für den Wiederaufbau geschaffen. Nachdem dann ein Bebauungsplan erlassen wurde, müssen die Besitzer von Land, Häusern und Wohnungen ihre Eigentumsrechte bei dem Amt nachweisen. Das müssen sie innerhalb von 30 Tagen machen. Doch dazu dürften Hunderttausende Syrer nicht in der Lage sein.*«[3]

Richtig ist hingegen: Die beauftragten Wiederaufbau-Behörden bekommen die Eigentumsnachweise von den Grundbuchämtern »*von Amts wegen*« zugeleitet. Nur dort, wo die Besitzverhältnisse unklar sind, werden Eigentumsnachweise verlangt. Sie können von Bevollmächtigten, Verwandten oder beauftragten Agenturen erbracht werden. Es handelt sich also um ein rechtlich einwandfreies Verfahren wie es auch in Deutschland üblich ist. Die Frist von 30 Tagen setzt zudem nicht sofort ein, sondern wird projektbezogen aufgerufen. Im Zeitalter von Internet und Smartphone sollte sie kein Problem sein. »*Ein zentrales Missverständnis des neuen Stadterneuerungsgesetzes 10/2018 in Syrien ist, dass niemand sein Eigentum nachweisen muss, ehe eine neue Zonenentwicklung per Dekret eingeführt wird. Und diese Anforderung gilt nur für Personen, deren*

Eigentum nicht im Grundbuch eingetragen ist«, heißt es im »Syrian Law Journal«.[4]

Das Gesetz 10/2018 in Syrien erlaubt auch keine Enteignung von Privateigentum; Behauptungen dieser Art sind nur Spekulation mit irreführender Absicht. Vielmehr wandelt das Gesetz den Grundbesitz eines Eigentümers in Anteile an der neuen Entwicklung um. Und diese Beteiligung entspricht einem Eigentum an einem bestimmten Grundstück nach erfolgter Rekonstruktion.

Schon nach den ersten Gerüchten über das angebliche »Dekret« zur »Enteignung hunderttausender Flüchtlinge« (Tagesschau) stellte der syrische Parlamentspräsident Khaled Abboud klar: *»Es gibt dieses Dekret nicht. Eine solche Anordnung würde die syrische Verfassung verletzen. Viele syrische Bürger wurden in den Jahren des Bürgerkriegs von Terroristen gezwungen, ihren Besitz zu verlassen und zu fliehen. Viele Gegenden wurden komplett zerstört. Noch hat die syrische Armee die Befreiung Syriens nicht beendet. Wenn es soweit ist – übergeben selbstverständlich die syrischen Behörden jedem syrischen Bürger seinen Besitz.«*[5]

Für unsere Könner im Auswärtigen Amt und in der ARD-aktuell-Zentralredaktion wäre es ein Leichtes gewesen, sich über den Sachverhalt an der Quelle zu informieren, wenn nicht bei den Behörden in Damaskus selbst, dann auf deren Internetseiten und über diplomatische Vertretungen außerhalb Syriens sowie bei der UNO. Doch lieber informiert sich ein Qualitätsjournalist bei einer NATO- und US-affinen niederländischen *»Denkfabrik«* und zitiert vorgebliche *»Experten«* – diesmal »Senior Fellow« Erwin van Veen. Der macht sich schon seit geraumer Zeit umfassend und aus streng transatlantischer Sicht trübe Gedanken über den *»Wiederaufbau Syriens«*: Er sieht offensichtlich die Felle westlicher Investoren davonschwimmen.[6]

Nach Schätzungen der Weltbank werden 200 Milliarden Dollar für den Wiederaufbau Syriens erforderlich sein. Selbstverständlich möchte die Westliche Wertegemeinschaft das größte Stück von diesem Kuchen. Präsident Assad will jedoch am Wiederaufbau nur befreundete oder unbelastete Länder beteiligen und nicht diejenigen, die für die Zerstörung seines Landes verantwortlich sind.[7] Die Bundesrepublik gehört zu letzteren. Tornados der Bundesluftwaffe sind führend bei der Luftaufklärung und Zieldatenerfassung für die Bombenangriffe der westlichen Koalition in Syrien. Deutschland ist mitnichten ein politischer Freund Syriens, sondern hauptverantwortlich für das desaströse Finanz-, Handels- und Wirtschafts-Embargo der Europäischen Union über Damaskus.

Unser Volljurist und kleiner Gernegroß Maas will, folgt man der Tagesschau, das syrische Durchführungsgesetz für den Wiederaufbau *»nicht dulden«* und *»die Vereinten Nationen einschalten«*.

Dagegen wäre es für ihn ratsam gewesen, die Rechtsgrundlage und Zuständigkeitsfragen zu betrachten. Artikel 17 der Menschenrechtserklärung garantiert zwar das Eigentum und schützt vor *»willkürlicher«* Enteignung. Von Willkür kann in diesem Fall aber nicht die Rede sein, weil offenkundig Eigentumsumwandlungen beabsichtigt sind. Aber selbst wenn man in diesem Fall aufgrund des Gesetzes mit Enteignungen rechnen könnte, wären sie das Gegenteil von *»willkürlich«*, weil keinerlei Anhaltspunkte ersichtlich sind, die auf ein Abweichen von internationalen Standards schließen lassen.[8]

Jeder, der sich zwei Minuten Zeit nimmt für einen Blick auf die deutsche *»Treuhand«*-Geschichte, weiß das. Unser Volljurist und Verfechter einer Politik der Einmischung in die inneren Angelegenheiten anderer Länder weiß es anscheinend aber nicht. Oder es ist ihm gleichgültig, weil es ihm von vornherein nur darauf ankam, die Medien zu instrumentalisieren.

11. Mai 2018

Programmkritik 15
Weniger Schmiergeld für die »Weißhelme«
Schlagzeile: »USA streichen Weißhelmen die Mittel«

Die Millionenschweren Produzenten von inszenierten Kriegsgründen darben trotzdem nicht. »Frank-Walter Steinmeier ist am Rande der UN-Generalversammlung kurz vor Bekanntgabe der Ehrung

mit dem ›Alternativen Nobelpreis‹ mit Vertretern der Weißhelme zu einem Gespräch über die Lage in Syrien zusammengetroffen. Er hat den Weißhelmen dabei seinen großen Respekt für ihre mutige und gefährliche Arbeit ausgesprochen. Das Auswärtige Amt unterstützt die Weißhelme und hat die dafür zur Verfügung gestellten Mittel jüngst um zwei auf insgesamt sieben Millionen Euro in diesem Jahr aufgestockt.«[1/2/3]

Wie das? Gerade noch hatte das US-Außenministerium die syrischen »*Weißhelme*«, vorgeblich eine Rettungsorganisation für Kriegsopfer, wegen ihrer vermeintlichen »*Selbstlosigkeit*« gelobt. Und jetzt auf einmal Schluss mit lustig und Ansage einer »*aktiven Überprüfung*« der Unterstützungszahlungen aus Washington? Russische Medien berichteten über diese in der Tat dramatische Kehrtwende. Tagesschau und Tagesthemen unterschlugen die Nachricht hingegen. Dies ganz im Einklang mit der Regierung in Berlin. Wie auch hätte ARD-aktuell das Drama erklären sollen – ohne vorherige Weisungen der Bundesregierung? So zog der Hamburger Qualitätsjournalismus es vor, sich selbst einen Maulkorb anzulegen.

Die »*Weißhelme*« hatten sich aus transatlantischer Sicht doch gerade erst wieder nützlich gemacht: Ihr offensichtlich fingiertes Videomaterial, einziger »*Beweis*«, dass die syrische Armee in Douma Giftgas eingesetzt habe, hatte dem Westen als Begründung für einen völkerrechtswidrigen Luftangriff mit 103 Flügelraketen gedient. Eindeutig ein Kriegsverbrechen. Die USA, Briten und Franzosen hatten mit ihrem Bombardement nicht warten wollen, bis die Kontrolleure der Organisation für das Verbot chemischer Waffen, OPCW, die ganze Geschichte als Fälschung entlarvt.

Das Motto »*erst schießen, dann fragen*« (individuelle Variante: erst Maul aufreißen, dann auch nicht mehr nachdenken) ist ganz im Sinne von Außenminister Maas. Regierungssprecher Seibert hatte zudem noch mit offizieller Bewunderung für die »*Weißhelme*« in die Kameras behauptet: »*Weißhelme leisten unglaublich tolle Hilfe.*« Das knüpfte an die vielen Millionen Euro an, die Berlin den »*Weiß-*

helmen« zugeschoben hat, ohne jemals einen Verwendungsnachweis dafür zu verlangen. Die Schmiergeldleistungen aus Steuermitteln waren der Nachrichtensendung des Ersten Deutschen Fernsehens seinerzeit allerdings ebenfalls keine Meldungen wert gewesen. Chefredakteur Gniffkes Qualitätsregime für Tagesschau und Tagesthemen bewährt sich im regierungsfrommen Konformismus und verzichtet auf kritische Akzente.

Gniffke zündet zur Erläuterung folgende Weihrauchkerze: *»Das öffentlich-rechtliche ARD-Gemeinschaftsprogramm wird aus Rundfunkbeiträgen finanziert und arbeitet frei von staatlicher Einflussnahme. Ob und in welchem Umfang über ein Thema berichtet wird, hängt auch davon ab, was sich an dem jeweiligen Tag noch alles ereignet hat. So kommt es vor, dass bestimmte Begebenheiten an einem Tag Einzug in unser Nachrichtenangebot erhalten, an einem anderen Tag dagegen nicht. Die Relevanz eines Themas ist gewissermaßen relativ und kann nur im Zusammenhang mit anderen tagesaktuellen Themen bewertet werden.«*

So kann man Nachrichtenmanipulation und Informationsunterschlagung verschleiern, dass Tagesschau und Tagesthemen gefügig drauf verzichten, an der Vergoldung zu kratzen, die den *»Weißhelmen«* seitens der Bundesregierung zuteilwurde. Jeder halbwegs informierte deutsche Medienkonsument weiß inzwischen, was von den *»Weißhelmen«* zu halten ist.

Kleine Rückschau: Gegründet wurden die *»White Helmets«* 2013 von dem frühpensionierten britischen Offizier und Militärberater etwa der Vereinigten Arabischen Emirate, James Le Mesurier, wenn auch nicht mit Geld aus dessen privater Schatulle. Fachlichkeit, Unabhängigkeit und Neutralität der *»White Helmets«* als angebliche *»Rettungsorganisation«* sind schon wegen dieses »Geburtshelfers« blanke Fiktion. Die Organisation hat 2900 Aktive. Sie waren und sind ausschließlich in Gebieten tätig, in denen die Terrororganisation al-Qaida herrscht: Aleppo, Homs, Idlib, Latakia, Hama, Damaskus, Daraa, Ghouta. Ihre enge Verzahnung und Kollaboration mit der Terrorszene sind unübersehbar für alle, die sehen wollen. ARD-

Korrespondenten im 1000 Kilometer entfernten Büro Kairo wollen so weit nicht sehen.

Finanziert wurden die *»Weißhelme«* anfänglich von Katar. Sie erhielten aber sogleich 19,7 Mio. Pfund (=23 Mio. Euro) Starthilfe von der Regierung in London, 4 Mio. Euro von den Niederlanden und 5 Mio. Euro vom Auswärtigen Amt in Berlin (inzwischen hat die BRD weitere 7 Mio. Euro gezahlt).[4]

Das Außenministerium in Washington schob nach eigenen Angaben 32 Mio. US-Dollar in den kleinen Verein. Zahlungen in unbekannter Höhe leisteten außerdem weitere NATO-Staaten sowie die EU. Die paar *»White-Helmets«* haben in den knapp drei Jahren ihrer Existenz also mehr als 60 Mio. US-Dollar von der westlichen Kriegskoalition erhalten, dazu Sachleistungen in unbekannter Höhe. Der größte Teil dieser riesigen Summe floss nicht in Rettungsaktionen und die Beschaffung von Bergungsgerät oder als Handgeld an die Aktiven, sondern in dunkle Kanäle und in False-Flag-Operationen, mit denen sich die *»Weißhelme«* hervortun, besonders in Video-*»Dokumentationen.«* Die Fälschungen und die enge Kooperation mit den Söldnern und Terroristen sind belegt.[5/6]

Anders als ihre Berliner Heloten trauten die USA ihren gutgeschmierten Protegés in Syrien allerdings nicht. Sie benützten sie als Beschaffer von Kriegsgründen gegen Syrien und als Propagandisten, hielten sie jedoch unter Terrorismusverdacht, voran den *»Weißhelm«*-Chef Raed Saleh. Als der an der Verleihung des Alternativen Nobelpreises am 18. April 2016 in Washington teilnehmen wollte, setzten ihn US-Grenzbeamte am Flughafen fest und schickten ihn dann nach Istanbul.

Das deutsche TV-Publikum erfuhr davon im *»Ersten«* nichts. Stattdessen wurden sogar auf den ersten Blick als solche erkennbare Falschmeldungen der Weißhelme immer wieder zu Desinformationszwecken genutzt. Formelle Beschwerden über diesen Missbrauch des öffentlich-rechtlichen Rundfunks beschieden Dr. Gniffke und seine Leitfiguren so: *»Die fortlaufenden Unterstellungen der Beschwerdeführer entbehren aus unserer Sicht jeder Grundlage. Wir haben bereits* *in zahlreichen Stellungnahmen zur Syrien-Berichterstattung deutlich gemacht, dass wir uns an Fakten und nicht an unbelegten Behauptungen oder Verschwörungstheorien orientieren. Das gleiche gilt für die Tatsache, dass nahezu alle Informationen aus dem syrischen Kriegsgebiet ideologisch gefärbt sind und zumeist von Parteien des Konfliktes stammen. So sind auch die ›Weißhelme‹ Teil der Opposition und nicht unparteiisch. Für die angebliche Nähe des syrischen Zivilschutzes zu dschihadistischen Organisationen gibt es keine eindeutigen Belege.«*

Unsere Replik an den NDR-Rundfunkrat: *»›Nahezu alle Informationen aus dem syrischen Kriegsgebiet sind ideologisch gefärbt‹«, schreibt ARD-aktuell und erklärt trotzdem tapfer, ARD-aktuell orientiere sich ausschließlich an Fakten. Ein sensationelles Kunststück. Wenn der NDR nun heuchelt, dass er die Weißhelme schon immer als parteiisch angesehen habe, dann fragt man sich, warum es über sie fast ausschließlich heroisierende Berichte gab: ›Schwierige Rettungsarbeit der Weißhelme‹, ›Unbequemes gehört dazu‹, ›Meine Waffe ist mein Helm‹ etc. pp. Der Weltöffentlichkeit ist inzwischen längst klar, dass der Alternative Nobelpreis und die Unterstützung für diese Organisation ein schlimmer Fehler[7] war: ARD-aktuell versucht nun, sich mit billigen Ausreden vom Acker zu machen und die Verantwortung für die Verbreitung reiner Kriegspropaganda zu leugnen.«*[8]

24. Februar 2019

Programmkritik 16

Die Tagesschau hat immer recht

Die Tagesschau kann keinen Irrtum eingestehen, denn sie reflektiert unser staatliches Selbstbild vom Guten, Wahren, Schönen – in all seiner Unaufrichtigkeit

Jetzt ist es passiert: Die »Giftgas«-Gräuelmärchen der Tagesschau aus den syrischen Orten Duma und Sarakib sind als fauler Zauber aufgeflogen. Ein unmittelbar an dem Fake beteiligter BBC-Producer hat sie als Inszenierung der »Weißhelme« beschrieben.

Trotzdem denkt die ARD-aktuell-Redaktion nicht daran, sich zu der beschämenden journalistischen Pleite zu bekennen und zu entschuldigen. Sie wird auch insoweit ihrer systemtragenden Rolle gerecht. Anstöße zur Nachdenklichkeit müssen unterbleiben. Schließlich braucht sogar eine so selbstherrliche Regierung wie die unsere ein Mindestmaß an Einvernehmen mit ihrem Wahlvolk – für den Krieg in fremden Ländern.

Wenn die Propagandablase doch einmal platzt, ist das zwar peinlich, aber Gniffkes Qualitätsjournalisten sitzen es aus. Zugeben, dass das Publikum systematisch hinters Licht geführt wurde? Nicht in dieser Welt. Da seien Dr. Gniffke und die deutsche Staatsräson vor. Das ist die Tagesschau-Identität: Staatsrundfunk.

Meldung am 8. April 2018: »*Am Samstag berichteten mehrere Hilfsorganisationen, die in der Stadt im Einsatz sind, es seien auch Chemiewaffen eingesetzt worden. Nach Angaben der sogenannten Weißhelme und der Hilfsorganisation Syrian American Medical Society (SAMS) wurde Giftgas eingesetzt. Die Helfer vor Ort sprachen von etwa 50 Toten und rund 500 Verletzten. Ganze Familien seien in Schutzräumen erstickt. Das syrische Ärzte-Netzwerk UOSSM bezifferte die Zahl der Todesopfer sogar auf bis zu 150. Von unabhängiger Stelle konnten sämtliche Angaben bislang nicht geprüft werden.*«[1]

Bei dieser Darstellung blieb ARD-aktuell wider besseres Wissen. Sie korrigierte nichts, sie änderte nichts, sie widerrief nicht. Bis heute. Obwohl angebliche »*Opfer*« des »*Giftgas*«-Angriffs schon unmittelbar nach dem Beschuss die primitive False-Flag-Operation erkennbar gemacht und erzählt hatten, was ihnen wirklich widerfahren war.[2] Obwohl sogar der seinerzeitige US-Verteidigungsminister Mattis vier Tage nach dem Bombardement auf Duma erklärt hatte, es gebe keinen soliden Beweis für einen Giftgaseinsatz.[3] Gesagt war gesagt, die »Nachricht« machte die Runde.

Die USA, Führungsmacht der *westlichen Allianz,* schossen zur »*Vergeltung*« eines gar nicht stattgehabten Giftgaseinsatzes Dutzende Flügelraketen auf syrische Ziele, und auch diesen Völkerrechtsbruch kommunizierte ARD-aktuell transatlantisch-verständnisinnig als »*Luftschlag*« gegen die syrische Armee. Die Recht- und Gewissenlosigkeit solch vorgeblicher Strafaktionen hindert ARD-aktuell nicht daran, sich politisch zu prostituieren, sofern sie nur das Wohlwollen der Bundesregierung hat.

Wie sich jetzt herausstellt – und wie schon damals als wahrscheinlich angesehen werden musste – war die oben zitierte Meldung falsch. Hätte die Redaktion die genannten Quellen und Fakten unter die Lupe genommen, dann wären ihr die Unstimmigkeiten und Widersprüche sowie die geringe Glaubwürdigkeit der Zeugnisse nicht entgangen; sie hätte bemerkt, dass der Vorwurf eines Giftgasangriffs ein typisches Propagandamätzchen der Terroristen und Söldnertruppen war, dazu bedurfte es keiner intellektuellen Anstrengung. Es gab zudem Warnhinweise zur Genüge, schon damals. Nun aber tritt ein unbedingt glaubwürdiger Zeuge auf. Ein Produzent der BBC hatte eingeräumt, dass die Videoaufnahmen, in welchen vermeintliche Opfer eines Chemieangriffs im syrischen Duma gezeigt wurden, inszeniert waren.[4/5] Riam Dalati arbeitet für die britische BBC in Syrien. In einer Twitter-Meldung schreibt er, zu welchem Ergebnis seine Nachforschungen gekommen sind: »*Nach fast sechsmonatigen Untersuchungen kann ich ohne Zweifel beweisen, dass die Szene im Krankenhaus von Duma inszeniert wurde. Im Krankenhaus gab es keine Todesfälle. Die Attacke erfolgte tatsächlich, Sarin wurde nicht verwendet, aber wir müssen auf die (Resultate) der OPCW warten, um Chlorgas oder anderes nachzuweisen. Alles andere rund um den Angriff wurde jedoch konstruiert, um eine maximale Wirkung zu erreichen.*«[6/7]

Resultat der OPCW, der Organisation zur Überwachung des Verbots des Chemiewaffengebrauchs: An der Behauptung, in Duma sei Giftgas eingesetzt worden, seien erhebliche Zweifel angebracht.[8] Die Chemikalie Chlor wird freigesetzt, wo immer Kunststoffe verbrennen, und mehr als solche Allerweltsspuren hatte die OPCW in Duma nicht finden können. Die Tagesschau aber verschwieg das, obwohl sie noch kurz zuvor nicht qualifizierbare Chlorfunde als Nachweis für einen Giftgaseinsatz propagiert hatte.

Wo Zweifel an einer Story bestehen, forschen seriöse Journalisten nach. Sie ziehen weitere Quellen zu Rate, und falls die nicht ausreichend verfügbar sind, wird gleichgewichtig auf Erfahrungen und Vergleichsdaten von Pro- und von Contra-Experten zurückgegriffen. In der Darstellung bleibt immer kenntlich, dass Behauptungen keine Beweise sind und äußerste Vorsicht im Umgang damit geboten ist. Seriöse Journalisten geben eine zweifelhafte Geschichte eher in den Papierkorb als in eine Sendung.

Doch reden wir hier nicht über seriöse Journalisten, sondern über die Produkte der ARD-aktuell-Redaktion. Vielleicht haben Chefredakteur Dr. Gniffkes Gesinnungsleute sogar selbst erkannt, auf welch hauchdünnem Eis sie ihre Nachrichten-Pirouette über den Giftgaseinsatz in Duma drehten. Gegebenenfalls war ihnen auch das vollkommen gleichgültig, weil sie sich wohl unersetzlich wähnen und tatsächlich meinen, sich alles erlauben zu können.

Für diese Version spricht, dass sie für die Berichte über den Syrienkrieg durchgängig und einseitig örtliche Quellen nutzen, die im Spektrum von Dschihadisten oder deren Sympathisanten angesiedelt sind. Damit nimmt ARD-aktuell in Kauf, als Helfer von Terroristen zu agieren. Wie, in welcher Ideenwelt und mit welchen Hilfstruppen so etwas möglich ist, hat der Publizist Peter Frey präzise analysiert.[9]

Ein paar Details: Laut Recherchen des US-amerikanischen Journalisten Max Blumenthal wurde die häufig zum Zeugen erkorene *»Syrian American Medical Society«* als *»unpolitische, medizinische Non-profit-Organisation«* SAMS mit fast 6 Millionen Dollar von USAID unterstützt, hatte gute Beziehung zur (früheren) syrischen Opposition, Sympathien mit den Muslimbrüdern. Zaher Sahloul, ein prominentes Führungsmitglied der SAMS, hat wiederum gute Kontakte zu namhaften US-Neokonservativen, denen eine Regime-Change-Haltung gegenüber Iran gemeinsam ist. SAMS operiert wie die Weißhelme ausschließlich in Gebieten der oppositionellen Milizen, wo, wie man weiß, kritische Zeugen ihrer Aktivitäten oft keine lange Lebenszeit haben.[10]

Die USAID wiederum ist eine vom Außenministerium in Washington mit Milliarden Dollar ausgestattete Tarnorganisation zur Unterstützung der US-Außenpolitik. Unter anderem ist USAID Anschubfinanzierer und Beihelfer von sogenannten Farbrevolutionen. USAID betreibt Umsturzpolitik unter dem Denkmantel von Entwicklungshilfe.[11]

Die »*Weißhelme*« zählen zu den erweislich Dschihadisten-nahen, angeblich humanitären NGOs. Sie wurden in großem Umfang (mehr als 100 Millionen Dollar) finanziell von der »*Westlichen Wertegemeinschaft*« finanziert. Deutschland war jährlich mit 7 Millionen Euro dabei, ohne dass jemals ein Verwendungsnachweis für diese Summen eingefordert worden wäre.

Ein Verantwortlicher der skandalösen Schmiermittelgabe im Randbereich zur strafbaren Untreue: Frank-Walter Steinmeier, seinerzeit Außenminister und heutiges Staatsoberhaupt.[12] Hauptaufgabe der von Deutschland bezuschussten »*Helfertruppe*« war, inszenierte Kriegsfotos und Videoclips zu liefern, die als Propagandamaterial vom westlichen Mainstream zur Stimmungsmache gegen die syrische Regierung und deren Verbündeten instrumentalisiert wurden.[13] Die Tagesschau stand dafür allzeit bereit.

Als sich die Niederlage der Dschihadisten in Syrien abzeichnete, machten sich die Weißhelme still und heimlich vom Acker. Israelis und westliche Geheimdienste hielten es für höchste Zeit, die angeblichen *Lebensretter* und selbstlosen *Helfer der* »*Weißhelme*« in Sicherheit zu bringen. Sicher nicht aus purer Menschenliebe: Die Schutzbedürftigen wissen zu viel über die heimliche enge Zusammenarbeit des Westens mit Al-Qaida-Terroristen und dschihadistischen Söldnern.

Außenminister Heiko Maas machte sich nichts aus dem Widersinn, dass Mitgliedern einer angeblich humanitären Helfertruppe Asyl vor ihren eigenen Landsleuten geboten werden sollte. Das ist nicht weiter verwunderlich für einen, der, wie ein Blogger formulierte, »*seine Politik im gleichen Windkanal wie seine Anzüge stylen lässt*«. Großspurig verkündete Heiko Maas die Bereitschaft, acht Weißhelme samt Familien in Deutschland aufzunehmen. Nach einer Sicherheitsüberprüfung waren es dann allerdings nur noch drei,[14] *»bei den anderen fünf sei eine Evakuierung nicht gelungen«*, hieß es im üblichen Schönsprech.

Kein klärendes Wort, keine Information über diesen gesamten Komplex in der Tagesschau. ARD-aktuell glänzte mit Verschwiegenheit. Der russische Außenminister Lawrow hatte in einem Interview mit *»Euronews«* dargelegt, dass nach seinen Erkenntnissen die Sicherheitsbehörden der potenziellen Aufnahmestaaten sehr geschockt gewesen seien, als sie die Dossiers der zunächst nach Israel »geretteten« Weißhelme hätten einsehen können. Der Sprecher des Maas-Ministeriums meinte dennoch rotzfrech: *»Ich möchte noch ergänzen, dass es nichts Neues ist, dass Mitglieder der Organisation der Weißhelme vom syrischen Regime und von seinen Verbündeten als Terroristen bezeichnet werden, um deren wichtige Arbeit zu diskreditieren. Diese Einschätzung teilt die Bundesregierung ausdrücklich nicht, auch nicht die aktuellen Äußerungen des russischen Außenministers.« (ebd.)*

Die niederländische Regierung zog dagegen andere, angemessene Konsequenzen. Sie stellte ihr finanzielles Unterstützungsprogramm für die Assad-Gegner ein und gab zu, 22 unter dschihadistischem Einfluss stehende Gruppierungen (inkl. Terrororganisationen und Weißhelme) in Syrien mit 70 Millionen Dollar (in Absprache mit den anderen EU-Ländern) gesponsert zu haben.[15]

Es habe praktisch keine Kontrolle der Gelder bei den Weißhelmen gegeben, es fehle durchgängig *»organisatorische Transparenz«*, die Verflechtung mit *»Mayday Rescue Foundation,«* über die die Gelder geflossen waren, sei ebenfalls undurchsichtig. Alle Informationen über die Aktivitäten seien von den Weißhelmen selbst gekommen. Das bedeute, dass die Geldgeber nicht wissen können, was die Weißhelme tatsächlich trieben und wofür die Gelder verwendet wurden.

Eine weitere *»Quelle«*, das syrische Ärzte-Netzwerk UOSSM, ist fest in das Netzwerk jener Kräfte eingebettet, die den syrischen Präsidenten mit Gewalt stürzen wollen. Der Organisation gehören unter anderem die *»Shaam Relief Foundation USA«* und die *»Syrian American Foundation«* an, deren Symbole an die Fahne der *»Freien*

Syrischen Armee« angelehnt sind. Zu den UOSSM-Gründern gehört der US-amerikanische Staatsbürger und Islamist Ghassan Hito. Er wurde 2013 zum *»Premierminister«* der Anti-Assad-Opposition *»gewählt«*.[16/17] Über diese Hintergründe erfuhren die deutschen Zuschauer so gut wie nichts, schon gar nicht von *»ihrer«* Tagesschau. Im Gegenteil, die verkaufte die Verbringung der Weißhelme nach Deutschland als humanitäre Tat, für die nicht einmal ein formelles Asylverfahren erforderlich war. Vor dem Gesetz sind alle gleich? Manche ganz besonders.

Die Einordnung solcher Informationsquellen wie SAMS, UOSSM und Weißhelme als nicht neutral, sondern als Kriegspartei wäre ein wichtiger Hinweis für die Zuschauer zur Einschätzung der Meldungen über die Ereignisse in Syrien gewesen. Diese Einordnung unterblieb nach unserer Auffassung vorsätzlich, weil den Falschmeldungen dieser Gruppen Glaubwürdigkeit verliehen und der Rückgriff auf weitere Quellen als überflüssig vermittelt werden sollte: Äußerungen von angeblich humanitären Organisationen, das wissen Gniffkes Qualitätssiegelbewahrer genau, treffen immer auf wohlwollende Akzeptanz bei den Zuschauern. Das moralbesetzte Framing ist wirkungsvolles Stilmittel der Kriegspropaganda.

Was nach dem Raketenangriff auf Duma geschah, ist bekannt und noch nicht schon wieder vollkommen in Vergessenheit geraten. Die in der *»Westlichen Wertegemeinschaft«* gleichgeschalteten Medien machten ohne jegliche Vorsicht und Vorbehalt Assad als Täter aus. Keine Spur von Zweifel. Obwohl kein westlicher Journalist Duma besuchen konnte, *»wussten«* Medien und Politik, wer verantwortlich für den Raketenbeschuss *»mit Giftgas«* war.

Dem Publikum wurde das Trugbild eines *»Bürgerkrieges«* vorgehalten, in dem ausschließlich eine Seite, nur ein Teilnehmer mit Granaten ballert, nämlich die Syrische Armee. Daher dann also auch die *»Giftgasbomben«*. Regierungssprecher Seibert: *»Das Vorgehen des Regimes ist abscheulich, es ist menschenverachtend und es verstößt gegen elementare Regeln des humanitären Völkerrechts und das darf nicht ungesühnt bleiben!«*[18]

ARD-aktuell machte im Stream gegen Putin und Assad auf ganzer Linie mit. Es gab unzählige Beiträge ohne Nachrichtenwert. Der »*Faktenfinder*« von ARD-aktuell ergoss sich in Vermutungen und Verdächtigungen.

Von interessanten Fakten keine Spur. Es gelang nicht einmal, die genaue Zahl der Opfer in Duma zu ermitteln.[19] Ständig war von »Rebellen« die Rede, die Tagesschau vertuschte mit diesem Frame, dass Duma unter der Terrorherrschaft der Dschihadisten stand. Die Floskel *»mutmaßlicher Gasangriff«* gehörte zum Stammvokabular. Sie diente dazu, Russen und syrische Armee zu diskreditieren. Getreu dem Merksatz: *»Der mutmaßliche Dieb ist durch die Mutmaßung schon mehr als ein Verdächtiger. Er steht im Wartezimmer richterlichen Nachvollzugs einer schon allseits akzeptierten Vorverurteilung. Nicht die Unschuldsvermutung wird durch das Wörtchen ›mutmaßlich‹ ausgedrückt, sondern nur der fehlende letzte Akt einer juristischen Verurteilung.«*[20]

Das Elend des Qualitätsjournalisten ist, dass er absichtlich oder infolge sprachlicher Inkompetenz keinen Unterschied macht zwischen *»mutmaßlich«* und *»angeblich«* bzw. *»vorgeblich«*. Er kupfert einfach ab, was ihm die Nachrichtenagenturen vorgeben. Primitiv, aber zeitsparend.

Einen exemplarischen Beweis dafür, dass es auch dem öffentlich-rechtlichen Rundfunk in der politischen Berichterstattung mit der Wahrheit und journalistischen Sorgfalt nicht allzu ernst nimmt, lieferte in jenen Apriltagen das ZDF. Sein Studioleiter in Kairo, Uli Gack, berichtete, die Leute in einem Flüchtlingslager hätten ihm erzählt, dass islamistische Gruppen in Duma zum Zeitpunkt des Vorfalles einen vorgeblichen *»Kommandoposten«* eingerichtet hätten. Dort hätten die Islamisten Kanister mit Chlor aufgestellt und darauf gewartet, *»dass dieser hoch interessante Ort von der syrischen Luftwaffe bombardiert wird. Das ist auch geschehen. Dabei seien die Chlorgas-Behälter explodiert,«* so Gack. Und er fügte an: *»Die Leute haben uns in einem Ton der Überzeugung erzählt, dass diese ganze Geschichte inszeniert wurde.«*[21]

Das ZDF fand das gar nicht gut und reagierte: Der Korrespondent Gack habe bislang keinen Zugang in die Stadt Duma bekommen und könne »*deshalb die ihm vermittelten Informationen nicht durch eigenen Augenschein überprüfen*«. »*Die Wertung des Korrespondenten in dieser Sendung ging zu weit.*« Vermutlich waren die Mainzer der Ansicht, sie selbst wüssten besser Bescheid als ihr Mann an Ort und Stelle. Journalisten, die sauber berichten wollen, es aber nicht dürfen und öffentlich abgemalt werden, wenn sie es trotzdem wagen: Seit Iran-Korrespondent Ulrich Tilgner[22] deswegen beim ZDF das Handtuch warf, ist bekannt, wie die Sender mit ihren wenigen aufrichtigen Leuten umspringen.

Fast ein Jahr später werfen nun der US-amerikanische Journalist Jan Harkin und sein englischer Kollege Riam Dalati ein gänzlich anderes als das Tagesschau-Licht auf die Geschehnisse in der einstigen Terroristen-Hochburg Duma.[23] Aber eisern schweigen die Edel-Qualitäts-Journalisten jetzt, obwohl sie verpflichtet sind, »*die inhaltliche Richtigkeit der von der ARD verbreiteten Onlineangebote durch regelmäßige Überprüfung und Aktualisierung zu gewährleisten*«[24]

Die Recherche-Ergebnisse in Kürze: Auf Duma hat kein Giftgasangriff, sondern ein Raketenangriff stattgefunden. Der Raketeneinschlag in einen Schutzraum voller Zivilisten tötete die dort dicht zusammengedrängten Menschen: Druckwelle der Explosion, Sauerstoffentzug, Staubdichte. Die Ärmsten erstickten. Das Nervengift Sarin wurde bei den Kämpfen nicht eingesetzt. Dass bei dem Raketenangriff auch Chlorgas verschossen wurde, ist nach wie vor nicht belegt, aber auch nicht auszuschließen. Indizien oder Beweise für eine Schuld der syrischen Armee gibt es nicht. Gefunden wurden zwei leere Gaskanister. Die meisten Analysten und Experten gehen davon aus, dass die in den Videos gezeigten Leichen und Gaskanister für die Aufnahmen hergerichtet und »*drapiert*« worden seien, in Täuschungsabsicht und aus Effekthascherei.

Eine Untersuchung von »*Forensic Architecture*« bestätigt die abscheuliche Inszenierung. Besonders auffällig sei sie bei dem Kanister, der auf einem Bett zu sehen war. Ziemlich sicher sei, dass die Kanister so nicht gefallen sein konnten. Auch ein anonym bleibender OPCW-Inspekteur habe die Positionen als *»arrangiert«* bezeichnet. Es sind also die typischen Anzeichen einer Inszenierung nach Methoden, wie sie den Weißhelmen wiederholt nachgewiesen worden sind.[25]

Obwohl die Ereignisse in Duma tagelang schlagzeilenträchtiger Stoff von ARD-aktuell waren und jeder Verdacht, jede Vermutung, jede schräge Meldung dem Publikum als Nachrichtendelikatesse serviert worden war, wahrt die Redaktion in Hamburg nun Funkstille über das Thema. Auch die Weißhelme sind plötzlich dem Blick von ARD-aktuell-Öffentlichkeit entzogen. Syrien? War da was? Der Kriegsalltag findet in den Sendungen der ARD-aktuell nicht mehr statt. Einzig verbliebenes Thema ist die Frage, wann US-Präsident Trump wie viele seiner illegal in Syrien operierenden Truppen abzieht. Dass nicht die Jagd auf IS-Terroristen, sondern die Unterwerfung Syriens das Hauptgeschäft dieser US-Besatzer sind, verschweigt der Qualitätsjournalismus aus dem Hause ARD-aktuell sowieso.

Die Tagesschau schweigt jedoch hartnäckig von jenen westlichen Sanktionen gegen Syrien, die von der UN-Vollversammlung 2013 ausdrücklich verurteilt und auch vom Wissenschaftlichen Dienst des Bundestages moniert wurden. Laut der Ärzteorganisation IPPNW sind es Sanktionen, »deren Hauptmechanismus in der Geiselnahme der Bevölkerung mit dem Ziel eines Machtwechsels in Syrien besteht und die laut dem UN-Bericht von 2016 »Humanitarian Impact of Syria-Related Unilateral Restrictive Measures« zusammen mit den Kriegshandlungen »die größte humanitäre Krise seit dem Zweiten Weltkrieg bewirkt haben«.

»Die Arbeit der ARD ist von moralischen Prinzipien getragen. Die ARD setzt sich für bestimmte Dinge ein, weil sie von ihrer moralischen Notwendigkeit für das gesellschaftliche Miteinander überzeugt ist«[26], gab die Linguistin Elisabeth Wehling der ARD als Muster für deren Selbstdarstellung zum Preis von schlappen 120.000 Euro auf. Die saftigen Schadenbegrenzungskosten muss die ohnehin nicht selbst begleichen. Das bleibt die Pflicht des Beitragszahlers.

24. März 2019

Programmkritik 17

Der Zynismus der Westlichen Wertegemeinschaft

Syrienpolitik: Hinter den hehren Demokratie-Ansprüchen stecken Menschenverachtung und mörderische Gewalt. ARD-aktuell hilft beim Vertuschen

Oft und immer wieder berufen sich unsere Politiker zur Begründung ihrer Entscheidungen auf das Idearium der Westlichen Wertegemeinschaft. Die korporierten Leitmedien beten das Mantra nach, ohne seinen Substanzgehalt zu prüfen. Das Kombinat aus Politik und Medien bekundet volltönend, einem Wertekanon verpflichtet zu sein: »Wir, die Guten«: Demokratie, Menschenrechte, Freiheit, Humanität. Der Anspruch ist sogar gesetzlich verankert.[1] Im Abgleich mit der politischen Praxis erweist sich allerdings: Hier werden nur Sprüche gekloppt. Die Medien schmücken sich zwar mit der Ambition, kontrollierende »Vierte Gewalt« im Staate zu sein. Sagen wir es mal mit Heinz Loquai, Brigadeoffizier a. D., so: »Die Erfahrung zeigt, dass der Großteil der Medien gerade dann, wenn ihre Rolle als vierte Gewalt besonders wichtig wäre, diese Rolle nicht ausfüllen. Sie werden zu Weichenstellern für den Krieg und während des Krieges geradezu zu einer Teilstreitkraft im Rahmen der Gesamtkriegführung.«[2] Wir versuchen, die Problematik am Beispiel der deutschen Syrien-Politik anschaulich zu machen.

Die Bundesregierung steht, was ihre Syrienpolitik anbelangt, vor einem Scherbenhaufen. Fehler über Fehler, Unrecht über Unrecht, am schlimmsten: vorschnelle deutsche Parteinahme zugunsten antidemokratischer, ja: islamistischer Oppositionskreise, völkerrechtswidriger Tornado-Einsatz, Mitwirkung an der unmenschlichen Sanktionspolitik gegen die syrische Bevölkerung. All das zeigt, dass der Großen Koalition ethische Grundsätze und eine langfristige Perspektive für Syrien fehlen. In keiner Phase des Krieges hat sie sich an den Interessen der syrischen Zivilgesellschaft orientiert. Die Kluft zwischen der angeblich humanitären, um demokratische Entwicklung bemühten Zielsetzung und der politischen Praxis könnte größer nicht sein.

Dass dieser fundamentale Widerspruch von unseren Massenmedien inklusive öffentlich-rechtlicher Rundfunk bis heute ignoriert wird und jegliche Bewertung unterbleibt, beweist darüber hinaus: Auch die »*Vierte Gewalt*« verwechselt Wunsch und Wirklichkeit und übersieht das Defizit, das sich zwischen ihrer Kontrollaufgabe und ihrer faktischen Regierungshörigkeit türmt.

An den Tagesschau-Sendungen über Syrien ist unschwer zu erkennen, wie weit sich der bundesdeutsche Nachrichtenjournalismus von seiner gesetzlichen und berufsethischen Verpflichtung entfernt hat, sachlich, umfassend und erkenntnisdienlich zu berichten.

Seine Darstellungen haben häufig keinen Bezug zur Realität mehr, und weil das nicht ungewollt so ist, sondern billigend in Kauf genommen wird, kann von Wahrhaftigkeit keine Rede mehr sein. Die Muster sind erkennbar: emotionalisierende, auf anonyme Quellen gestützte Urteile statt Fakten, nicht überprüftes Bildmaterial, ungenierte parteiische Spekulation. Der Kabarettist und frühere NDR-Mitarbeiter Henning Venske über diese Art von Journalismus: »*Nicht wissen, aber labern … wer Nachrichten mit gesicherten Informationen verwechselt, der frisst auch gelben Schnee*«.[3]

Nun konkret: Die Nachrichtenangebote über die sogenannte »*Syrienhilfe*«. Mit herzzerreißenden Fotos von verelendeten und verwahrlosten Kindern illustriert, berichtet tagesschau.de am 14. März 2019 über die Güte und Großherzigkeit der westlichen »*Geberkonferenz*« in Brüssel. Im Zentrum der Information steht ein Euro-Milliardenbetrag, den die angeblich selbstlosen Spender zwecks humanitärer Hilfe zusammenbringen wollen, freilich nicht aus eigenen Taschen und auch nicht für ein Vergeltsgott. Motiv ist vorgeblich und hauptsächlich die Not der Kinder: »*2018 war das schlimmste Jahr in Bezug auf Kinder – Tausende von Toten,*«[4] durfte Entwicklungshilfe-Minister Müller der ARD-aktuell-Redaktion vorsagen, und die gab den politisch motivierten PR-Druck auf die Tränendrüsen der Zuschauer weiter.

Was hinter der Spendenbereitschaft an Motiven steckt, beließ die Tagesschau im Verborgenen, obwohl es zur Vollständigkeit der Information zwingend dazugehörte: Mit dem Geld wird Politik gegen die Arabische Republik Syrien gemacht. Es geht nicht an deren Führung zwecks geordneter Hilfe und zum Wiederaufbau, sondern fließt der Opposition und den Nachbarländern zu; dort dient es der Durchsetzung spezifischer Machtinteressen der Geberländer.

Die Bundesregierung macht kaum einen Hehl aus der Vermischung von Hilfe und Interessenpolitik. Unsere erklärtermaßen unabhängigen Medien geben allerdings einfach nicht weiter, wie ungleich die Spendengelder aufgeteilt und wie sie eingesetzt werden. 13 Millionen Syrer, davon 6,3 Millionen Binnenflüchtlinge, leben in bitterster Armut und sind dringend auf Hilfe angewiesen.[5] Sie bekommen aber erheblich weniger aus dem ohnehin bescheiden gefüllten Klingelbeutel der Westlichen Wertegemeinschaft als der Rest der syrischen Flüchtlinge in den Anrainerstaaten.

Im Bericht der Bundesregierung[6] ist das nachzulesen. Der Plan der UN (HRP) sieht für die Hilfsbedürftigen in Syrien selbst 3,4 Milliarden Euro vor, hingegen 5,6 Milliarden Euro für die rund 5 Millionen syrischen Flüchtlinge in den Nachbarländern Libanon, Jordanien, Türkei.

Pro hilfsbedürftigen syrischen Binnenflüchtling bzw. Kriegsopfer will die »*Westliche Wertegemeinschaft*« demnach erst mal nur 260 Euro bezahlen, pro syrischen Flüchtling in den Nachbarländern hingegen 1120 Euro, fast das Fünffache – immer vorausgesetzt, die angepeilte Spendensumme kommt tatsächlich zusammen.

Der erhebliche Unterschied verdeutlicht, was von dieser »*Westlichen Wertegemeinschaft*« und ihrem moralisierenden Selbstanspruch zu halten ist, von einem Club reicher Länder, die ihre humanitäre Hilfe nicht am Bedarf der Kriegsopfer orientieren, sondern sie gemäß politischer Zweckmäßigkeit verteilen. Zum Vergleich: In Deutschland werden jährlich 12.000 Euro pro Flüchtling ausgegeben.[7] Damit das nackte Elend uns nicht bei uns zuhause ins Gesicht springt.

Jetzt ein Blick auf weitere »*Feinheiten*« der parteiischen Hilfsbereitschaft. Neben den Mitteln, die via UN als Hilfe für syrische Kriegsopfer geleistet werden sollen, zahlte die Bundesregierung in den vergangenen Jahren 54 Millionen Euro zur »*Förderung kommunaler Strukturen, der Schulen und der Zivilgesellschaft*« an – bitte festhalten – »*Oppositionsregionen im Nordwesten Syriens*«. Gemeint ist die Provinz Idlib, wohin sich ein Großteil der Dschihadisten nach ihrer Niederlage begeben hat.[8] Sie herrschen dort nahezu uneingeschränkt.

Angeblich wurde die deutsche Unterstützung Anfang 2019 zwar ausgesetzt. Unbestreitbar bleibt aber, dass Millionenbeträge mutmaßlich der Kriegskasse terroristischer Banden zuflossen, die al-Qaida nahestehen. Eine Zivilverwaltung existiert in Idlib seit acht Jahren nicht mehr.

Wie passt solcherlei Schmiergeldzahlung ins bundesdeutsche Selbstbildnis einer werteorientierten Politik? Innerhalb unserer Landesgrenzen schicken wir gewaltbereite Dschihadisten, wie sich's gehört, in den Knast. Wenn sie aber in Syrien marodieren, dann werfen wir ihnen Steuermillionen hinterher, weil »*Machthaber*« Assad unserer Regierung und dem gesamten transatlantischen Werte-Club nicht mehr passt und er gestürzt werden soll?

Warum wohl erklären die bundesdeutschen Qualitätsmedien nicht kurz und knapp, wie es denn möglich war, dass die Westliche Wertegemeinschaft mit diesem Assad und seinem Geheimdienst jahrelang problemlos zusammenarbeiten konnte? Warum zeigen unsere Medien nicht auf den »*Elefanten im Raum*«: Assad weigerte sich, eine Gas-Pipeline aus Katar quer durch Syrien in Richtung Europa legen und sich damit gegen Iran und Russland in Stellung bringen zu lassen. Nicht zuletzt das sollte ihn Kopf und Kragen kosten, und präventiv, in vorauseilendem Gehorsam, degradierte ihn unsere »vierte Gewalt« vom Präsidenten zum »*Machthaber*« und »*Diktator*«. Und plötzlich kamen die Mordbrenner und Söldner aus aller Herren Länder …

Als die »Internationale Gemeinschaft«, wie der Westen sich gerne nennt, die Idee von der »*Geberkonferenz*« aus der Taufe hob, müssen George Orwell oder Ray Bradbury[9] Pate gestanden haben: Bei der sogenannten Syrien-Hilfe handelt es sich zum großen Teil nicht – wie auch ARD-aktuell zu suggerieren versucht – um Zuwendungen in humanitärer Absicht, sondern vor allem um Zahlungen, mit denen sich die EU syrische Migranten vom Halse halten und in die inneren Angelegenheiten der Nachbarländer einmischen wollen. Das funktioniert ganz simpel: Die Spendenmillionen werden häufig konditioniert vergeben. Die Westliche Wertegemeinschaft schreibt den Aufnahmeländern syrischer Flüchtlinge genau vor, wie sie mit den Geldern zu verfahren haben – ungeachtet möglicher Folgeschäden.

Die Türkei mit 3,5 Millionen Flüchtlingen, der Libanon mit 1 Million und Jordanien mit 0,8 Millionen sind damit grober strukturpolitischer Einmischung ausgesetzt. Ziel der »Geberländer« ist es, die zugewanderten Syrer in diesen Ländern auf Dauer sesshaft zu machen und sie mit Arbeit und Einkommen zu versorgen. Die Westliche Wertegemeinschaft verfügt ihre Integrationsvorschriften ohne Rücksicht auf die damit steigenden sozialen Spannungen, sie verschärft die Konkurrenz zur arbeitslosen einheimischen Bevölkerung der Gastländer: In Jordanien beispielsweise beträgt die Jugendarbeitslosigkeit bereits 35 Prozent.

Das Spendengeld soll zur Gründung von Unternehmen dienen *(»Jordan Compact«)*, die mit umfassenden Sonderprivilegien vor einheimischen Produzenten geschützt werden.[10] Das unterminiert zwangsläufig die örtlichen Wirtschaftsstrukturen und die Wirtschaftspolitik – und damit die Souveränität der Aufnahmeländer.

Konkretes auch hierzu: Zwecks angeblicher »*Wirtschafts- und Beschäftigtenförderung, für Straßenbau und andere Strukturmaßnahmen*« wurden beispielsweise Jordanien und der Libanon zu Kreditaufnahmen in Höhe von 2,5 Milliarden Euro veranlasst. Selbstverständlich bei privaten Banken des Westens. Unter dem Stichwort »*Hilfe*« übernehmen die »*Spender*« zwar die schamlos hohen Zinsen von 500 Millionen (!) Euro, aber für diesen Profit der Banken werden sowieso unsere Steuergelder verwendet. Wir haben hier nur eines der ungezählten Umverteilungsprojekte von unten nach oben vor Augen. Die Tilgung der Schulden bleibt im angesprochenen Fall Sache jener Länder,[11] die trotz eigener Armut und Bedürftigkeit Millionen Flüchtlinge bei sich aufnahmen. Mit der Not fremder Staaten und ihrer Menschen auch noch Geschäfte machen: Das ist das Markenzeichen der *»Westlichen Wertegemeinschaft«*.

Ein Brandzeichen. Vollends sichtbar wird es wird erst in dem Beschluss der Geberkonferenz, die Rekordsumme von rund zwölf Milliarden US-Dollar bis 2020 und danach von weiteren 40 Milliarden US-Dollar bereitzustellen – als zinsträchtiges Darlehen, versteht sich. (s. Anm. 9) Schwächere Länder erst zerstören oder wirtschaftlich ruinieren, dann ihnen *»großzügig«* Kredite für die Schadensbehebung aufladen, das ist die Masche. Die enormen Zinslasten werden die Gläubiger sicher nicht komplett selbst übernehmen wie im Fall des schon genannten 2,5-Milliarden-Straßenbaukredits.

Bei alldem gerät völlig aus dem Blick, dass es die USA und der Westen waren, die den Syrienkonflikt geschürt und die Fluchtbewegung in die Nachbarländer ausgelöst haben und die sich nun an den hilfsbereiten Ländern auch noch bereichern. Tagesschau & Co. ignorieren das, sie sind viel zu konfliktscheu, es zu problematisieren und die Öffentlichkeit sachgerecht zu informieren. Obwohl in ihren gesetzlich vorgegebenen Programmrichtlinien großspurig versprochen wird: *»Die ARD will mit ihren Onlineangeboten alle Bevölkerungsgruppen erreichen. Angebotsstrukturierung und Themenauswahl folgen den Kriterien der umfassenden Information, der Themenvielfalt und Programmqualität«*.[12]

Jedem sachlich abwägenden Zeitgenossen erschiene es plausibler als der Geber-Konferenz-Zirkus, materielle Voraussetzungen für den Wiederaufbau des kriegszerstörten Syrien zu schaffen, und zwar unter syrischer Eigenregie. Ziel: Rückkehr der Flüchtlinge in ihre Heimat, Entlastung der Nachbarländer Türkei, Libanon und Jordanien sowie darüber hinaus der EU.

Das wäre rationale Syrien-Politik, zu bekleiden sogar mit dem Anspruch, wenigstens materielle Wiedergutmachung leisten zu wollen, da das menschliche Leid nicht vergolten werden kann. Doch darum ist es den *»großherzigen«* Gebern nicht zu tun. Sie verfolgen weiter ihr Kriegsziel: Regime Change in Damaskus.

Wider alle Vernunft, ohne jeglichen Sinn für die von Russland garantierten Realitäten: Präsident Assad soll gestürzt werden. Welches schauderhafte Regime das seine ersetzen könnte oder würde, bleibt bei diesem Politiksurrogat unklar. Für jedermann sichtbar bevorzugt das transatlantische Berlin die gleiche Vorgehensweise wie Washington im zweiten Irak-Krieg. Damals hieß es, *»Saddam Hussein muss weg«*. Dafür hatten eine Million Menschen zu sterben. Am Ende blieben Chaos, ständig sich wiederholende Massaker, Attentate, Verwüstung; es schlug die Geburtsstunde des *»Islamischen Staates«*.

Nicht anders im Falle Libyen, das von der »Wertegemeinschaft« zerstört wurde, unter anderem weil ihr Gaddafis Verstaatlichungspolitik, seine Idee von einer goldgestützten Afrika-Währung als Ersatz für den Petro-Dollar und sein Konzept einer sozial ausgestalteten Nordafrika-Union nicht passten.

Nichts als Erpressung ist es, was der österreichische EU-Kommissar Johannes Hahn formuliert: *»Es kann keinen Regime Change über Nacht geben. Aber wir erwarten Zeichen für einen glaubwürdigen politischen Übergangsprozess. Unterstützung für den Wiederaufbau kann dabei ein Hebel sein.«*[13]

Wer Hilfe nur dann zu gewähren bereit ist, wenn sich damit seine politischen Ziele realisieren lassen, dem ist es in der Tat egal, wie es syrischen Kindern oder der Zivilbevölkerung ergeht. Ein solcher gewissenloser Zeitgenosse zelebriert sich selbst schamlos vor den Fotos von verelendeten Kindern, aber die Ärmsten sind für ihn nur Verfügungsmasse. Er ist eins der repräsentativen Gesichter der Westlichen Wertegemeinschaft. Ihre Inszenierung verstellt die Sicht auf deren reale Politik, die mittels Sanktionen das Elend der syrischen Zivilgesellschaft noch vertieft.

Dazu die Ärzteorganisation »*IPPNW Deutschland – Internationale Ärzte für die Verhütung des Atomkrieges, Ärzte in sozialer Verantwortung e.V.«: »Die einst gute Gesundheitsversorgung in Syrien leidet nicht nur unter den Folgen des Krieges, sondern auch unter den seit 2011 von der EU und den USA verhängten und ständig verschärften wirtschaftlichen Strafmaßnahmen. … Die UN-Kommission … bezeichnete die Sanktionen als die »kompliziertesten und weitreichendsten Sanktionsmaßnahmen, die jemals verhängt wurden«. Der UN-Sonderermittler für die humanitären Folgen der Sanktionen gegen Syrien, Idriss Jazairy, betonte in seinem Bericht von September 2018 … die Sanktionen mit ihren negativen Konsequenzen für humanitäre Hilfe müssten beendet oder zumindest neu gefasst werden, da sie das Leiden der Zivilbevölkerung steigern …«*[14]

Das alles interessiert die Bundesregierung – und mit ihr ARD-aktuell – nicht die Bohne: Auf eine kleine Anfrage der AfD (19/8412 vom 30.7.18) nach den Auswirkungen der Sanktionen gegen Syrien behauptete das Kabinett rotzfrech, dass man bestrebt sei, *»die Auswirkungen auf die Zivilbevölkerung auf ein Mindestmaß zu beschränken«*, und dass es *»für die Erbringung humanitärer Hilfe zur Unterstützung der Zivilbevölkerung Ausnahmen von den restriktiven Maßnahmen«* gebe.[15]

Wie unaufrichtig diese Antwort ist, deckt eine Nachfrage der Linkspartei auf (19/848 vom 21.2.2018): Wie viele Ausnahmen zwecks humanitärer Hilfe denn tatsächlich gemacht worden seien? Antwort der Regierung: *»Seit Verabschiedung der EU-Sanktionen gab es 2015 eine Ausnahmegenehmigung wegen Strom und Abfallentsorgung, Gesamtumfang 872.000 Euro.«*[16]

Eine Ausnahme. Eine einzige. In einem seit mehr als acht Jahren währenden völkerrechtswidrigen Krieg gegen Syrien. Ein einziges Mal ein kleiner Verzicht auf unmenschliche Wirtschaftssanktionen gegen die Zivilbevölkerung: Deutlicher kann nicht werden, mit welchem Zynismus die deutsche Regierung das menschliche Leid der syrischen Zivilbevölkerung vertieft.

Wer sich über die fürchterlichen Folgen der Sanktionspolitik informieren und zugleich erfahren möchte, wie sich aufrichtige, von

Herzen kommende deutsche Hilfsbereitschaft privat formiert und in Syrien spürbar wird, der findet Balsam für seine wunde Seele auf der Internet-Seite des Vereins *»Freundschaft mit Valjevo e. V.«*[17] Er findet dort auch ein Interview mit dem katholischen Bischof von Eichstätt, Gregor Maria Hanke. Dessen Fazit aus einer Informationsreise nach Syrien: *Schluss mit diesen Sanktionen!*[18]

Was sind die Handlungsmaximen der Bundesregierung? Humanität? Menschenwürde? Recht? Gerechtigkeit? Redlichkeit? Anstand? Wir betrachten deutsche Politik, nicht mitmenschliche, moralische Postulate. Denen wäre zwar die Hamburger ARD-aktuell-Redaktion verpflichtet, aber die macht ebenso wenig daraus wie die Mehrheit im Berliner Reichstag.

Statt objektiver Berichterstattung lässt Chefredakteur Dr. Gniffke wieder einmal seine Nahost-*»Expertin«* Kristin Helberg von der Kette. Sie darf sich auf tagesschau.de gegen Syriens Präsidenten Assad austoben.[19] Wenn es nach ihr ginge, müsste Assad wohl für jeden Neubau eines Hauses eine bundesdeutsche Regierungserlaubnis einholen. Es ist klar, warum Gesprächspartner wie sie bei ARD-aktuell auftreten dürfen: Regierungskonforme Stimmungsmache ist gewollt, nicht sachliche Information. Kristin Helberg hat sich schon früher mit verschärften Vorschlägen in Szene zu setzen versucht, beispielsweise mit der Anregung, Flugverbotszonen einzurichten. Flugverbotszone: das Synonym für den Beginn eines völkerrechtswidrigen Bombenkrieges, wie man seit dem Angriff auf Libyen weiß.[20]

Hätten wir eine seriöse Tagesschau, dann säßen echte Experten und unbefangene, glaubwürdige Mitmenschen vor der Kamera. Persönlichkeiten wie der Eichstätter Bischof oder die Pfaffenhofener Hilfsbereiten, die sich bemühen, ein realistisches Bild über die Lage in Syrien zu bekommen. Überraschenderweise hatte sogar der Regierungssender Deutsche Welle mal einen guten, treffenden Kommentar zur Geberkonferenz im Angebot.[21] Beispiele sauberer Informationsarbeit gibt es zuhauf.[22]

Wer jedoch Appetit hat, *»gelben Schnee zu fressen«* (Venske), ist bei Gniffkes Qualitätsjournalisten richtig.

22. Dezember 2018

Programmkritik 18

Die Kriegermeute heult wütend auf

Der US-Truppenabzug aus Syrien stößt auf Protest, und die Tagesschau lässt sogar unseren Prachtaußenminister Maas motzen

Die USA ziehen aus Nordsyrien ab. Man sollte meinen, Präsident Trumps Twitter-Mitteilung hätte ein Feuerwerk von Nachfragen und Zusatzinformationen im Ersten Deutschen Fernsehen gezündet. Stattdessen fand bei ARD-aktuell eine Rallye in Nachrichtenvermeidung statt. Man hätte meinen sollen, die Aussicht auf eine politische Lösung für Syrien wäre von zustimmenden Kommentaren umrahmt, »der Völkerverständigung dienend« (Programmauftrag laut Rundfunkstaatsvertrag). Stattdessen ballerte die Tagesschau das Dum(m)-Dum(m)-Geschoss der deutschen Außenpolitik aufs Publikum, den Minister Heiko Maas. Man sollte weiterhin meinen, der ARD-Qualitätsjournalismus werde die Fragen stellen und beantworten lassen, die mit der deutschen Beteiligung am völkerrechtswidrigen Bombenkrieg der westlichen Koalition einhergehen. Stattdessen gab es nur Verlautbarungsjournalismus im Sinne der deutschen Stahlhelm-Fraktionen.

Lakonisch meldete die Tagesschau am 19. Dezember 2018 in ihrer Hauptausgabe um 20 Uhr an dritter Stelle des Nachrichtenprogramms: »*Die USA haben damit begonnen, ihre Truppen aus Syrien abzuziehen. Das bestätigte eine Sprecherin des Weißen Hauses. Aus Regierungskreisen verlautete, die 2.000 amerikanischen Soldaten sollten in den kommenden drei Monaten zurückgeholt werden. Präsident Trump teilte per Twitter mit, der sogenannte Islamische Staat in Syrien sei inzwischen geschlagen. Deshalb gebe es keinen Grund mehr, amerikanische Truppen im Land zu lassen.*«[1]

Washington-Korrespondent Stefan Niemann durfte im anschließenden Reporterbericht noch anmerken: »*Trump betrachtet die Militärmission in Syrien als erfüllt*« ... *Rund 2.000 Soldaten waren dort zuletzt noch stationiert, offiziell als Berater und Ausbilder der demokratischen Kräfte Syriens, einem Bündnis, in dem vor allem Kurden-Milizen im Kampf gegen den IS organisiert sind. … (Trump) sieht den Einsatz als sinnlos und teuer an. Die Mehrheit der Bürger dürfte dem Präsidenten zustimmen, die Amerikaner gelten als kriegsmüde.«* (ebd.)

Das war's für ARD-aktuell zunächst, am Tag der geopolitisch bedeutsamen Ankündigung Trumps. Nichts weiter? Haben die teuren ARD-Studios in Berlin und Moskau Rückfragen an die dortigen Regierungen gerichtet, Stellungnahme erbeten? Nein. Was hätten sie erfahren und berichten können? Von unserem Außenminister-Darsteller Heiko Maas allerdings nichts. Der war nämlich, wie der Deutschlandfunk meldete, von Trumps Entschluss vollkommen *»überrascht.«*[2] Obwohl Trump seine Rückzugsabsichten schon vor vielen Monaten öffentlich bekundet hatte.[3]

Wir wollen hier nicht weiter erörtern, wozu Deutschland ein Außenministerium mit Botschaften in aller Welt finanziert, wenn dessen Führung nicht in der Lage ist, sich auf dem Laufenden zu halten. Bleiben wir bei unserem Leisten, bei der Kritik am Nachrichtenangebot von ARD-aktuell. Die lieferte in ihrem Internet-Portal tags darauf den Bericht für die Front. Unter dem Titel *»Reaktionen auf Syrien-Abzug: Kritik von allen Seiten«* stand da zu lesen (Auszüge): Bundesaußenminister Heiko Maas kritisierte die US-Entscheidung zum Abzug der Truppen aus Syrien scharf. *»Es besteht die Gefahr, dass diese Entscheidung dem Kampf gegen IS schadet und die erreichten Erfolge gefährdet … Der IS ist zurückgedrängt, aber die Bedrohung ist noch nicht vorbei.«*[4]

Die Redaktion zitiert dann Aussagen anderer, denen Kriegsmüdigkeit ebenfalls nicht passt, speziell Politiker aus Frankreich, Großbritannien und Israel. Hernach lassen die Qualitätsmedien alles am Bild der Bundesregierung störende weg: Deutschland ist seit Jahren militärisch an einer multinationalen Koalition beteiligt, die den IS in Syrien und im Irak bekämpft. (ebd.)

Ach? Nur den IS? Nicht mehr den *»Machthaber«* Assad? Sollen wir die bösartigen Sanktionen gegen Syrien großzügig ignorieren, die diesem Kriegsziel dienen und doch nur Unmenschlichkeit gegenüber der syrischen Bevölkerung darstellen?[5] Und die deshalb wesentlichste Fluchtursache sind? Vergessen wir also die geheime Zusammenarbeit deutscher Regierungsstellen mit Vereinen wie *»Adopt a Revolution«*, der transatlantisch durchsetzten *»Stiftung Wissenschaft und Politik«* und mit zwielichtigen syrischen Oppositionsgruppen, reden wir nicht mehr von ihren konspirativen Treffen in Berlin zum Zwecke eines *»regime change«* in Damaskus?[6] Deutschland, der Tugendritter in schimmernder Wehr?

Aber was soll's, für Chefredakteur Gniffke sind Fakten zum Ignorieren da. Wer gehört dieser Kriegskoalition gegen Syrien eigentlich an? Welche politischen und militärischen Konsequenzen ergeben sich für sie aus dem Rückzug der USA? Beispiel: Frankreichs Präsident Macron, ganz pflichtbewusster Pudel der Westlichen Wertegemeinschaft, hat sich sofort angedient, in Syrien in die Bresche zu springen.[7] Nichts davon in der Tagesschau …

Unter dem Titel *»Die Folgen für die Kriegsparteien«* serviert ARD-aktuell lieber eine Darstellung, die man auch bei höflicher Zurückhaltung bestenfalls als *»fragmentarisch«* bezeichnen kann: Die Tagesschau unterschlägt glatt, dass Deutschland ebenfalls Kriegspartei ist.[8]

Die aktive Mitwirkung wurde am 4. Dezember 2015 mit großer Mehrheit vom Bundestag beschlossen, ohne ein entsprechendes Mandat des Sicherheitsrats der Vereinten Nationen.[9] Es liegt bis heute nicht vor, der deutsche Einsatz ist somit völkerrechtswidrig. Die USA hatten den Luftkrieg einige Monate zuvor begonnen, ebenfalls unter Bruch des Völkerrechts.[10]

Erfolge gegen den IS in Syrien wollte die westliche Koalition zunächst aber offenbar nicht. Ihre *»Operation Inherent Resolve«* wurde sehr zögerlich ausgeführt.[11] Es gab Tage, an denen sie weniger als ein Dutzend Einzelangriffe flog. Ansonsten ließ sie die Kopfabschneider auf deren Vormarsch weitgehend unbehelligt; die sollten wohl den eigentlichen Gegner schwächen, *»Machthaber«* Assad.

Der IS war schließlich drauf und dran, fast ganz Syrien zu unterwerfen – zum Entsetzen der Weltöffentlichkeit, wie sich zeigte, als die Terroristen Palmyra einnahmen, seine historischen Bauwerke sprengten und damit ein Weltkulturerbe vernichteten. Das Blatt in Syrien wendete sich erst, als russische Truppen entschlossen intervenierten (ebd.), völkerrechtlich abgesichert aufgrund eines Hilfeersuchens der syrischen Regierung. Fortan galt es für die westliche Koalition, die großen militärischen und daraus resultierenden politischen Erfolge Russlands im Nahen Osten einzudämmen, soweit das eben noch möglich war.

In sämtlichen Nachrichtenangeboten von ARD-aktuell über die jüngste Entwicklung fiel im Zusammenhang mit dem Bombenkrieg der US-geführten Koalition das Wort »*Völkerrechtsbruch*« kein einziges Mal – während der entsprechende Vorwurf zum Beispiel in einem Bericht über den Zwischenfall an der Krimbrücke gleich zwölfmal gegen Russland erhoben wurde. Tendenzjournalismus? Aber nicht doch! Tagesschau!

Dass auch unsere Verfassungsorgane Bundesregierung und Bundestag sich in der Syrien-Politik zu Rechtsnihilismus herbeiließen, wird jedem sichtbar, der sich das Rechtsgutachten der Wissenschaftlichen Dienste des Bundestags zu Gemüte führt.[12] Es stellt zwar nur auf die Kriegsparteien USA, Großbritannien, Frankreich, Türkei und Israel ab, weil nach der deutschen Beteiligung ausdrücklich nicht gefragt worden war. Aber es ergibt sich aus dem Zusammenhang, dass das Verdikt auch die BRD trifft.

Der Vorwurf »*Rechtsbeugung*« wäre auch der deutschen Justiz zu machen. Das Bundesverfassungsgericht wies eine Klage der kleinen Grundrechte-Partei gegen die deutsche Kriegsbeteiligung in Syrien schon zwei Monate nach Eingang ohne Begründung ab.[13] Der Generalbundesanwalt brauchte vier Monate mehr, ehe er im Juni 2016 hunderte von Strafanzeigen ablehnte, eingereicht gegen Kanzlerin Merkel und ihre Regierung sowie gegen alle Parlamentarier, die dem Kriegseintritt zugestimmt hatten. Begründung für den Verzicht auf Ermittlungen wegen des Verdachts des Friedensverrats, des Verfassungsbruchs und der Verletzung des Völkerrechts: Es gebe keine Anzeichen für eine Straftat; völkerrechtliche Maßstäbe seien für eine strafrechtliche Würdigung nicht *»präjudiziell«*.[14] Er hätte den tausenden Antragstellern auch gleich mitteilen können, sie sollten sich das Grundgesetz sonst wohin stecken. Es hätte keinen Unterschied gemacht.

Der Generalbundesanwalt ist, anders als die Richter, dem Justizminister unterstellt und weisungsgebunden. Was er nicht strafrechtlich untersuchen lassen wollte bzw. durfte, hat eine schreckliche Bilanz verloren die Qualitätsjournalisten der Tagesschau auch aus dem aktuellen Anlass kein Wort: Insgesamt wohl mehr als 500.000 Tote des von den USA und ihren Vasallen eingefädelten Krieges gegen Syrien,[15/16] den ARD-aktuell jahrelang als *»Bürgerkrieg«* ausgab. Es wäre aktuell wenigstens zu berichten gewesen, wie viele tote Zivilisten konkret auf das Konto der US-geführten Kriegskoalition gehen.

Für eine solche aufrichtige Bilanz wäre allerdings Recherche erforderlich gewesen, denn über zivile Opfer unseres Bombenkrieges – wir sind doch die *»Guten«*! – wird nicht öffentlich einsehbar Buch geführt. Eine private Auswertung diverser Quellen[17/18] ergibt nur punktuelle Hinweise. Aber sie rechtfertigen die Annahme, dass tausende syrische Zivilisten der Westlichen Wertegemeinschaft zum Opfer fielen. Hinzu kommen ungezählte syrische Soldaten, zum Beispiel jene 62 Männer, die eine vom Islamischen Staat umzingelte Stellung bei Der-es-Zur zwei Jahre lang tapfer gehalten hatten, nur dürftig aus der Luft versorgt, ehe ihnen die USA *»versehentlich«* mit einem Bombenhagel das Leben nahmen.[19] Die Zieldaten für dieses Massaker hatten die US-Krieger übrigens von der Bundeswehr erhalten, im besten Stil des Obersts Georg Klein, der bei Kundus in Afghanistan mehr als 100 Zivilisten zu Tode bomben ließ.[20]

Strafrechtlich wurde die deutsche Mittäterschaft im Fall Der-es-Zur nicht aufgearbeitet – ARD-aktuell half mit beim schnellen Vergessen.

Tagesschau und Tagesthemen sind gesetzlich verpflichtet, umfassend und sachlich zu informieren; der Zuschauer soll in die Lage versetzt werden, sich selbst ein qualifiziertes Urteil zu bilden. Doch die Hamburger Qualitätsjournalisten erfüllen statt ihrer staatsvertraglichen Pflicht längst verinnerlichte Vorgaben. Zu denen gehört der Verzicht auf Meldungen, die gegebene Machtstrukturen infrage stellen.

Fast drei Viertel der deutschen Bevölkerung sind gegen den Einsatz der Bundeswehr in Syrien.[21] Die Tagesschau lässt diesen elementaren Aspekt jedoch grundsätzlich beiseite. So auch in ihrer Meldung darüber, dass unsere Stahlhelm-Fraktion im Berliner Reichstag die Verlängerung des Bundeswehr-Einsatzes in Syrien beschloss.[22]

Was noch übergeht die Tagesschau gerne? Dieses: Beim Syrien-Einsatz handelt es sich um den personalstärksten Auslandseinsatz der Bundeswehr. Mit 1.200 Soldaten, einer Fregatte, sechs AWACS-Tornados und mehreren Transportflugzeugen zur Luftbetankung von Kampfjets. Ursprünglich hatte die Regierung dafür pro Jahr 134 Millionen Euro kalkuliert.[23]

Dieser niedrige Haushaltsansatz gehörte ersichtlich zur Akzeptanzstrategie, mit der die Bundesregierung im Parlament um Zustimmung warb. Realistisch war er nicht, wie *»Zusatzkosten«* von 22,7 Millionen Euro für gerade mal drei Monaten erwiesen. Bis heute hat das deutsche Abenteuer in Syrien mutmaßlich eine Milliarde Euro verschlungen – mutmaßlich, da nicht klar im sogenannten Verteidigungshaushalt ausgewiesen, sondern über diverse Haushaltsposten im *»Einzeletat 14«* versteckt (Rüstungsgüter, Ersatzbeschaffung, Materialaufwand, Betriebskosten, Personalkostenanteile etc.).

Was liefert die Tagesschau stattdessen? Fragwürdige Informationen wie die, dass die USA in Syrien nur mehr 2.000 Soldaten stationiert hätten. Die Angabe stammt aus dem Weißen Haus, und daher prüft ARD-aktuell nicht, sondern betet nur nach. Zudem bleiben die US-Söldner ungezählt. Ein Hohn auf kritischen Journalismus.

Eine rasche Internet-Recherche ergibt, dass die USA mindestens ein Dutzend Militärbasen in Nordsyrien unterhalten; die Türkei hat zum Ärger des westlichen Bündnisses sogar mal eine Karte mit konkreten Ortsangaben veröffentlicht. Eine entsprechende Liste ist auch auf Wikipedia aufgeführt.[24] In Zeitungsberichten ist gar von 20 US-Garnisonen in Syrien die Rede.[25] Sie liegen – wo auch sonst – in der

Öl-Region Syriens, wo die USA ihre Hiwis aus Kurden und ausländischen Söldnern finanzieren.[26] Auch diese Fakten verschweigt die Tagesschau.

Trumps Rückzugsbefehl ist kein Sieg, wie er selbst behauptet, sondern die Konsequenz daraus, dass Syrien und seine Verbündeten durchgehalten haben und vorerst zu schlagen sind. Das aber kann der US-Präsident nicht öffentlich einräumen; entsprechend servil – und gehässig – berichtet und kommentiert von ARD-aktuell.[27] Folgerichtig und nach Art des Hauses versucht diese Qualitätsredaktion, Millionen Zuschauer für dumm zu verkaufen.

Soziales

»Die meisten Menschen spüren gelegentlich, dass sie in einem Netz von Illusionen hinleben. Wenige aber erkennen, wie weit diese Illusionen reichen.«
Friedrich Nietzsche

Eine der Kernfunktionen von Massenmedien ist die Herstellung von Öffentlichkeit, um einen gesellschaftlichen Diskurs zu ermöglichen und voranzutreiben. In welcher Form dieser stattfindet und in welche Richtung er gelenkt wird, liegt an der Art und Weise der medialen Darstellung und Bewertung von Ereignissen.[A] Den aufmerksamen Rezipienten beschleicht immer stärker das Gefühl, dass insbesondere die von ihm finanzierten Medien einen deutlichen Konformismus im Hinblick auf die neoliberale Agenda der Regierungsparteien aufweisen und unverdrossen deren Positionen nachbeten. So wird gerne im In- und Ausland ein Kandidat, der neoliberale »Reformen« verspricht, als politisches Ausnahmetalent, unversehens als standhafter Reformer oder gar als Visionär geadelt. Kandidaten jedoch, die sich für Sozialstaatlichkeit, soziale Gerechtigkeit und Arbeitnehmerrechte engagieren, werden kurzerhand zum Feindbild erklärt, das nur dazu geeignet ist, den (Wirtschafts-)Standort Deutschland/Europa zu gefährden.

Die negativen Auswirkungen des medialen Dauerfeuers für »Reformen« am Arbeitsmarkt, an sozialen Sicherungssystemen, von Renten oder im Bereich Wohnen sind tagtäglich spür- und erlebbar. Ob es die Stigmatisierung von Erwerbslosen als »Sozialschmarotzer«, »Parasiten« (Wolfgang Clement) und »Unproduktive« (Peter Sloterdijk) betrifft oder die auf den Cent genaue »Berechnung« von Bedarfen für die Nahrungsmittelrationen Hilfsbedürftiger durch neoliberale Wissenschaftler: mit dieser Art Sozialrassismus nebst medialer Begleitpropaganda wird eine spaltende Entmenschlichung der Armen befördert.

Tagesschau & Co. liefern nur einmal im Monat Informationen über die Entwicklungen am Arbeitsmarkt, ohne in den reichweitenstarken Ausgaben die statistischen Täuschungsmanöver aufzudröseln, die der Arbeitsagentur von ihrem Berliner Dienstherren aufgegeben sind. Die Alibi-Aufklärung findet sich versteckt im Online-Angebot von tagesschau.de, wo nur ein Bruchteil der Zielgruppe nach Informationen sucht. Das Schönrechnen von Arbeitsmarktdaten hat Tradition – nicht nur in Deutschland. Eine positive Arbeitsmarktentwicklung gilt als Indikator erfolgreicher Regierungsgeschäfte. Für den Anstrich dieser leuchtenden Fassade lassen sich Regierungsparteien und ihre Berater seit vielen Jahren immer wieder Neuerungen einfallen, um die tatsächlichen Zustände zu verschleiern. Seit 1986 gab es immerhin 17 Gesetzesänderungen und Weisungen, welche die Messung der Arbeitslosigkeit veränderten.[B]

Regierungsnahe Einrichtungen wie die Bertelsmann-Stiftung propagieren unermüdlich einen neoliberalen Umbau von Staat und Gesellschaft. Auch an der konzeptionellen Ausarbeitung des Verarmungsprogramms Agenda 2010 war der Think-Tank maßgeblich beteiligt. In einem 2006 veröffentlichten Diskussionspapier der Stiftung wird unter Berufung auf unseren alten Bekannten George Lakoff als Teil einer strategischen Regierungskommunikation zum Abbau von Sozialstaatlichkeit ausdrücklich empfohlen, geeignete »Narrative zu entwickeln«: »Sprachlich ist bei der Vermittlung von Reformvorhaben zu bedenken, dass Wähler meist in Frames denken. (…) Gelungenes Framing zeichnet sich dadurch aus, dass Reformpolitik ihre Gestaltungsanliegen sprachlich mit gesellschaftlichen Sinn- und Wertzusammenhängen verknüpft. (…) Mentale Konzepte lassen sich nicht einfach durch Fakten ändern. Dem kommunikativen Framing, dem Besetzen bestimmter Begriffe im Rahmen eines positiven Reformdiskurses, kommt deshalb ein zentraler Stellenwert zu.«

Auch die Stigmatisierung von gewerkschaftlichem Engagement hat eine lange Tradition in Deutschland. Beispiellos war die mediale Stimmungsmache gegen den Chef der Gewerkschaft der Lokomotivführer (GDL), Claus Weselsky, im Jahr 2015. Dass Weselsky, der »meistgehasste Mann der Republik«[C], in Angriffen auf seine Person allein für den Streik verantwortlich gemacht wurde, als ob es den Auftrag der Gewerkschaft kraft Urabstimmung und Tarifkommission nicht gegeben hätte, gehört zu jenen Nebelkerzen, die die Tagesschau warf. »Wer immer an vorderster Front kämpft, der muss sich nicht wundern, wenn er auch mal von einer Kugel getroffen wird«, bemerkte eine Kommentatorin im ARD-Hauptstadtstudio seinerzeit lakonisch angesichts der Angriffe und persönlichen Anfeindungen gegen den unbeugsamen Gewerkschaftschef.[D]

Den massiven Angriffen gegen die Person Weselsky stand der aus der Verantwortung genommene Bahn-Konzern gegenüber, dessen angebliche Verhandlungs- und Abschlussbereitschaft permanent durch einen einzigen »Machtmenschen« konterkariert wurde. Miosga, Atalay, Slomka und diverse andere Glanzlichter des öffentlich-rechtlichen Fragmentjournalismus schafften es damals tatsächlich, den »längsten Streik in der Bahngeschichte« ganz im Sinne der Bosse darzustellen und durch Desinformation öffentlichen Druck auf die organisierte Arbeitnehmerschaft zu erzeugen. Sowohl die Deutsche Bahn als auch die beitragsfinanzierten Rundfunkanstalten wurden während des Arbeitskampfes offensichtlich ganz im Sinne der Bundesregierung tätig, um eine entsprechende Stimmung in der Bevölkerung zu erzeugen, die unter anderem dazu geeignet war, die Wahrnehmung demokratischer Rechte zu diskreditieren.[E]

Und – wer erinnert sich noch an die einseitige und Feindbild konstruierende Berichterstattung von Tagesschau & Co. über die frisch gewählte, linke griechische Syriza-Regierung und deren anfängliche Weigerung, sich dem EU-Spardiktat zu unterwerfen? Wer die Empörung gegenüber der Syriza-Regierung verstehen will, die aus Kommentarspalten, sozialen Netzwerken und Leserbriefen sprach, möge sich vergegenwärtigen, dass der Topos vom solidarischen deutschen Volk, das Opfer von Trickbetrügern und faulen Schmarotzern zu werden droht, bereits innerhalb der ersten vier Wochen der ARD-Berichterstattung über die neue griechische Regierung hereinbrach. Kein noch so stereotypisches Vorurteil über Mentalität und Verfasstheit »des Griechen« wurde ausgelassen. Als Fürsprecher des kleinen Mannes bzw. der »Aldi-Verkäuferin und des Realschullehrers« versuchte vor allem der mit dem Bundesverdienstkreuz 1. Klasse ausgezeichnete Korrespondent Rolf-Dieter Krause die Zuschauer davon zu überzeugen, dass »der Grieche« sich auf ihre Kosten bereichern will, oder – in Richtung des griechischen Finanzministers – »es für das gottgegebene Recht seines Landes hält, auf Kosten anderer zu leben.«[F]

Was kommt einem angesichts der Verbalausfälle öffentlich-rechtlicher Journalisten gegenüber Gewerkschaftern, (linken) unliebsamen Regierungsvertretern souveräner Staaten und erwerbslosen Mitbürgern als erstes in den Sinn? Anmaßung und Herrschaftsdenken? Sozialdarwinismus? Rassismus?

15. Mai 2018

Programmkritik 19
Wie die Tagesschau Macrönchen auf Hochglanz poliert
Begeisterung über den Abbruchunternehmer an Frankreichs Sozialstaat

Massenmedien waren und sind immer Herrschaftsinstrumente, Neutralität oder Positionen außerhalb der aktuellen Machtverhältnisse sind ihnen wesensfremd. Daran ändern auch die öffentlich-rechtlich organisierten und vom Beitragszahler finanzieren Medienangebote nichts. Die unübersehbare Orientierung an den Interessen der Eliten ist evident. Dass die Umfragewerte des Medienlieblings Macron im ungebremsten Niedergang befindlich sind, wird daher auch tunlichst verschwiegen. Selbst die landesweit seit November 2018 jeweils am Samstag stattfindenden Demonstrationen der Mouvement des Gilets

Jaunes (»Gelbwesten«) und die unverhältnismäßige Polizeigewalt (1) gegen die Demonstranten tangieren das Flaggschiff der deutschen Nachrichtengebung nur peripher. Auch wenn es mehr als unwahrscheinlich ist, dass Macrons Partei »La République en Marche« an einstige Erfolge anknüpfen kann, wird die medial aufgebaute Lichtgestalt Macron noch immer mit einem Heiligenschein versehen, auch wenn der Gepriesene mit seiner Politik blindlings und nach Kräften die politische Bühne für Marie LePen als seine Nachfolgerin bereitet.

Und so sah die politische Imagepflege für den französischen Präsidenten Macron in den Nachrichtensendungen von ARD-aktuell aus: »*Der französische Präsident Emmanuel Macron ist jetzt ein Jahr im Amt. Er hat in dieser Zeit einige Ideen für die Zukunft der EU entwickelt. In diesem Zusammenhang finden 82 Prozent der Deutschen es gut, dass Macron die EU mit einer Reihe von Vorschlägen voranbringen will; 15 Prozent sehen das anders.*«[1]

Das Beispiel zeigt, wie intensiv der deutsche Mainstream, Gniffkes Qualitätstruppe inklusive, »*Macrönchens*« Bild auf Hochglanz poliert und seine asoziale Politik darunter tarnt. Macrons Ziel war und ist eine konservative Restauration in Frankreich und in Europa, auf seiner Agenda stehen das Eindampfen des Sozialstaats, der Abbau von Arbeitnehmerrechten und Steuervergünstigungen für Unternehmen und Reiche. Dafür gibt er als Motiv vor: »*Ich will, dass wir wirtschaftlich erfolgreich sind, um wirklich soziale Politik zu machen.*«

Die deutsche Wirtschaftselite und die SPD-Führung, voran der seinerzeitige Kanzlerkandidat Schulz, waren begeistert: Endlich nicht mehr allein in Europa mit der Schröder-Steinmeier-»*Agenda 2010*«. Das Abschaffen von Arbeitnehmerrechten zugunsten der Kapitalseite sollen das Fundament einer »*wirklich sozialen Politik*« sein: Die Rolle der »Leitmedien«: Immer und immer wieder Glaubenssatz zu verkünden, um den Widerstand gegen diese Politik möglichst klein zu halten. Flankiert wird damit zunehmende soziale Verwerfungen, die Entstehung eines umfangreichen Prekariats, im Regelfall ungesicherte Arbeitsverhältnisse und die Perspektive von Altersarmut, massive Vermögensumverteilung von unten nach oben.

Klar, dass Dr. Gniffke und seine Redaktion keine kritischen Ansätze an den deutschen Zuständen suchen. Sie bilden die Blaupause für erwünschte, noch zu organisierende Umgestaltung des französischen Arbeits- und Sozialrechts. Mit Macron als Vollstrecker, aber geschmückt mit einem modernistischen Scheinheiligenschein.

Den Abbruchunternehmer an Frankreichs Sozialstaat lobt die ARD-aktuell[2] mit vor Begeisterung triefenden Kommentaren: »*Den Blockierern keine Chance: Macron hat in seinem ersten Jahr als Präsident Reformen angepackt und Frankreich ordentlich durchgeschüttelt. Sein Regierungsstil tut dem Land gut ... Vor allem im extrem linken und im extrem rechten Spektrum der Republik murren sie über Macron. Den Linken macht er den Sozialstaat, in dem sie es sich jahrzehntelang bequem eingerichtet hatten, kaputt.*«

Über die Verleihung des »*Karlspreises*« (mit dieser Auszeichnung feiert sich die Elite gewohnheitsmäßig selbst) an Macron gab es bei tagesschau.de am 13. Mai 2018 insgesamt 20 Beiträge[3] in Hochglanzformat, preiswürdig gelungene Hofberichterstattung. Die ist das Genre des ARD-aktuell-Chefredakteurs Gniffke, des NDR-Intendanten Marmor und ihres unnützen Rundfunkrates (einem Konglomerat von Gewerkschaftern, Parteifuzzys von Union, Grünen, AfD, FDP und natürlich SPD, Kirchenfunktionären, Umweltverbänden und Vereinsmeiern).

Frankreichs Arbeitnehmer scheinen sich übrigens von dem in ihrem Land vergleichbaren Medienzirkus wenig beeindrucken zu lassen: Bei einer Frage in diesem Monat, so berichteten die französischen Medien, zogen 57 Prozent der Befragten eine überwiegend schlechte Bilanz aus Macrons Präsidentschaft. 84 Prozent gaben an, persönlich keine Vorteile von der Politik Macrons erfahren zu haben. Auf Widerspruch stoßen unter anderem der von ihm vorangebrachte Abbau des Kündigungsschutzes und die geplante Verschärfung der Asylregeln. In einer Umfrage von Ipsos/Sopra Steria für die öffentlich-rechtliche Fernsehgruppe France Televisions gaben sogar fast zwei Drittel (64 Prozent) der Befragten an, sie seien »*enttäuscht*« von Macron.[4]

Kein Wort davon bei Tagesschau & Co. Es ist Gniffkes erprobte Methode: Manipulation durch Verschweigen. Das Helden-Image Macrons soll nicht eintrüben.

Am 5. Mai 2018 demonstrierten mindestens 40.000 Menschen in Paris gegen Macron: Er verhalte sich wie das Gegenstück zu einem Robin Hood: Er raube von den Armen und verteile an die Reichen. Gniffke und seine Qualitätsjournalisten sahen die Demo durch die rosarote Fälscherbrille: *»Die Stimmung auf der heutigen Demo war friedlich, fast spielerisch. Wie auf der Loveparade gab es mehrere Wagen, von denen aus die Teilnehmer beschallt wurden. Durch die sonnigen Straßen von Paris marschierten hauptsächlich Linksalternative des unbeugsamen Frankreichs: Sehr viele junge Menschen, sehr viele Familien mit Kindern.«*

So kann man sozialen Kampf zum vergnüglichen Spaziergang sonntäglicher Flanierer umdeuten.

Dieser Nachrichtenjournalismus ist orwellsche Fälschung. Gewollte Desinformation über das Wesen sozialrestriktiver Politik, in Frankreich wie in Deutschland. Der Widerstandswille der französischen Arbeiterschaft soll keinesfalls das Bewusstsein der deutschen Lohnabhängigen infizieren. Solche Informationsgestaltung ist weit entfernt von der gesetzlichen Verpflichtung des öffentlich-rechtlichen Rundfunks, *»objektiv und umfassend«* zu berichten.

2. September 2018

Programmkritik 20
Börse ja, Arbeit nein

Werktäglich referiert die Tagesschau über Aktienkurse. Die Arbeitswelt ist nur alle paar Wochen manipulative Berichte wert

Die Interessen der Finanzelite und der Konzerne bedient ARD-aktuell beinahe werktäglich: mit ausführlichen Nachrichten im Programm »Börse vor acht« sowie mit Wort- und Filmbeiträgen von der Frankfurter Börse in den Tagesthemen. Gleich häufige In-

formationen aus der Arbeitswelt gibt es hingegen nicht, obwohl Werktätige und Rentner die absolute Mehrheit der Zuschauer stellen. Diese qualitätsjournalistische Schlagseite hat System. Und die Ignoranz, mit der sie von allen hingenommen wird – von der Öffentlichkeit generell und von den Gewerkschaften speziell – hat Tradition, ist anerzogen: Monat für Monat erfährt sie Intensivpflege mittels manipulativer Nachrichten über den »Arbeitsmarkt«.

Den Lehrsatz »*halbe Wahrheit ist ganze Lüge*« bestätigt die Tagesschau regelmäßig zur Bekanntgabe: »*Die Zahl der Arbeitslosen ist im August leicht gestiegen. Grund ist nach Angaben der Nürnberger Arbeitsagentur die Sommerpause mit Werksferien in vielen Unternehmen. Zudem hätten sich Schulabgänger und Ausbildungsabsolventen im Sommer zunächst arbeitslos gemeldet. Insgesamt waren 2,35 Millionen Erwerbslose gemeldet. Das waren 26.000 mehr als im Juli, aber 194.000 weniger als im Vorjahr. Die Quote stieg auf 5,2 Prozent.*«[1]

Bevor sie auch nur eine konkrete Arbeitsmarktzahl nennt, serviert die Tagesschau erst mal zwei Sätze mit Entlastungsgründen für die miese Lage. Erst dann: 2,35 Millionen Erwerbslose. Dass mehr als eine Million ebenfalls arbeitslose Menschen in dieser frisierten Mengenangabe nicht erfasst sind und von einem sauberen Bericht über das soziale Elend keine Rede sein kann, erfährt der Zuschauer dieser 20-Uhr-Tagesschau nicht. Dabei sind vollständige und präzise Angaben verfügbar. Sie zu nennen hätte nur drei Sätze mehr gekostet:

3,23 Millionen »Unterbeschäftigte« | Die Unterbeschäftigung – darunter sind alle weiteren Hartz-IV-Bezieher zu verstehen, vom Ein-Euro-Jobber über den »*Aufstocker*« bis zum arbeitslosen Teilnehmer an einer sogenannten Fortbildungsmaßnahme – betraf im August 3,23 Millionen Menschen. Die Unterbeschäftigung lag damit noch um 885.000 über den statistisch als solche anerkannten Arbeitslosen.[2]

Wer derart vollständige Angaben von ARD-aktuell erhofft, muss sich schon ins Internet bewegen und dort suchen, wo der seltener vorbeischaut, nämlich auf die Wirtschaftsseite der tagesschau.de.[3] Auch dort bekommt er aber noch keine Sachinformation über die Unterbeschäftigung. Dazu muss er weiterklicken – zum *»Faktenfinder«.*[4] Hier erst erfährt er endlich, *»was die Arbeitslosenzahl verbirgt«: »... Unterbeschäftigung 3,44 Millionen. Doch es kommen sogar noch mehr hinzu, nämlich diejenigen, die die Bundesagentur für Arbeit gar nicht kennt, zum Beispiel Mütter, die wieder einsteigen wollen ... So niedrig, wie die Arbeitslosigkeit angegeben wird, ist sie eigentlich also nicht.«*

Der ARD-*Faktenfinder* weist also der ARD-Tagesschau mit noch einmal abweichenden Zahlenangaben (3,44 Mio. statt 3,23 Mio.) nach, dass sie *»eigentlich«* Rosstäuscherei betreibt: Nämlich, indem sie unterschlägt, dass die Gesamtzahl der von Hartz IV Abhängigen mehr als doppelt so hoch ist, wie in der Fernsehnachricht um 20 Uhr vorerzählt.

Die Idiotie – oder Infamie? – dieser sich selbst widersprechenden Nachrichtengestaltung unter dem Dach von ARD-aktuell bleibt weitgehend unbemerkt. Die Tagesschau hat mehr als zehn Millionen Fernsehzuschauer; vom Internet-Angebot tagesschau.de machen dagegen weniger als eine Million Menschen Gebrauch. Die Zahl derer, die beide Informationsangebote über den *»Arbeitsmarkt«* gleichzeitig nutzen, dürfte marginal sein. Der Etikettenschwindel der Tagesschau dient dem Interesse der Bundesregierung. Denn selbstverständlich wünscht dieses parteienoligarchische Regime keine aufklärerische Berichterstattung über Deutschlands soziales Elend. Die Schattenseite unseres Alltags soll weggeschwiegen werden. ARD-aktuell wahrt fügsam (Staats-)Funkstille.

Nicht minder manipulativ und realitätsfern sind die geschönten Berichte aus der Wirtschaft und über Großunternehmen wie den Online-Händler Amazon. Chefredakteur Dr. Gniffkes Musterjournalisten berichten nicht über deren asoziale Seite. Zum Beispiel nicht über die Schändlichkeit, dass Amazon weder von Berlin noch von Brüssel dazu hat gebracht werden können, seine Milliardenumsätze angemessen zu versteuern. Nichts wird gemeldet über die Steuer-Vermeidungsstrategien dieses Konzerns und vergleichbarer Unternehmenskolosse von Apple bis Starbucks.[5] Nichts darüber, dass

Amazon auch seine Kunden häufig dazu bringt, unabsichtlich selbst Steuerbetrug zu begehen, wenn sie Waren per Internet kaufen, die im Ausland hergestellt wurden; im Angebot von dort wird die bei uns fällige Mehrwertsteuer oft nicht ausgewiesen und ergo von niemandem bezahlt und abgerechnet. *»Steuern umgehen mit Amazon«?*[6]

Kein Wort darüber, dass der Bundesrechnungshof die Schweinereien immer wieder reklamierte. Für ARD-aktuell waren und sind das keine Nachrichtenthemen.

In unzähligen Beiträgen über Amazon liefern Dr. Gniffkes Qualitätsjournalisten lieber Blattgold-Nippes aus der Devotionalien-Vitrine. Triumphmeldungen aus der Werbeabteilung des Konzerns werden als unentgeltliche Unternehmensreklame an das Fernsehpublikum weitergereicht: *»Rangliste der Milliardäre: Bezos reicher als Gates«, »Amazon: Der Gigant wächst immer schneller«. »Onlinehändler Amazon: Gewinn verdoppelt«. »Amazon überrascht mit Milliarden-Gewinn.«*

Über das abstoßende Geschäftsgebaren des mit Abstand größten Internet-Konzerns gab es allenfalls vage und nur ansatzweise kritische Berichterstattung, und selbst das nur, wenn andere Mainstream-Medien zuerst damit hervorgetreten waren oder Politiker sich zu einem der vielen Skandale geäußert hatten. Tagesschau-Regel: Immer schön im Windschatten bleiben … Die unerträgliche Situation der Amazon-Beschäftigten fand in den Nachrichtensendungen von ARD-aktuell kaum Erwähnung. Sie war auch dann nicht überzeugend, als unübersehbare Hinweise vorlagen, dass die Konzernführung heftigste Ausbeutungspraktiken auf die Beschäftigten anwendet.

Die Gewerkschaft ver.di beklagte, dass Amazon zwar an einem einzigen Tag Kursgewinne von 12 Milliarden Euro erzielt habe, die Beschäftigten jedoch seit Jahren und bisher vergeblich mit Streiks für einen bescheidenen Anteil am Erfolg kämpften: für armutsfeste, tarifvertraglich geregelte Löhne, Urlaubsgeld, angemessenes Weihnachtsgeld. Stattdessen gebe es Pressionen am Arbeitsplatz. Die Beschäftigten unterlägen strikter Überwachung per Handscanner und müssten beispielsweise ertragen, dass ein Toilettengang nach der Pause als Fehlverhalten angekreidet und der »*Übeltäter*« im Wiederholungsfall abgemahnt werde. Methoden, die an die Blütezeit frühkapitalistischer Ausbeutung erinnern.[7]

Schwere Vorwürfe, denen ARD-aktuell allerdings nicht selbst nachging, sondern die sie nur in Gänsefüßchen-Rhetorik referierte: »*Die Gewerkschaft wirft Amazon darüber hinaus vor, ›wenig Rücksicht‹ auf die Gesundheit der Beschäftigten zu nehmen. Der Arbeitsalltag sei ›von hohem Druck, Hetze und Kontrollen‹ geprägt, was überdurchschnittlich hohe Krankenraten zur Folge habe.*«[8]

Die Zitatform im Konjunktiv I lässt offen, ob die Schilderung der Auswüchse nicht möglicherweise doch nur eine parteiische und realitätsferne Übertreibung ist. Die Absicht dahinter wird erkennbar, wenn man betrachtet, wie ARD-aktuell ihre Berichterstattung ganz im Sinne des Konzerns beflissen abrundet: »*Amazon wies die Vorwürfe zurück. ›Für Amazon haben die Gesundheit und Sicherheit unserer Mitarbeiter oberste Priorität‹, so eine Sprecherin*«.

Wurde der Zuschauer mit solcher Nachrichtengestaltung in die Lage versetzt, sich selbst ein sachgerechtes Urteil zu bilden? Ist mit dermaßen primitiver Beschränkung auf ein Pro und ein Contra der gesetzliche Auftrag von ARD-aktuell erfüllt, »*umfassend und der Wahrheit verpflichtet*« zu unterrichten? Sah die Tagesschau sich denn gar nicht bemüßigt, die Angaben beider Seiten selbstständig zu überprüfen? »*A sagt, es regnet. B sagt, die Sonne scheint.*« Das soll Nachrichtenjournalismus sein? Wie wäre es denn, mal das Fenster aufzumachen und selbst nachzugucken, wie das Wetter ist? Von ARD-aktuell ist das anscheinend zu viel verlangt.

Streik bei Amazon? Ja, und? Was ist daraus geworden, wie steht es damit? Obwohl ARD-aktuell zur Überprüfung und Aktualisierung seiner Online-Beiträge verpflichtet ist, fehlt es auch bei dem hier betrachteten Amazon-Thema an einer kontinuierlichen journalistischen Begleitung. Die Zuschauer erfahren nichts über den weiteren Verlauf des Konfliktes. Zum Beispiel nichts darüber, dass bei Amazon Ende August erneut gestreikt wurde.

Sozial relevante Nachrichten, die einen Großteil der Tagesschau-Nutzer betreffen, fallen schlichtweg unter den Tisch oder werden garniert mit einseitigen Kommentaren von Lobbyisten und opportunen Experten. Soll kein Zuschauer sich fragen, wem in Deutschland die mehr als sechs Billionen Euro gehören, die als reines, unproduktives Geldvermögen gebunkert sind. 6.000.000.000.000 Euro! Soll keiner fragen, inwiefern dieser Geldberg die Armutsfalle braucht, in der jedes fünfte Kind in Deutschland dauerhaft gefangen ist.[9] Unter uns leben 6,5 Millionen Arme, Tendenz: steigend. Kehrseite dieser Medaille: 1,4 Millionen Millionäre und Milliardäre, Tendenz: steigend.[10]

Grandios das Versagen der auf sozialen Ausgleich verpflichteten Politik. Seit der Steinmeier/Schröder-»*Agenda 2010*« wird unter Mitwirkung von ARD-aktuell als »*Reform*« beschönigt, was den Reichen und ihrer politischen Elite dient; der Qualitätsjournalismus fragt nicht danach, wie es sich auf der Schattenseite lebt, in der die Arbeitslosen und die Niedriglöhner ausgepowert werden.

9. September 2018

Programmkritik 21

Tagesschau vernebelt Machenschaften mit der Rente

Der Qualitätsjournalismus von ARD-aktuell vermeidet wirksame Information über Alternativen zum neokonservativen Abbau

Der Qualitätsjournalismus der ARD-aktuell hat es geschafft: Gemeinhin gilt als unumstößlich, dass künftig »immer weniger Erwerbstätige eine immer größere Zahl von Rentnern finanzieren müssen.« Denn: »Die Deutschen leben immer länger«. Daher der Zwang, die Beiträge zu erhöhen, die Lebensarbeitszeit zu verlängern und das Rentenniveau abzusenken. Das Erste deutsche Fernsehen und die übrigen öffentlich-rechtlichen Rundfunkanbieter haben wesentlichen Anteil an der Festigung dieses Glaubenssatzes. Alternative Rentenmodelle spielen im öffentlichen Diskurs kaum mehr eine Rolle.

Überhaupt tun Tagesschau, Tagesthemen & Co. wenig bis nichts, ihr zahlendes Millionenpublikum zu kritischem Nachdenken über das System der Altersvorsorge zu bewegen. Wurde jemals die Frage aufgeworfen, unter welchen Schieflagen der *»Generationenvertrag«* leidet? Er dekretiert beispielsweise in aller Scheingerechtigkeit, dass die Erwerbstätigen und ihre Arbeitgeber je zur Hälfte als Beitrag in die Rentenkassen einzahlen, was an die Alten ausgezahlt wird. Wobei hypothetische 20 Prozent (10 + 10) Gesamtbeitrag als Zumutbarkeitsgrenze ausgegeben werden.

20 Prozent (derzeit tatsächlich nur 18,6 %) wovon? Von den Brutto-Arbeitslöhnen. Aber nur bis zu einer willkürlich festgelegten Bemessungsgrenze (derzeit 6.500 Euro West bzw. 5.750 Euro Ost Monatsgehalt). Oberhalb davon endet die Solidarität mit der Rentnergeneration.

Bereits da endet auch das Informationsangebot der Tagesschau. Die grundsätzliche Schieflage des Rentenbeitragssystems und deren gewollte sozialpolitische Folgen an einem simplen, fiktiven Beispiel deutlich machen, erlaubt sich ARD-aktuell ohnehin nicht: *Die Semmelfabrik A erzielt mit 1000 Beschäftigten einen Jahresumsatz von 400 Millionen Euro. Sie zahlt tausend Einzelbeiträge in die Rentenkasse. Die Versandapotheke B erzielt mit 100 Beschäftigten ebenfalls 400 Millionen Euro Jahresumsatz. Sie zahlt aber nur einhundert Beiträge.*

Bei völlig gleichem Umsatz zahlt B zehnmal weniger Sozialbeiträge als A. Das Kriterium *»Arbeitsplatz-Anzahl«* bestimmt den Umfang des Rentenbeitrags, nicht die wirtschaftliche Leistungskraft des jeweiligen Unternehmens. Die Folge: Maximaler Abbau von Arbeitsplätzen. Frage: Warum wird der Arbeitgeberanteil von der Zahl der Arbeitsplätze abhängig gemacht – und nicht beispielsweise auf Basis des Jahresumsatzes berechnet?

Warum ignorieren Tagesschau, Tagesthemen & Co im Gleichklang mit den Interessen der Mogule und Magnaten sowie seines Berliner Politpersonals so krampfhaft den Lösungsansatz *»Produktivitätssteigerung erlaubt höhere Renten«*? Der Politikwissenschaftler Egbert Scheunemann stellt fest, *»dass das deutsche BIP zwischen 1995 und 2015 von knapp 1,9 Billionen Euro auf über 3 Billionen Euro ge-*

stiegen ist – also viel schneller als der Anteil der Rentner an der Gesamtgesellschaft oder auch nur in Relation zur Erwerbsbevölkerung«.[1]

Anschlussfrage: Warum wird nicht darüber diskutiert, die riesigen Vermögenseinkünfte sozialabgabepflichtig zu machen?

Seit Jahren wird der Rentendiskurs von ARD-aktuell und ZDF-heute nur selektiv und unter größter Rücksichtnahme auf neoliberale, neokonservative Interessen begleitet und somit entgegen dem Informationsanspruch der Rentenbezieher und der Öffentlichkeit insgesamt. Diese Redaktionslinie steht im deutlichen Widerspruch zu den Vorgaben des Rundfunkstaatsvertrags. Der verpflichtet schließlich zu objektiver und vollständiger Information, die Nachrichtenkonsumenten jeden Bildungsstandes befähigen soll, sich ein sachgerechtes eigenes Urteil zu bilden. Der gebührenfinanzierte Qualitätsjournalismus verweigert die dafür nötige Basisinformation jedoch hartnäckig.

Die Diskussion wird derzeit verengt auf die von der SPD angesprochene Garantie eines Rentenniveaus von 48 Prozent bei 45(!) Beitragsjahren. Es gibt Meinungsverschiedenheiten darüber, für wie lange diese Armseligkeit[2] garantiert werden könne. Bis zum Jahr 2040? (Finanzminister Scholz). Oder doch nur bis 2025? (Kanzlerin Merkel). Eine Scheindebatte. Sie übertüncht, dass vom *Brutto*-Rentenniveau die Rede ist. Das Netto-Rentenniveau nimmt unabhängig davon ohnehin laufend weiter ab, weil die Einkommensteuer auf Renten kräftig steigt.[3] Bereits jetzt beträgt der steuerfreie Anteil der Neurente nur noch 24 Prozent. Bis zum Jahr 2025 sinkt er auf 15 Prozent, vom Jahr 2040 an entfällt er ganz. SPD und Unionsparteien handeln in der Garantiezeit-Debatte wie Trickbetrüger. Tagesschau & Co. senden Werbung für falsche Fuffziger statt Aufklärung darüber.

Unbeirrt verbreitet ARD-aktuell im Zusammenhang damit wieder das müde Märchen, demografisch bedingte Finanzierungsprobleme ließen keine günstigere Regelung zu.[4] Die regelmäßige Wiederholung macht zwar das Märchen nicht wahrer, blockiert aber eine offene Diskussion aller mit der Alterssicherung verbundenen Fragen, einschließlich denkbarer Alternativen. Sie blockiert vor allem die Kritik daran, dass das gegenwärtige Desaster gewollt ist.

Im öffentlich-rechtlichen Nachrichtenwesen wird nicht daran erinnert, dass der Abbau der gesetzlichen Rente unter Führung der SPD organisiert wurde, dass sie es war, die den »Generationenvertrag« entwertete und die Teilprivatisierung des Alterssicherungssystems betrieb. Einer Regierungspartei flickt ARD-aktuell nicht am Zeug. Füglich gibt es auch keine Information darüber, dass und wie die grundsätzliche Fehlentwicklung im Rentensystem korrigierbar wäre.

ARD-aktuell äußert sich ohnehin nie selbst zur Rententhematik, ihre Reporter werfen keine neuen Fragen auf. Die Redaktion bietet lediglich opportunen *»Experten«* ein Forum. Es sind Neoliberale, die sich hier austoben dürfen, bekannt dafür, dass sie Verschlechterungen im gesetzlichen Rentensystem das Wort reden. Verschlechterungen, die den privaten, kommerziellen Rentenversicherern Kunden zutreiben sollen, ganz im Sinne der Regierungspolitik.

Das tagesschau.de-Interview vom 24. August 2018 (s. Fußn. 4) mit dem Finanzexperten Prof. Jens Boysen-Hohgrefe vom Kieler Institut für Wirtschaftsforschung ist dafür typisch. Er repräsentiert die Linie der neokonservativen *»Initiative Neue Soziale Marktwirtschaft«*, INSM. Er lehnt nicht nur Rentenverbesserungen ab, sondern sieht auch die Pensionen *»explodieren«* und kann natürlich der Erhöhung des Spitzensteuersatzes nichts abgewinnen.

Boysen-Hohgrefes und seinesgleichen *»Expertisen«* in voller Schlagseite zu verbreiten, ist eine beliebte ARD-aktuell-Methode der Meinungsmache. Die vorgeblich absolute Gültigkeit einer doch lediglich erwünschten Sichtweise soll mittels Berufung auf akademische Autoritäten unterstrichen werden.

Wenn, wie gezeigt, die Expertenauswahl interessengeleitet erfolgt und wenn gegensätzliche, von anderen Experten stammende Konzeptionen ignoriert werden, dann handelt es sich um blanke Scheinargumentation. Mit dem Ausdruck *»opportune Zeugen«* bezeichnet der Medienwissenschaftler Lutz M. Hagen die parteiische Auswahl von Darstellungen, mit denen Medienberichte eine gewünschte Tendenz bekommen, ohne dass ihre Autoren selbst Position beziehen müssen. Medienbeiträge werden damit zu Trägern von Tendenzen.

Der Journalist muss bei dieser Verfahrensweise sich selbst bzw. seine eigenen Einschätzungen gar nicht mehr preisgeben, er muss nicht selbst Position beziehen, sondern lässt das die ausgesuchten Experten für sich erledigen. Genau das ist im vorliegenden Beitrag passiert. Dr. Gniffke führt sich nicht offen als »his masters voice« auf, er übt regierungsfrommen Konformismus, indem er es regierungsnahen »Experten« überlässt, Meinungen zu verkünden, die ganz auf seiner Redaktionslinie liegen. Ergänzt wird solch manipulativer Journalismus mit Kommentaren, die sozialfeindliche Absichten zur Rentenverschlechterung stützen und offenlegen.[5]

Ein perfider Sprachgebrauch kennzeichnet darüber hinaus manche dieser Elaborate, die unter der formal-legitimen Tarnkappe »*freie Meinungsäußerung eines Journalisten*« dem Publikum zugemutet werden. Da wird schon mal ein Familienname genutzt, um einen ironisch-sarkastischen Giftpfeil auf seinen Träger abzuschießen – Wortspielerei mit Namen gehört zur primitivsten Form der Verächtlichmachung: »*Vorstellung des Rentenpakets, Heils Versprechen*«[6], heißt es anzüglich mit Bezug auf den Namen des Bundesarbeitsministers, und seine intellektuell und materiell ohnehin äußerst bescheidenen Verbesserungsvorschläge werden a priori als utopisch und lächerlich abqualifiziert.

Man ist bereits daran gewöhnt, dass abweichende Informationen zur Rentengestaltung vom öffentlich-rechtlichen Qualitätsjournalismus so stiefmütterlich behandelt werden, dass sie das Publikum nicht als praktikable Alternative wahrnehmen kann.[7] Viele sachkundige Analysen und Konzepte lässt ARD-aktuell gänzlich außer Betracht, sie werden den Zuschauern systematisch vorenthalten. Albrecht Müller zeigt das regelmäßig in den »*NachDenkSeiten*« auf.[8]

Alternative Modelle zur Finanzierung einer guten Rente und einer gerechten, auskömmlichen Versorgung im Alter gibt es nicht nur in Form abgesicherter Konzepte der Sozialwissenschaft, sondern auch als gelebte Praxis. Aber: Was erfährt der deutsche Nachrichtenkonsument schon über das Schweizer Rentenmodell? Was weiß er über die skandinavischen Rentensysteme?

Dänemark zum Beispiel: Eine steuerfinanzierte »*Volksrente*« von derzeit knapp 1.500 Euro monatlich, ergänzt durch eine obligatorische Betriebsrente, auf die mehr als 90 Prozent der Erwerbstätigen Anspruch haben! Wundert sich jemand, dass die Dänen zu den glücklichsten Menschen der Welt zählen – bei einer durchschnittlichen Rentenerwartung von weit mehr als 2.300 Euro monatlich? Warum kann Österreich sich ein gut 30 Prozent höheres Rentenniveau leisten als Deutschland?

Vorwürfe über die Mitverantwortlichkeit von ARD-aktuell an der weitverbreiteten Unkenntnis erwidert Chefredakteur Gniffke mit der Behauptung, »*dass ARD-aktuell über die Rentenpolitik und ihre Probleme sowie über Lösungsansätze in den unterschiedlichsten Ausspielwegen auf vielfältige, formatgerechte Art berichtet hat, sowohl aktuell als auch hintergründig. Alle relevanten Positionen sind zu Wort gekommen, die grundlegenden Probleme sind korrekt dargestellt worden.*«[9]

Mit anderen Worten: Es liege nicht an ARD-aktuell, dass sich das Zerrbild von der zwangsläufigen Rentennot festgesetzt hat. Das Publikum sei selber schuld, weil es die angeblich vielen alternativen Tagesschau-Informationen einfach nicht kapieren wolle. Ganz schön dreist.

2. November 2018

Programmkritik 22
ARD-aktuell macht dem Merz die Räuberleiter
Für den Bewerber um den CDU-Vorsitz wird der rote Teppich ausgerollt / ARD-aktuell missachtet ihre gesetzlichen Programmrichtlinien

Die Tagesschau und ihre Geschwistersendungen von ARD-aktuell bewährten sich eifrig als Steigbügelhalter des Finanzmanagers Friedrich Merz bei dessen Bewerbung um den CDU-Vorsitz. Merz ist als Vorsitzender des Vereins »Atlantik-Brücke«, ein Wasserträger der USA und des Finanzkapitals; ein Transatlantiker par excel-

lence, verbrüdert im Geiste mit ARD-Repräsentanten wie dem Tagesthemen-Moderator Zamperoni, Hauptstadt-Korrespondentin Tina Hassel, dem WDR-Intendanten Buhrow, WDR-Fernsehprogrammdirektor Schönenborn und dem BR-Intendanten Wilhelm, die wie viele andere namhafte Figuren des öffentlich-rechtlichen Rundfunks Atlantik-Brücke-Vereinsmitglieder sind. Zwar schreibt das Gesetz dem öffentlich-rechtlichen Rundfunk vor, in seinem Informationsangebot die Grundsätze der Unabhängigkeit und Objektivität zu wahren, seine Nachrichtensendungen parteipolitisch neutral zu gestalten, der Wahrheit verpflichtet, um Vollständigkeit bemüht. Im Falle Merz praktizierte der Laden jedoch wieder einmal parteipolitische Vetternwirtschaft.

Kanzlerin Angela Merkel hatte nach der Serie von Wahlschlappen ihrer Partei am 29. Oktober 2018 öffentlich erklärt, auf dem CDU-Parteitag im Dezember nicht noch einmal für den Vorsitz kandidieren zu wollen. Schon vorher waren mehrere Bewerber um das Parteiamt bekannt. ARD-aktuell nannte in ersten Sendungen nach dem Merkel-Auftritt aber nur zwei politische Funktionsträger: CDU-Generalsekretärin Annegret Kramp-Karrenbauer und Gesundheitsminister Jens Spahn. Die hatten nun flugs ebenfalls *»ihren Hut in den Ring geworfen.«* Die Scheinsachlichkeit währte allerdings nur Stunden. Noch gleichentags brachte die Tagesschau wie alle anderen Mainstream-Medien einen Nachfolgekandidaten *»ins Gespräch«*: Friedrich Merz. Der hatte sich zwar bis dahin noch gar nicht als Bewerber gemeldet, aber offenbar schon viele Wochen zuvor partei- und medieninterne Strippen gezogen.[1]

Merz steht seither immer ganz oben, ganz vorne. ARD-aktuell manipuliert damit die Kandidatenkür, dass die Schwarte kracht. Häufigkeit und Reihenfolge der Namensnennung der Bewerber folgen in den Tagesschau-Sendungen keinem neutralen Kriterium. Weder wird eine alphabetische Reihenfolge gewahrt, noch eine zeitliche entsprechend dem Bewerbungseingang. Zu schweigen von der unterschiedlichen Ausführlichkeit der Kandidatenbeschreibung. Die

Redaktion verstößt mit dieser Form der Berichterstattung massiv gegen die gesetzlichen Bestimmungen für die Nachrichtengestaltung: gegen das Neutralitätsgebot, gegen journalistische Grundsätze und gegen alle Fairnessregeln.

Absicht ist offenkundig, einen Bewerber in den Sattel zu hieven, dem noch viele hinderliche Beschreibungen anhaften: *»umstritten«*, *»nicht integrativ«*, *»extrem rechtslastig«*. Es geht darum, ihm den Weg in eines der wichtigsten politischen Ämter der Republik zu ebnen, einem unerbittlichen Neoliberalen, Vertreter großer Finanzakteure und Arbeitnehmerfeind. Der Mann könnte als Abbruchunternehmer gegen unseren Rest-Sozialstaat berufen, soll aber der Gesamtbevölkerung *»schmackhaft«* und *»wählbar«* gemacht werden; als sei er geeignet, das gestörte *»Gemeinwohl-Gefühl«* der Nation wiederherzustellen und die Rückkehr der CDU zu einer *»Volkspartei«* zu ermöglichen. Ein Charakteristikum übrigens, das auf die CDU längst nicht mehr zutrifft, auch schon vor Merkels Regierungszeit nicht. Die CDU war immer die Partei der gefüllten Geldbeutel, Habenichtse waren ihr gleichgültig; um die sollten die Sozis sich kümmern …

Für Merz läuft es wie geschmiert. Merkel hatte eben ihre Verzichtserklärung beendet, Minuten später jubelten ihn die Mainstream-Medien BILD und WELT schon voller Begeisterung zum Besten aller denkbaren Nachfolger hoch. Er sei in den vergangenen Wochen von Parteifreunden massiv gedrängt worden, für das Amt des CDU-Chefs zu kandidieren, hieß es bei BILD. Anzunehmen ist also, dass seine Kandidatur für den Parteivorsitz von langer Hand vorbereitet worden war. Auch die anderen Kampfblätter der Bourgeoisie, der Münchner Merkur, die FAZ und DIE ZEIT ließen an ihrer Sympathie für den Mann keinen Zweifel. Für ihn sprach seine Lobbyarbeit als Vorsitzender der *Atlantik-Brücke*.

Kognitionsforscher haben herausgefunden, dass unser Denken im Wesentlichen von Metaphern und nicht von Fakten bestimmt wird.[2] In allen Kulturen findet sich die Metapher *»mehr ist oben«* und *»weniger ist unten«*. Tatsachengestützte Beispiele gibt es genug: wer

z. B. in der Bundesliga-Tabelle oben steht, wird als *»gut und erfolgreich«* wahrgenommen. Bei fortwährender Wiederholung solcher Rankings registriert unser Gehirn: der oben in der Tabelle ist der Beste. Der Volksmund sagt: Wer zuerst kommt, mahlt zuerst. Beachtet man diese Regel bei der Präsentation politischer Kandidaten, dann wirkt sich das in der allgemeinen Wahrnehmung als befeuernd für den Erstgenannten aus.

Der im Ranking auf Platz 1 genannte Kandidat wird in unserer Vorstellung zum Besten, zum Bewerber mit den größten Erfolgsaussichten. Es bedarf besonderer Reflexion, diesen Eindruck zu korrigieren oder zu widerlegen. Die Medienberichterstattung wird in aller Regel mit *»Meinungsumfragen«* ausgestattet, die dem manipulativen Auswahlprozedere eine scheindemokratische Note geben – als ob dabei die an sich sachfremden Kriterien *»Erstgenannter«* und *»Bekanntheitsgrad«* keine Rolle spielten. *»Der Bürger«* wird nach seiner Meinung befragt in der unmerklichen Absicht, ein Wunschergebnis bestätigen zu lassen. Das funktioniert prima: Beispielsweise sprachen sich in einer Leserumfrage des CSU-affinen, rechtskonservativen Münchner Merkur bereits unmittelbar nach Bekanntgabe seiner Kandidatur erwartungsgemäß mehr als 40 % der Teilnehmer für den Merkur-Favoriten Merz aus.

Gniffkes ARD-aktuell schien in ihren Nachrichten über die CDU-Vorsitz-Kandidaten zunächst korrekt bleiben zu wollen. Die Tagesschau berichtete zwar ebenfalls ziemlich früh, am 29. Oktober 2018 um 10.45 Uhr, über eine *»mögliche«* Bewerbung des Mainstream-Favoriten Merz. Sie behandelte das aber noch halbwegs seriös. Nicht er, sondern Kramp-Karrenbauer wurde im Vorstellungsranking als Nr. 1 geführt. Korrekt, weil sie als Generalsekretärin der CDU die ranghöchste Bewerberin im Parteigefüge der CDU ist. Am Nachmittag hatte sich das Präsentationsmuster aber schon geändert. Merz lag nun auch bei ARD-aktuell vorne, obwohl er sich zu diesem Zeitpunkt noch gar nicht offiziell gemeldet hatte. Er wurde regelrecht *»herbeiberichtet«*.

Die Manipulationsabsicht wird erkennbar, wenn man betrachtet, wie der Name Merz seither die Berichterstattung beherrscht, während über die anderen Kandidaten wenig oder überhaupt nichts mehr gemeldet wird. Dass, um die zeitliche Abfolge des Bewerbungseingangs zu wahren, schon vor Kramp-Karrenbauer, Jens Spahn und Friedrich Merz auch der Marburger Unternehmer Andreas Ritzenhoff[3] sowie der Bonner Juraprofessor Matthias Herdegen[4] ihre Kandidatur angekündigt hatten, blieb nahezu unerwähnt; und das, obwohl beide sogar gegen Merkel antreten wollten, als von deren Verzichtsabsicht noch keine Rede war, und obwohl beide nach dem Teilrückzug der Kanzlerin ausdrücklich bei der Kandidatur geblieben waren. Die Tagesschau behandelte diese Männer, als seien sie auf der Brennsuppe hergeschwommen.

Der WDR schließlich protegierte Merz in einem Beitrag für die Tagesschau dermaßen aufdringlich, dass er die Konkurrentin Kramp-Karrenbauer nicht einmal mehr erwähnte.[5] Wen wundert's? Der WDR stellt mit seinem Intendanten Buhrow und Fernseh-Programmdirektor Schönenborn zwei prominente Mitglieder in der bis Mitte 2019 von Friedrich Merz geführten *Atlantik-Brücke.* Da wäscht eine Hand die andere. Von kritischer Berichterstattung gerade über Merz ist ARD-aktuell ohnehin meilenweit entfernt, das journalistische Hemdchen des Chefredakteurs Dr. Gniffke ist zu kurz. Sein Qualitätsladen bleibt lieber bei Sprechblasen: *»Merz gilt als wirtschaftsliberal und konservativ«*. Aha.

Leerformeln. Dass er ein schamloser Abzocker ist, wird dem Publikum vorenthalten. Wenn man wissen möchte, wer dieser Friedrich Merz eigentlich ist, muss man wie so oft die bewussten *(»alternativen«)* Medien befragen, die um seriös kritischen Journalismus bemühten.

Der Wunschkandidat reaktionärer Kreise sitzt in dutzenden Gremien von Versicherungskonzernen, Finanzdienstleistern, Banken und Beraterfirmen, er sammelt Vorstandsposten wie andere Menschen Briefmarken. Und er kassiert nach allen Regeln der Beutelschneiderkunst: für Beratertätigkeit bei der Zerschlagung der maroden West LB verlangte er eine Tagesgage von 5.000 Euro.

Was versteht dieser Hohepriester des Kapitals von der Welt der Menschen »*da unten*«? Von den Arbeitnehmern erwarte er »*volle Zustimmung für die Begrenzung des Sozialstaats*«. Eine »*Grundsicherung von 132 Euro pro Monat*« reiche für Bedürftige aller Art völlig aus. Das sind einige seiner früheren Sprüche. Jetzt hat er vorübergehend soziale Kreide gefressen, um sich wählbar zu machen. Wichtige Arbeitgeberverbände aber bejubeln ihn als ihren Mann. Sie kennen den Vorher-Nachher-Effekt von Wahlen.

Wie schaut es mit seiner geopolitischen Orientierung aus? Sie ist der »Westlichen Wertegemeinschaft« gemäß, es unterscheidet ihn diesbezüglich fast nichts von Merkel, Maas, Spahn und von der Leyen. »*Wir brauchen eine strategisch ausgerichtete Außen- und Sicherheitspolitik. Nicht ambivalent – sondern an der Seite unserer europäischen Partner und Amerikas. Im Ergebnis bedeutet das, dass wir die Zusage endlich einhalten müssen, die wir seit Jahren geben: bis zu zwei Prozent unseres Bruttoinlandsprodukts tatsächlich für Verteidigungsausgaben bereitstellen*«, *so Merz.* (s. u., Fußnote 7)

CDU-Generalsekretärin »*AKK*« war zu jener Zeit fast aus den ARD-aktuell-Berichten verschwunden. Hervorgehoben wurde dagegen ihre Nähe zur Kanzlerin und dem »*linken Sozialflügel der CDU*«. Bei Gniffke weiß man, was derartige Hervorhebungen nach monatelangen Diskussionen um die GroKo bedeuten: Eine Vorlage für Merz, einen Tritt gegen Karrenbauers Schienbein. Das Ganze massenmedial gerahmt mit weiteren Umfragen, in denen Merz als Favorit gehandelt wird [6] und gekrönt vom Ruf nach einer Mitgliederbefragung.[7] Der Grund liegt auf der Hand: Die Delegierten des Parteitags in Hamburg dürften noch überwiegend dem Merkel-Lager angehören, Kramp-Karrenbauer einen kleinen »*Heimvorteil*« gegenüber den anderen Bewerbern haben.

Merz und seine Strippenzieher wissen das. Um ihm den Erfolg zu sichern, wäre nichts mehr geeignet als eine Mitgliederbefragung. Mit Hilfe der Mainstream-Medien und der Netzwerke von Atlantik-Brücke und Wirtschaftsverbänden wäre es kein Problem, Merz als den Retter der CDU und des deutschen Abendlandes anzupreisen.

Diese Kreise wissen, wie sie den CDU-Vorsitzenden kriegen, den sie haben wollen. Ob die Mitgliederbefragung zustande kommt, hängt teils von Satzungsfragen, teils von den Chancen ab, eine Mehrheit für Merz bereits bei den 1000 Parteitagsdelegierten herbeizumauscheln. ARD-aktuell mauschelt jedenfalls mit.

18. Oktober 2018

Programmkritik 23
Neben den Menschen gibt es noch Journalisten
Wenn ein ARD-aktuell-»Faktenfinder« über Rechtsextremismus, Gewalt und die Würde des Menschen schwadroniert, muss man das aufwischen

»Kommentare geben grundsätzlich die Meinung des jeweiligen Autors und nicht die der Redaktion wieder«, heißt es am Schluss der Meinungsseite auf tagesschau.de. Und damit gilt das auch für Schreiberlinge, die als Mitarbeiter der Redaktion ARD-aktuell Sonderzugriffsrechte auf die Seite haben. Sie können dort gleich etwas unter sich lassen, wenn ihnen danach ist, und eine ordentliche Portion Selbstgefälligkeit abprotzen. Wie zum Beispiel Patrick Gensing, Chef des ARD-»Faktenfinders«. Wer wollte es ihm versagen, sich über den Rechtsextremismus auszulassen?

Also sprach Patrick Gensing im Duktus des edel Selbstgerechten und namens der ARD Vorkämpfer für Demokratie und Menschenrechte: *»Die Gewalt ist der Kern des Rechtsextremismus: Diese Ideologie basiert auf Ausgrenzung, auf der Idee, dass Menschen nicht gleichwertig seien. Der Rechtsextremismus bekämpft die Pfeiler des demokratischen Rechtsstaats, der jedem Menschen eine einzigartige Würde und deren Schutz garantieren soll. Der Rechtsextremismus konstruiert eine eigene Identität, die nur durch Abgrenzung und Abwertung von anderen Menschengruppen funktioniert. Der Rechtsextremismus verachtet die Diskussion, den Kompromiss und glorifiziert die Tat.«*[1]

Wir kommen noch darauf zurück, wie die ARD-aktuell-Redaktion selber ihren Auftrag interpretiert, objektiv zu unterrichten; wie sie mit Nachrichtenkonsumenten umspringt, die gebührenzwangsweise ihre Kunden sind.

Zunächst jedoch ist dem Eindruck entgegenzutreten, den Gensing, der Tagesschauer, mit seinem Beitrag hervorruft. Rechtsextreme Gesinnung ist keine neudeutsche, schon gar nicht eine auf den Osten des Landes beschränkte Erscheinung (Gensing bezog sich speziell auf die Vorfälle in Chemnitz). Seine reichlich oberflächliche Auffassung vom Rechtsextremismus als Gewaltursache endet bereits da, wo die Untersuchung beginnen müsste: Bei der Frage, welche intellektuelle Elite den Faschismus auf den Weg bringen will und wie weit dessen rechtsextreme Denkmuster von sozialer, rassistischer, ideologischer und rechtlicher Ausgrenzung eigentlich in unsere Gesellschaft hineinreichen.[2]

Kratzt man den Lack ab, kommen Grundtendenzen der gesellschaftlichen »*Normalität*« in Deutschland zum Vorschein: vor allem die rücksichtslose Ausgrenzung langzeitarbeitsloser Mitmenschen und deren Verächtlichmachung. Wie viel rechtsextreme Gesinnung steckt im menschenverachtenden Hartz-IV-Gesetz?

Nach einer Studie der Friedrich-Ebert-Stiftung sind Langzeitarbeitslose die stärkste von abwertender Einstellung betroffene Gruppe (48 Prozent), dahinter erst folgen die Asylsuchenden (40 Prozent).[3]

Der Ideologie der Ausgrenzung, des Chauvinismus, des Rassismus und der Ungleichwertigkeit von Menschen anzuhängen ist demnach kein Alleinstellungsmerkmal der Rechtsextremen, wie ARD-aktuell uns glauben machen will. Sie zeigt sich vielmehr bis weit in die Mitte der Gesellschaft hinein und ist auch bei Politikern und Vertretern der gesellschaftlichen Eliten erkennbar. In einer Rede vor Unternehmern in Hamburg hatte zum Beispiel der CDU-Politiker Oettinger Chinesen als »*Schlitzaugen*« bezeichnet sowie von einer »*Homo-Pflichtehe*« gesprochen.[4]

Als er daraufhin in der Öffentlichkeit kritisiert wurde, bekam er Beistand vom ZDF-Anchorman Claus Kleber: »*Wo nur noch von*

Imageberatern, PC-Tugendwächtern und Juristen abgeschliffenes Zeug geredet wird, möchte ich weder Redner noch Zuhörer sein«.[5] Auch ARD-aktuell wagte es nicht, Oettinger einen Rassisten zu nennen, man sprach nur rückgratlos von »*Scherzen*« des Politikers.

Ein anderer Fall betraf den gebürtigen Vietnamesen Philipp Rösler, FDP, von 2009 bis 2013 Gesundheits- bzw. Wirtschaftsminister im Kabinett Merkel: »*Bei Philipp Rösler würde ich allerdings gerne wissen, ob unsere Gesellschaft schon so weit ist, einen asiatisch aussehenden Vizekanzler auch noch länger zu akzeptieren,*« gab der ehemalige Hessen-FDP-Chef Hahn zum Besten und wurde von seiner Entourage sogleich mit »*das war nicht so gemeint*« in Schutz genommen.[6]

ARD-aktuell assistierte kurz und empathielos, auf tagesschau.de vermutete man eine »*dumme*«, »*keineswegs jedoch eine* »*rassistische*« Entgleisung. Die verlogenen Verharmlosungen haben Methode. ARD-aktuell macht Unterschiede, wo es keinen prinzipiellen Unterschied gibt: Rechter Populismus ist für sie erst dann »*igitt*«, wenn er sich als parteipolitische Konkurrenz organisiert. Zeigt er sich inmitten der Gesellschaft und im Feld der etablierten Parteien, wird er entweder vollkommen ignoriert oder kleingeredet.

Die berufsethische Prinzipienlosigkeit von ARD-aktuell offenbart sich in einem ganz speziellen Beispiel: Die Redaktion ignoriert rechtsextreme Gewalttäter in der Ukraine und bietet ihnen mittels dieses Verschweigens journalistischen Schutz. Wenn deutsche Neonazis, NPD-Jungvolk und Rechtsradikale der Partei »*Der Dritte Weg*«, das »*Dritte Reich*« verharmlosend, grölend durch die Straßen der Hauptstadt Kiew marschieren und mit den ukrainischen braunen Horden den 76. Jahrestag der Bandera-Aufstandsarmee feiern,[7] kommt darüber kein Wort in der Tagesschau. So viel Verschwiegenheit grenzt an Kumpanei.

Seit fast fünf Jahren erfahren die deutschen Zuschauer so gut wie nichts über innenpolitische Vorgänge in der Ukraine: Nichts über die desolaten Lebensbedingungen der Bevölkerung, nichts über die Versuche ausländischer Kapitalisten, das wertvolle Ackerland zu rauben, nichts über die Emigration von Millionen Ukrainern, schon gar nichts über die faschistischen Umtriebe von Terrorbanden und Milizen. Da mag der ukrainische Parlamentspräsident allen Ernstes Hitler als »*großen Demokraten*« feiern,[8] die Tagesschau schweigt. Kein Wort zu den abscheulichen Menschenrechtsdefiziten in der Ukraine, selbst nicht nach einem alarmierenden Bericht der UN über Mord und Totschlag, dem Minderheiten wie die Roma oder die Ungarn in der Ukraine ausgesetzt sind.[9/10]

Kritik des Faschistenterrors in der Ukraine ist für die Tagesschau tabu. Darüber schreiben andere,[11] nur nicht ARD-aktuell. Korrekte, um Vollständigkeit und Objektivität bemühte Nachrichtengestaltung nämlich würde das Publikum zu der Erkenntnis führen, dass die deutsche Ukraine-Politik und die Medienberichterstattung darüber von Anbeginn auf Desinformation gebaut waren. Diesen Erkenntnisprozess blockieren Chefredakteur Dr. Gniffke und seine regierungsfrommen »*Qualitätsjournalisten*«.

Für dergleichen gibt es eben Menschenrechte unterschiedlicher Qualität. Solche, die ohne Gefahr fürs eigene Wohlbefinden und persönliche Fortkommen reklamiert werden können, vorzugsweise bei Ländern, die sich dem transatlantischen Imperium nicht unterordnen wollen. Und außerdem solche, nach deren Verbleib in der Westlichen Wertegemeinschaft man lieber nicht fragt, weil das der Berliner Regierung ganz und gar nicht in den Kram passte. Womit wir bei einem tagesschau-typischen Fall von Prinzipienlosigkeit angelangt wären.

Seit Montag konferieren am Sitz der Vereinten Nationen in Genf die Vertreter von 120 Nationen über ein Abkommen, das den Menschenrechtsnormen endlich auch im Bereich der Wirtschaft, im Machtbereich der Finanzwelt und der Konzerne, Geltung verschaffen will.[12] Schon zu Diskussionsbeginn im Jahr 2014 haben die deutschen Vertreter in der UNO gemauert. Jetzt versucht das Kabinett Merkel, das Projekt zu torpedieren. Mit formalen Einwänden, die das Papier nicht wert sind, auf dem sie stehen. Diese Einwände wurden in der vorigen Woche in einem offenen Brief von 116 Rechts- und Wirtschaftsprofessoren aus aller Welt als völlig haltlos zurückgewiesen. Aber: Kein Wort von all dem in der Tagesschau.

Menschenrechte in der Arbeitswelt? Als wohlfeiles Lippenbekenntnis, aber doch keinesfalls als individueller Rechtsanspruch auf völkerrechtlicher Grundlage! Bitte kein Wort davon in der Tagesschau, sonst bekämen ja Millionen Menschen im unteren Drittel der Gesellschaft mit, welche Abgründe die Politik, flankiert vom Qualitätsjournalismus, noch bereithält.

»Neben den Menschen gibt es noch Sachsen und Amerikaner, aber die haben wir noch nicht gehabt und bekommen Zoologie erst in der nächsten Klasse«[13], schrieb Tucholsky vor 87 Jahren. Er kannte Dr. Gniffkes Tagesschauer-Exemplare noch nicht, sonst hätte er sie statt der Sachsen erwähnt, die mittlerweile Freiwild für Schmieranten sind.

Zum Schluss ein Sahnehäubchen. Der NDR-Rundfunkrats-Vorsitzende verlangte den Mitgliedern seines Gremiums eine Selbstverpflichtung zur Verschwiegenheit ab. Die Rundfunkräte (wirklich alle, ausnahmslos?) begaben sich ihrer Würde und banden sich per Unterschrift den Maulkorb vor. Aufrechter Charakter wird in der Garderobe abgelegt, im Sitzungssaal herrschen Gruppenzwang und Geheimbündelei. So sieht sie aus, die Praxis »demokratischer« Kontrolle des öffentlich-rechtlichen Rundfunks. Was hätte Tucholsky über solche Rundfunkräte geschrieben?

19. Januar 2019

Programmkritik 24
Nach oben buckeln, nach unten treten
Die ARD-aktuell ist Meinungsmacher der Eliten und garantiert deren Interessen gesellschaftlichen Vorrang

John Pilger, weltweit bekannter australischer Publizist, fordert vom Journalisten, »Anwalt der Menschen, nicht der Macht zu sein« (›Real journalists act as agents of people, not power‹).[1] Die ARD beschreibt sich hingegen von einer Stufe oberhalb des publizistischen Blickwinkels: »Charakteristikum des öffentlich-rechtlichen

Rundfunks ist die Staatsferne«. Seine Kriterien für Programmqualität seien u. a: »Objektivität und Unabhängigkeit, Professionalität und Aktualität.«[2] Bei dieser Selbstbeschreibung bleiben die Verantwortlichen unbeirrt, obwohl das Gegenteil beweisende wissenschaftliche Literatur längst Bibliotheksregale füllt. Muster: täglich Berichte über die Börse, aber nur einmal im Monat über den »Arbeitsmarkt« – und dann auch noch grob verfälschend.

»Alles, was wir über unsere Gesellschaft, ja über die Welt, in der wir leben, wissen, wissen wir durch die Massenmedien«, stellte Niklas Luhmann 1996 fest.[3] Ein sehr beschränktes Wissen ist es, das beispielsweise von ARD-aktuell vermittelt wird. Es reicht jedenfalls nicht als Fundament für eine offene gesellschaftliche Auseinandersetzung, sondern bedient die Interessen der Mächtigen und Betuchten.

Werfen wir einen Blick auf den Internet-Auftritt der ARD. Dort ist prominent eine Rubrik *»Börsen«* eingerichtet. Anleger, also Spekulanten, sollen *»fundierte Information und sachliche Einordnung als Hilfestellung für eigene Entscheidungen«* finden können.[4] Dafür sind vier Moderatoren, 16 Redaktionsmitarbeiter im Hörfunkbereich und 13 Mitarbeiter im TV-Bereich tätig.[5] Ihr zentrales Arbeitsfeld ist die Frankfurter Börse. Werktäglich produzieren sie ausführliche Nachrichten im Programm *»Börse vor acht«* sowie Wort- und Filmbeiträge in der 17-Uhr-Ausgabe der Tagesschau und in den Tagesthemen.

Und wie viele fürs Programm tätige Mitarbeiter tummeln sich beispielsweise bei der Arbeitsagentur Nürnberg und liefern Beiträge zur Rubrik *»Arbeit und Soziales«?* Keine. Null. Eine eigene Rubrik dafür gibt es auch nicht auf der ARD-Seite. Informationen, die für die überwältigende Mehrheit der Zuschauer von Interesse wären, werden eben nicht regelmäßig, sondern nur sporadisch geliefert und zudem ohne kritische Distanz: alles, was Gesundheitssicherung, Arbeitswelt und Rentenfragen betrifft, wird nicht von einer fachlich qualifizierten Stammredaktion der ARD journalistisch betreut. Macht das ausreichend kenntlich, wie die ARD ihre Akzente setzt?

ARD-aktuell berichtet über soziale Fragen unzureichend und vor allem nicht systemkritisch. Ein klassisches Beispiel: Der Umgang mit dem Thema Arbeitszeit. Es betrifft die Interessen der »*Sozialpartner*« so zentral wie kein anderes. Überlegungen zu Umfang und Struktur der Arbeitszeit gehen nämlich an die Substanz, sowohl bei Arbeitnehmern wie bei Arbeitgebern.[6] Füglich berichtet ARD-aktuell, wenn überhaupt, eher arbeitgeberfreundlich, gerne auch mit einem ordentlichen Schlag reaktionärer Propaganda. Über eine Anfrage der Partei Die Linke im Bundestag informierten Dr. Gniffkes Musterschüler unter der Schlagzeile: »*Deutsche arbeiten kürzer als EU-Durchschnitt.*«[7] Auszug aus der Meldung: »*Demnach beliefen sich die tatsächlich geleisteten Wochenarbeitsstunden von Arbeitnehmern in Deutschland 2017 auf durchschnittlich 34,9*«.

Pure arbeitnehmerfeindliche Stimmungsmache | »*Ich glaube nur der Statistik, die ich selbst gefälscht habe.*« Wem auch immer dieses Zitat zugeschrieben wird – sei es Churchill oder Joseph Goebbels, der es mutmaßlich ersterem unterschob[8] – die sachwidrige Methode ist: Die Berechnungsgrundlage umfasste alle Arbeitsleistung, auch die Stunden der Teilzeitbeschäftigten und Minijobber, und als Teiler diente die Gesamtzahl der Erwerbstätigen, vom minderjährigen Lehrling bis zum Rentner mit Zuverdienst. Außer Betracht blieben zudem die EU-weit unterschiedlichen Vergleichsmaßstäbe: In Deutschland wird die Zahl der Erwerbstätigen aus dem Bevölkerungsanteil der 15-Jährigen bis 74-Jährigen ermittelt. In Österreich dagegen ist das Alter der Erwerbstätigen auf 64 Jahre begrenzt.

Ein weiteres Beispiel: die Berichterstattung über Mehrarbeit/Überstunden. Ende November 2018 brachte eine weitere Anfrage der Linkspartei im Bundestag ans Licht, dass im Jahr 2017 von den Arbeitnehmern 2,1 Milliarden Überstunden erbracht worden waren, davon rund eine Milliarde ohne Bezahlung (!). Dokumentiert wurde damit ein asozialer Raubzug, der 36 Milliarden Euro in private Kassen scheffelte. Klar, über diesen Skandal musste selbst die ARD-aktuell berichten.

Sie erfüllte diese unumgängliche Pflicht allerdings auf denkbar niedrigstem Level: Ohne sonst übliche Statements aus Politik, Wirtschaft und Wissenschaft – und erst an fünfter Stelle! – präsentierte die Tagesschau nach vorausgegangener Hofberichterstattung und über andere Themen eine 26 Sekunden kurze Meldung über den Skandal.[9] In der nachfolgenden Sendung Tagesthemen kam darüber kein Wort mehr.

Äußerst fragwürdig ist der Umgang von ARD-aktuell mit einer anderen Problematik, die ebenfalls das Millionenheer der von Erwerbsarbeit Abhängigen negativ betrifft: Vorstöße zur Änderung des Arbeitszeitgesetzes. Bei uns ist die werktägliche Arbeitszeit (Montag bis Samstag) auf acht Stunden begrenzt, die reguläre gesetzliche Grenze für die Wochenarbeitszeit liegt demnach bei 48 Stunden. Mehrarbeit bis zu zwei Stunden täglich ist problemlos zulässig, muss aber innerhalb von sechs Monaten mit Freizeit ausgeglichen werden. »Flexibilisieren« heißt das verschleiernde Wort für Forderungen der Arbeitgeber, noch mehr und stärker durchgreifende Verfügungsgewalt über »ihre« Beschäftigten zu bekommen.

Als in Österreich der 12-Stunden-Arbeitstag erlaubt wurde, war das für ARD-aktuell zwar ein Thema. Nicht so aber, als der bayrische CSU-Wirtschaftsminister Pschierer in einer Münchner Landtagsdebatte die Einführung des 12-Stunden-Arbeitstags in Bayern vorschlug.[10] Da war das für ARD-aktuell ein zu heißes Eisen. Dabei war der Bayer nicht einmal allein auf weiter Flur. Auch Nicole Hoffmeister-Kraut, CDU-Wirtschaftsministerin in der schwarz-grünen Koalitionsregierung Baden-Württembergs, möchte die tägliche Höchstarbeitszeit auf zwölf Stunden ausgeweitet sehen.[11] Ihre Koalitionäre von den Grünen maulten zwar darüber, erklärten sich aber trotzdem gesprächsbereit. Grüne Regierungslüstlinge …

Weit offensiver wiederum griff ARD-aktuell den ungarischen Mehrarbeits-Konflikt im Dezember vorigen Jahres auf. Die Tagesschau berichtete mit einem TV-Film und mehreren Internet-Beiträgen, alle in der Tendenz äußerst kritisch gegenüber der ungarischen Regierung.[12/13] Ist erpresste unbezahlte Mehrarbeit in Ungarn ein schlimmerer Skandal als erpresste unbezahlte Mehrarbeit in Deutschland? Wurde über Mehrarbeit in Ungarn berichtet, weil dort die Menschen protestierend auf die Straße gingen? Wurde über Mehrarbeit in Deutschland nur beiläufig berichtet, weil hier der Protest ausgeblieben ist?[14] Prüfen Sie bitte die gegenseitige Bedingtheit, die Austauschbarkeit von Ursache und Wirkung: War in Deutschland nicht berichtet worden, weil hier nicht demonstriert worden war? Oder verhielt es sich nicht doch eher umgekehrt? Nein? Sicher nicht?

Bei der Frage der Arbeitslosigkeit und der zugehörigen Politik liegen Welten zwischen den Standpunkten der Bevölkerung und denen der herrschenden Volksvertreter. Die These des CDU-Politikers Jens Spahn, dass die Hartz-IV-Leistungen ausreichend seien für das, was man zum Leben braucht, halten nur 37 Prozent für richtig, 55 Prozent der Befragten glauben, dass Hartz IV nicht reicht. Die Mehrheit möchte die Regelungen grundlegend geändert sehen.[15]

Wie berichtet ARD-aktuell über die Politik bezüglich des Reizwortes »*Hartz IV*«? Wie wird über die menschenverachtenden Sanktionen informiert unter Anbetracht, dass die Freiheit der Berufswahl ein Grundrecht ist, dass Deutschlands Verfassung den Sozialstaat garantiert und Arbeitszwang *de facto* (verbotene) Zwangsarbeit bedeutet? Antwort: empathielos, ohne jegliches Engagement, vollkommen unkritisch den herrschenden Verhältnissen gegenüber. Hierzulande kommen fünf Arbeitslose auf eine offene Stelle. Aber keiner, der Hartz-IV-Sanktionen mit »*Fördern und Fordern*« schönfärbt, bekommt die Möbel gerade gerückt. Gewissenlosigkeit hat Narrenfreiheit.

Offensichtlich befürchtet Chefredakteur Dr. Gniffke den Bannstrahl der Eliten aus Politik, Wirtschaft und Gesellschaft, die seit Einführung von Hartz IV zu gigantischem Einfluss auf die verängstigten Arbeitnehmer gekommen sind und riesige Umverteilungsgewinne erpressen: In den letzten 15 Jahren hat das obere Zehntel unserer Gesellschaft sein Einkommen real um 17 Prozent steigern können, während zeitgleich das untere Zehntel 14 Prozent verloren hat.[16/17]

Um nicht anzuecken und den Widerspruch der Hartz-IV-Gesetzgebung zu den Prämissen und Standards des Grundgesetzes nicht akzentuieren zu müssen, wählen Gniffkes Qualitätsjournalisten für die Erledigung der Problematik die Methode des *»neutralisierenden«* Pro und Contra und versteckt sich dabei hinter den Aussagen *»opportuner Zeugen«*,[18/19] ohne das zugehörige Prinzip der Ausgewogenheit einzuhalten: Zweie, der Arbeitsminister Heil (SPD) und der Remscheider Job-Center-Chef Dirk Faust werden mit ihrer Pro-Sanktionen-Haltung zitiert, die Gegenposition darf nur einer beziehen, der Vorsitzende des Arbeitslosenvereins *Tacheles,* Harald Thomé. Diese Konstellation sagt alles, auch über die Position des öffentlich-rechtlichen Rundfunks.

Das erklärt auch, warum ARD-aktuell die dubiose Rolle des Vizepräsidenten des Bundesverfassungsgerichts, Stephan Harbarth, beim anstehenden Verfahren über die Rechtmäßigkeit der Hartz-IV-Sanktionen nicht erwähnt. Der Mann hatte noch im Sommer vorigen Jahres als CDU-Abgeordneter im Bundestag für die Beibehaltung der Sanktionen gestimmt. Jetzt soll er über sie Recht sprechen. Trotzdem scheint er weder Anstand noch Courage zu haben, sich selbst für befangen zu erklären.[20] In einem vergleichbaren Fall war Bundesverfassungsrichter Peter Müller, vordem saarländischer Ministerpräsident, für befangen erklärt und als Richter aus dem Verfahren genommen worden.[21]

Hat die ARD-aktuell-Redaktion tatsächlich kein Gespür für die Interessen der von Lohnarbeit abhängigen Bevölkerungsmehrheit, wie man aus ihrem Umgang mit dem Thema *»Aus der Arbeitswelt«* schließen könnte?

Gegenfrage: Welche Sichtweise haben Journalisten im Dauerarbeitsverhältnis mit Gehältern von 7.000 Euro monatlich aufwärts und mit Pensionsanspruch? Auf diese Leute dürfte zutreffen, was der Soziologe Michael Hartmann über *»Die Abgehobenen«* (Buchtitel) feststellt: *»Das entscheidende Problem besteht darin, dass die Journalisten in den wichtigen Positionen die Wirklichkeit durch eine spezifische soziale Brille betrachten. (Es) orientieren sich viele Journalisten* *unbewusst an der Sichtweise, die in ihren Kreisen vorherrscht und durch eine gemeinsame Herkunft und materielle Lage bestimmt wird. Arme Menschen zum Beispiel werden oft klischeehaft wahrgenommen, weil man überhaupt keinen Kontakt zu ihnen hat, niemand im eigenen Bekanntenkreis in dieser Lage ist.«*[22]

Der Chefredakteur unserer Qualitätsjournalistentruppe, von den herrschenden Parteien bestellter und kontrollierter Garant für die Vermittlung des Weltbilds der elitären Oberschicht, guckt – wir wollen bei Hartmanns Bild bleiben – durch eine soziale Brille in Goldfassung. Sein monatliches Einkommen von mehr als 15.000 Euro bezieht er zwar nur jeweils auf 5 Jahre befristet, musste sich aber wegen der Vertragsverlängerung bisher keine Sorgen machen. Schlimmstenfalls, bei Abberufung, fiele er in die oberste Vergütungsgruppe tariflich gebundener Redakteure zurück und erhielte dann mickrige 10.000 Euro. Hartz-IV-Empfänger gehören gewiss nicht zu seinem täglichen Umgang. Für ihn und seine Entourage gilt, was schon unser oller Kalle (Marx) im Sauerkraut erkannte: *»Das (gesellschaftliche) Sein bestimmt das Bewusstsein.«*

Logisch: Das goldgerahmte Bewusstsein des ARD-Hierarchen Dr. Gniffke und sein Weisungsrecht bestimmen den Informationsstil seiner Untergebenen (vulgo: *»Mitarbeiter«)* und damit das Zerrbild unserer gesellschaftlichen Realität in der Tagesschau.

7. April 2019

Programmkritik 25
Kinderarmut? Kein Thema für die Tagesschau
Über die krasse »Gerechtigkeitslücke« in unserem Sozialsystem wahren ARD-aktuell & Co. eisern Stillschweigen

Mitten unter uns leben 4 Millionen Kinder an oder unter der Armutsgrenze. Falls wir überhaupt davon erfahren, geschieht es nur beiläufig. Unsere Leit- und Qualitätsmedien interessiert das Thema kaum. Marktführer ARD-aktuell informiert uns zwar fast täglich

über die Börse, vermeidet aber krampfhaft, regelmäßige Blicke auf die Schattenseiten unserer Gesellschaft zu werfen. Die Problematik »Arbeitslosigkeit, Armut, soziales Elend und krasser Reichtum« bleibt außen vor. Wir existieren in einem antisozialen Unrechtsstaat. Es soll aber keiner so verstehen.

»Die Bundesrepublik Deutschland ist ein demokratischer und sozialer Rechtsstaat«[1], deklariert das Grundgesetz, legt dafür aber keine Kriterien fest, keine Normen, keine Regeln; das bleibt dem Gesetzgeber überlassen. Der zugehörige Hebel für die Parlamentarier steht ebenfalls im Grundgesetz: *»Eigentum verpflichtet. Sein Gebrauch soll zugleich dem Wohle der Allgemeinheit dienen.«*[2] Aber aufgemerkt: *»soll«*, nicht *»muss«*.

Kein Hebel also, nur ein Hebelchen. Unsere Gesellschaft sieht auch ganz danach aus: Schon mehr als 100 Milliardäre in Deutschland, und ihr immenses Vermögen wächst und wächst.[3] Weil aber das eine nicht ohne das andere sein kann: Kinder- und Altersarmut nehmen ebenfalls zu, werden immer schlimmer und immer umfangreicher. Bertolt Brechts *»Wär ich nicht arm, wärst du nicht reich«* beschreibt eine erweisliche Zwangsläufigkeit.[4]

Die Volksvertreter könnten dem zerstörerischen und die Demokratie gefährdenden Trend zwar zumindest die Spitze nehmen. Sie lassen es aber hübsch bleiben; zu groß ist ihre Furcht, sich am Versuch die Finger zu verbrennen. Die Tagesschau beschweigt den Skandal selbstverständlich, denn es gehört zu ihren *»vornehmsten Aufgaben … Illusion zu erzeugen und aufrechtzuerhalten.«*[5]

Zentrale Quelle der Kinderarmut sind die Arbeitslosigkeit und die unsäglichen Nebenwirkungen des sich ausdehnenden Niedriglohnsektors. Mindestens einmal im Monat hätte die Tagesschau Anlass und Gelegenheit, umfassend über die Gesamtproblematik zu informieren: immer dann, wenn die Bundesagentur für Arbeit ihre geschönten Statistiken herausgibt. Dr. Gniffkes ARD-aktuell lässt die Chancen ungenutzt und verweigert damit sauberen Journalismus.[6]

Ein Beispiel: *»Die Zahl der Arbeitslosen ist auf den niedrigsten März-Stand (2019) seit der Wiedervereinigung gesunken. Nach Angaben der Bundesagentur für Arbeit waren 2.301.000 Menschen erwerbslos gemeldet, 72.000 weniger als im Februar und 157.000 weniger als vor einem Jahr. Die Arbeitslosenquote sank auf 5,1 Prozent.«*[7]

Auch wenn man lediglich die 3,2 Millionen Menschen hinzurechnete, die als sogenannte *»Unterbeschäftigte«* weniger als 15 Stunden Arbeit pro Woche haben,[8] läge die Gesamtzahl dieser Armen doch schon bei 5,5 Millionen, die Quote beliefe sich auf fast 12 Prozent. Und es wäre dann immer noch keine Rede von jenen Unglücklichen, die in die Statistiken nicht mehr aufgenommen werden, weil sie aus unterschiedlichsten Gründen (Krankheit, Behinderung, Obdachlosigkeit etc.) angeblich *»dem Arbeitsmarkt nicht zur Verfügung stehen«*.

ARD-aktuell übernimmt die Zahlenangaben der Nürnberger Arbeitsagentur blind. Die journalistischen Schlafwagenfahrer schweben in der Selbstidentifikation mit dem *»Amtlichen«*. Sie wachen nicht einmal dann auf, wenn der Bundesrechnungshof der Arbeitsagentur nachweist, dass ihr Berechnungsmodus Fehler hat und *»mehr als 100.000 offiziell Arbeitslose nicht in der Statistik auftauchen«*.[9] Nach dem Motto *»was ich nicht weiß, macht mich nicht heiß«* ignorieren sie auch diesen Skandal und verzichten tunlichst auf Berichterstattung darüber.

Arbeitslose, verarmte Erwachsene müssen ihre Kinder in Armut aufwachsen lassen. Welches Leid sich hinter dieser banalen Feststellung verbirgt, ist nicht zu ermessen. Wie Kinderarmut konkret aussieht, war vor vier Jahren ansatzweise beim kommerziellen Sender n-tv nachzulesen, bezogen auf damals *»nur«* 2 Millionen Betroffene: *»Wie eine Studie offenbart, ist der Alltag von über zwei Millionen Kindern stark von Verzicht geprägt – zur chronischen Geldnot kommt noch ein dickes Bündel an Problemen obendrauf. Kein Geld für den Schulausflug, keine neue Winterjacke, keine Urlaubsreise mit den Eltern: Jedes fünfte Kind ist in Deutschland von Armut bedroht. Das sind 2,1 Millionen Kinder unter 15 Jahren.«*[10]

Dass es für viele Kinder oft nicht mal zu einer warmen Mahlzeit am Tag reicht, blieb unerwähnt. Heute, vier Jahre später, sind schon über 4 Millionen Kinder armutsgefährdet. Für sie interessiert sich jedoch außerhalb ihrer Familien kaum jemand wirklich. Nur ganz selten einmal erfahren wir aus den Leit- und Konzernmedien, dass bei uns – in einem der reichsten Länder der Welt – Kinderarmut eines der größten sozialen Probleme darstellt. Sie hat trotz steigender Beschäftigtenzahlen und leicht gesunkener Arbeitslosigkeit fortwährend zugenommen. Die Armutsgefährdungsquote stieg von 18,2 Prozent im Jahr 2010 auf 20,4 Prozent im Jahr 2017 (s. Fußnote 6). Noch stärker nahm im gleichen Zeitraum die Quote für Alleinerziehenden-Familien zu: von 38,6 Prozent auf 42,8 Prozent. Und in Familien mit drei und mehr Kindern stieg sie von 23,3 Prozent auf 29,1 Prozent.[11]

Jeder gesetzgeberische Schritt, der den sozial Abgehängten wieder Anschluss verschaffen könnte, würde entweder die Staatsschulden erhöhen oder die Wohlhabenden belasten. Solche Eingriffe erlaubt der Geldadel seiner politischen Funktionselite einfach nicht. Versucht die Regierung es wenigstens ab und zu trotzdem? Nicht die Spur, schreibt der Publizist Paul Schreyer nach Auswertung einer Studie der Universität Osnabrück, in Auftrag gegeben vom gänzlich unverdächtigen Bundesarbeitsministerium für Arbeit: *»Reichtum regiert.«*[12]

Die Bundesregierung interessiert das Thema Armut folglich allenfalls am Rande, die Präsentatoren der herrschenden Meinung, beispielsweise ARD-aktuell-Chefredakteur Kai Gniffke (SPD), ersichtlich gar nicht. Der untere Rand der Gesellschaft ist für sie weitgehend tabu. Medien-Mogule und Politfunktionäre erwarten, dass er aus dem öffentlichen Blickfeld gehalten wird. Armut darf kein Medienthema sein, damit es kein Thema der Politik zu werden braucht. Es würde dann ja Handlungszwänge auslösen.

Deshalb wird die im Grundgesetz angesprochene soziale Verantwortung der Reichen und Mächtigen weitgehend geleugnet. Drängt sich das Thema unabweislich auf, wird mitleidlos eine *»Selbstverantwortung«* der Abgehängten behauptet. Es wird ihnen die Schuld zugewiesen für ihre Armut und für das Elend, in dem sie leben müssen.

Die Tagesschau ist behilflich beim Verstrahlen von Phrasen wie *»Uns allen geht es doch gut.«* Sie organisiert damit das gesellschaftliche Desinteresse an der Problematik.

Kurzer Blick auf die Erfolgsstatistik des Chefredakteurs Dr. Kai Gniffke: In den 20-Uhr-Hauptausgaben der Tagesschau finden sich seit April 2018 bis heute gerade einmal zwei (!) Meldungen zum Thema Kinderarmut. Die einzige Neuigkeit dabei: Arme Kinder sollen monatlich 15 Euro mehr und einmal ein unentgeltliches Mittagessen bekommen. Das konnte Arbeitsminister Hubertus Heil, SPD, dem Millionenpublikum der Tagesschau höchstselbst huldvoll verkünden, als Substanz des *»Starke-Familien-Gesetzes«*.[13] Dauer der Show: 2 Minuten, 11 Sekunden.

Für ein Tröpfchen auf den heißen Stein durfte Heil seinen Scheinheiligenschein polieren: *»Das ist keine Gnadenleistung des Staates, das ist soziales Bürgerrecht«*. Dass zu den herausragenden Eigenschaften der modernen Sozialdemokratie vollkommene Schamlosigkeit und Unaufrichtigkeit ihrer Führungsfiguren gehören, hatte Parteivorsitzende Andrea Nahles zuvor schon demonstriert: *»Denn wir wollen, dass alle Kinder, die in Hartz IV leben, bessere Startchancen bekommen«*, hatte sie mit Hinweis auf das 15-Euro-Projekt geprahlt und es als soziale Großtat gefeiert.[14]

Eine Farce. Das Gesetz sei eine bürokratische Missgeburt, es mache nicht einmal klar, wer von den Bedürftigen eigentlich anspruchsberechtigt sei, meint der Kinderschutzbund. Schon früher hatte dessen Präsident Heinz Hilgers darauf hingewiesen, dass mindestens 4,4 Millionen Kinder in Deutschland von Armut bedroht seien – rund 1,4 Millionen mehr als offiziell angenommen.[15] Die hohe Dunkelziffer ergebe sich daraus, dass viele Eltern von den bürokratischen Melde- und Antragsprozeduren überfordert seien und deshalb lieber auf ihre Ansprüche verzichteten. Oft auch aus Scham darüber, um Hilfe bitten zu müssen. Hilgers: *»Diese Zahlen könnte die Bundesregierung klar nennen, aber das will sie offenbar nicht.«*

Vorgaukeln von Hilfen, die nicht wirken, weil die Bedürftigen vor zu hohen Hürden stehen: Das hält die Kosten für den Staat niedrig, und die SPD hält sich trotzdem was drauf zugute. Trickserei pur, nicht einmal die CDU könnte das übertreffen.

Am 21. März 2019 ließ Gniffke in der Tagesschau die zweite Meldung über Kinderarmut innerhalb eines Jahres senden: 45 Sekunden Dauer, nur aus dem Studio, ohne Film. Berichtet wurde über die Verabschiedung des vordem angepriesenen *»Starke-Familien-Gesetzes«*. Ein paar dünne Einzelheiten darüber, sonst aber nichts, obwohl die Problematik Millionen unmittelbar berührt und noch viele mehr emotional bewegt. 75 Prozent der Gesamtbevölkerung sind laut Umfrage des Deutschen Kinderhilfswerks der Ansicht, dass in der Bundesrepublik zu wenig gegen Kinderarmut getan werde.[16]

Was interessiert das den Sozialdemokraten Gniffke und seine Redaktion ARD-aktuell? Die machen ihren Stiefel: am Bedürfnis der Zuschauer vorbei Programm gestalten. Deshalb erfuhren Millionen auch nicht, dass schon der Entwurf des Gesetzes bei der Anhörung im Familienausschuss des Deutschen Bundestages am 11. März 2019 von externen Sachverständigen als vollkommen unzureichend kritisiert worden war.[17]

Die Qualitätsjournalisten schwiegen sich zudem über das geringe finanzielle Volumen dieser vorgeblichen Familienstärkung aus: nur 450 Millionen Euro zur Erhöhung des Kinderzuschlags, beschränkt auf 1,2 Millionen *»Berechtigte«* unter den insgesamt 4,4 Millionen Kindern im Armutsschlagschatten unserer Gesellschaft. Was kommt dabei heraus? Gerade mal 1 Euro täglich mehr pro Kind. Würde die Gesamtsumme auf alle armutsgefährdeten Kinder verteilt, wären es lediglich 33 Cent. Gniffkes Parteichefin Nahles hat alles Unmögliche dazu bereits gesagt: *»Familien sind das Herz unserer Gesellschaft. Mit dem ›Starke-Familien-Gesetz‹ entlasten wir Eltern mit geringem Einkommen spürbar. Und wir verbessern die Chancen in Kita und Schule, damit es jedes Kind packt.«*[18]

Unter Freunden gäbe es dafür eine satte Portion Maulschellen. Von der SPD wird es mit Partei- und Fraktionsvorsitz honoriert.

Reiner Zufall: Am Tage der Verabschiedung des *»Starke-Familien-Gesetzes«* befasste sich der Bundestag auch mit dem Afghanistan-Einsatz für 1300 Bundeswehrsoldaten.[19] Da wurde glasklar, welche finanziellen Akzente die Regierung und unsere sogenannte Volksvertretung setzen. Im Protokoll ist nachzulesen: *»Die einsatzbedingten Zusatzausgaben für die Beteiligung bewaffneter deutscher Streitkräfte an der Mission ›Resolute Support‹ werden für den Zeitraum vom 1. April 2019 bis zum 31. März 2020 voraussichtlich insgesamt rund 360,9 Mio. Euro betragen«.*[20]

360 Millionen Euro zusätzlich für unsere 1300 Leute unter Waffen im Auslandseinsatz. 450 Millionen Euro zusätzlich für unsere 4,4 Millionen armutsbedrohten Kinder zuhause. Dieses absurde Missverhältnis würdigt der Chef-Qualitätsjournalist Dr. Kai Gniffke, SPD, nicht eines Blickes. Noblesse oblige: Als SWR-Intendant in spe hat er Aussicht auf ein Monatsgehalt von mindestens 30.000 Euro. Das gesellschaftliche Sein bestimmt das Bewusstsein. Und die ARD hat's eh reichlich. Die Rundfunkbeiträge fließen ja mit Staatsgarantie.

Keine Sorge, wir kommen immer wieder auf unser Thema *»Nachrichtendefizit bezüglich Kindermut«* zurück. Das Ende 2018 beschlossene Familienentlastungsgesetz begünstigt trotz seines wohltönenden Namens nur die Bessergestellten. Die Anhebung des Kindergeldes und des Steuerfreibetrags pro Kind steigern das Familieneinkommen progressiv; das obere Limit für den Zugewinn liegt bei 273 Euro pro Jahr. Hartz-IV-Bezieher müssen sich dagegen die Verbesserungen komplett auf ihr Hunger-Einkommen anrechnen lassen, es wird sofort alles wieder abgezogen, was den Regelsatz übersteigt.[21] Die ärmsten Familien haben nicht einen Cent Nutzen vom Familien-Entlastungs-Gesetz.

Da wir aber nun schon mal bei den systemtypischen Schweinereien sind, soll ein Blick auf ihre Historie klären, wie weit es die Umverteilungsorgie getrieben hat: 1960, in der *»alten«* Bundesrepublik, bestanden die Staatseinnahmen zu 35 Prozent aus Gewinnsteuern auf Kapital. Die Massensteuern der arbeitenden Menschen hatten mit 38 Prozent einen nur geringfügig größeren Anteil an den Staatseinnahmen. Die Steuerquote am Brutto-Inlandsprodukt war demnach halbwegs gerecht aufgeteilt. Zwischen Kapital und Arbeit bestand noch eine Art steuerliche Gleichbehandlung. Heute trägt das Gros der Bevölkerung mit seinen Massensteuern 71 Prozent zum gesamten Steueraufkommen bei. Der Steueranteil der Kapitalseite liegt hingegen unter 20 Prozent.[22]

Obwohl solche Entwicklungen von der Mehrheit der Bevölkerung abgelehnt werden und besonders die Vernachlässigung von Kindern ausgeprägte emotionale Reaktionen hervorruft, bleibt organisierter gesellschaftlicher Protest gegen die »Gerechtigkeitslücke« aus. Warum? Der Kieler Kognitionsforscher Rainer Mausfeld verweist auf ein *»Demokratiemanagement«*. In jahrelanger Übung sei den Eliten eine erfolgreiche Massenbeeinflussung zur Durchsetzung ihrer Interessen gelungen. Die Verletzung moralischer Normen werde gleichsam unsichtbar, wenn die Fakten zwar bekannt, jedoch in einen Kontext eingebettet seien, der verhindere, dass sie in der Bevölkerung starkes Unbehagen oder Empörung auslösen.[23]

Empörung über die Benachteiligung von Kindern wird bei uns vermittels einer manipulativen, verschleiernden, unvollständigen, sprachgeregelten und jedenfalls äußerst spärlichen Berichterstattung der Massenmedien absorbiert. Wortschöpfungen wie *»Starke-Familien-Gesetz«* stammen aus der Maskerade. Die Behauptung, die Politik fördere *»Gerechtes Verhalten gegenüber Kindern«* ebenfalls. Die Kumpanei zwischen Politikern und Journalisten wirkt.

Die Tagesschau vertieft den Effekt dadurch, dass sie den Blick ersatzweise auf das Kinderelend im Ausland lenkt und es damit für die Propagandazwecke unserer Regierung instrumentalisiert. Beispiele: Kriegsopfer in Syrien,[24] verhungernde Kinder im Jemen und in Afrika, Kindesmissbrauch in Australien, unmenschliche Behandlung der Flüchtlingskinder an der Grenze der USA zu Mexiko …

Doch doch, dahinter stecken Absicht und System: Über das bemitleidenswerte Schicksal der Kinder außerhalb Deutschlands berichtete ARD-aktuell in den zurückliegenden zwölf Monaten sechsmal häufiger als über das Kinderelend bei uns zuhause. Propagandistischer Effekt, weil der Mensch eben durch Vergleichen lernt: »*Uns geht es immer noch besser als den Ärmsten im Ausland!*« Schon wirkt er, der Empathieblocker. Wollten wir nicht gerade noch einen Brandbrief nach Berlin schreiben? Aber jetzt, wir sehen ja, dass es uns doch noch »*vergleichsweise*« gut geht …

So wird Dampfdruck abgelassen, die dringend gebotene Debatte, die Proteste und notwendige politische Prozesse sollen möglichst unterbleiben. Dafür ist dem Sozialdemokraten und Chefredakteur Dr. Kai Gniffke der Dank seiner regierenden Parteigenossen und ihrer koalitionären Kumpane gewiss. Die Schnarchnasen in den Rundfunkräten erzeugen eine passende Geräuschkulisse.

Das Letzte

Eine letzte Rubrik, bevor der Vorhang fällt. Sie braucht keine großartige Einleitung, die beiden Programmkritiken stehen für sich. Es geht um die Zerstückelung des Jamal Khashoggi im Generalkonsulat eines »befreundeten« Staates und um die Rache an einem, der für die Westliche Wertegemeinschaft zu unbequem war: Julian Assange.

Das leidige Messen mit zweierlei Maß, welches in beiden Fällen von deutschen Leit-Medien in nahezu perfekter Synchronisation zelebriert wird, unterstreicht die politische Brisanz der Geschehnisse. Wer die Berichterstattung der Tagesschau zu Khashoggi und Skripal sowie zu Assange und Yücel einem direkten Vergleich unterzieht, erkennt Interessenlagen, politische Abhängigkeiten und eine systemimmanente Logik, welche aus rein ideologischen und wirtschaftlichen Egoismen agiert. Die Tagesschau dient sich dabei, unter Vernachlässigung ihres gesetzlichen Auftrages, den Mächtigen an – anstatt ihnen unbequem zu sein.

24. November 2018

Programmkritik 26

Saudi-Arabien – Unsere Freunde, die Blutsäufer

Der Mörder ist immer der Gärtner, und der saudische Kronprinz Mohammed bin Salman ist ein ehrenwerter Mann

Laut Kanzlerin Merkel sind die saudi-arabischen Despoten »unsere zuverlässigen strategischen Partner«. ARD-aktuell berichtet entsprechend. Zuverlässig. Die Bundesregierung habe wegen der

viehischen Ermordung des Kolumnenschreibers Khashoggi, ausgeführt von einem saudischen Killerkommando im Generalkonsulat in Istanbul, alle Rüstungslieferungen an Saudi-Arabien untersagt. Auch die bereits genehmigten Waffenverkäufe fielen unter das Verdikt, berichtete ARD-aktuell im Brustton deutscher Rechtschaffenheit. Das Wörtchen »angeblich« fehlte. Zweifel an der moralischen Motivation und am faktischen Gehalt des Exportstopps ließ die Tagesschau nicht aufkommen. Sollten sich nun die USA infolge der skandalösen Khashoggi-Ermordung doch noch genötigt sehen, ihre Kumpanei mit den Saudis im Jemenkrieg zu beenden,[1] dann wäre das auch noch kein Nachweis einer plötzlichen Rückbesinnung des politisch-medialen Komplexes auf ethische Grundsätze.

Wer will, weiß es längst: Über Saudi-Arabien herrscht eine immens reiche Bande. Der *»königliche«* Clan der Saud terrorisiert seine Untertanen, hält die Nachbarländer unter Pression, überzieht sie im Einzelfall mit Krieg, bedroht Andersgläubige mit dem Tod, lässt politische Gegner foltern und abmurksen. Die Familie Saud verkörpert eine der rigorosesten Despotien der Gegenwart. Aufgrund ihres (Öl-)Reichtums aber und ihrer geostrategischen Lage ist sie mit Bestandsgarantien der US-geführten Westlichen Wertegemeinschaft ausgestattet. Israel ist mit dabei.

Das Gewaltregime in Riad ist zugleich Großkunde der deutschen Industrie und Großaktionär hiesiger Konzerne.

Es nimmt nicht Wunder, dass die deutschsprachigen Nachrichtenagenturen und Mainstream-Medien, angeführt vom *»Flaggschiff der ARD«*, der Tagesschau, zu jenen gehören, die den Informationsfluss über die Golfdiktatur zu regulieren und trockenzulegen versucht. So gut (oder schlecht) es eben geht.

Auch greift *»unser«* öffentlich-rechtlicher Rundfunk gerne und gewohnheitsmäßig zu einem der wichtigsten Propaganda-Instrumente: Zum Verzicht auf Weitergabe wesentlicher Informationen und Nachrichtenteile. In einer langen Reihe von Programmbeschwerden sind NDR-Intendant Marmor und sein ARD-aktuell-Chefredakteur

Dr. Gniffke dafür kritisiert worden, dass sie in der Berichterstattung die Verbrechen der Saudis bagatellisieren oder gänzlich verschweigen ließen.

Beispielsweise die Hinrichtung von 15-jährigen Kindern, die Enthauptung von 47 Systemgegnern an einem einzigen Tag,[2] das Auspeitschen eines Internet-Bloggers, die Zwangsamputationen an Kleinkriminellen und, am furchtbarsten: die zahlreichen kriegsverbrecherischen Bombardements auf zivile Ziele im Jemen mit abertausenden Toten und die Hungerblockade des inzwischen vollkommen verelendeten Nachbarlands …

In den Sendungen von ARD-aktuell kamen solche Vorgänge so gut wie nicht vor.[3] Dr. Gniffkes Formulierungskünstler meinen zugleich, das *»Wording«* (Sprachregelung) *»erzkonservatives Königshaus«* sei Nachweis für distanzierten, seriösen Journalismus. Als Saudi-Arabien seine Teilnahme am G20-Gipfel in Hamburg absagte, bewies ARD-aktuell einmal mehr, wes Geistes Kind ihre menschenrechtlich desensibilisierten Charaktere sind: Der Gipfel werde nun *»mit einem Hauch weniger royalem Glanz stattfinden.«*[4] Pfui Deibel.

Politik verfolgt ökonomische und Machtinteressen. Moralisches Denken und Handeln haben dabei selten Raum. Das behauptete Eintreten des Westens *»für Menschenrechte und Demokratie«* täuscht über die eigentlichen Absichten hinweg. Der politische Journalismus könnte als *»vierte Gewalt«* ein notwendiges, kontrollierendes Korrektiv darstellen – wenn er denn in diesem Sinne betrieben würde. Die Dinge bei ihrem richtigen Namen zu nennen wäre nur ein erster Schritt.

Als *»Human Rights Watch«* den Saudis vorwarf, im Jemen weltweit geächtete Streubomben abzuwerfen und Massaker an der Zivilbevölkerung zu begehen, und als es dann Beschwerden gab, dass ARD-aktuell darüber nicht berichtete, griff Gniffke bedenkenlos zu einer seiner Standard-Ausreden: *»Wir unterdrücken keine Nachrichten. Wir wählen täglich aus der Vielzahl der Informationen aus. Das ist eine unserer Hauptaufgaben und Kernkompetenz von ARD-aktuell. An o. a. Tag haben wir uns für die Berichterstattung über andere rele-*

vante Themen entschieden … Unsere Themenauswahl treffen wir mit größtmöglicher Sorgfalt.«[5]

Klar doch: Mit größtmöglicher Sorgfalt beachtet unser Qualitätsjournalist den opportunistischen Grundsatz, dass Mord nicht gleich Mord ist – besonders dann nicht, wenn Berlins saudische Kronleuchter unter Tatverdacht stehen … Und jetzt auf einmal doch eine publizistische Kehrtwende?

»Saudi-Arabien ist nicht der Reformstaat, den viele Experten in den vergangenen Jahren in der Monarchie gesehen haben. Ein Mythos ist zerstört. Das Reformprogramm, Führerschein für Frauen, Kino für alle, waren Zeichen, die auf eine Liberalisierung hindeuteten, die Hoffnung machen konnten, doch der gewaltsame Tod des Journalisten K. Ist ein Wendepunkt. Die Vorwürfe sind ungeheuerlich.«[6]

Sehr kleidsam, dieser Scheinheiligenschein. Gniffkes Musterjournalisten polieren ihn mittels Berufung auf *»viele Experten«*, die in Saudi-Arabien ebenfalls irrig einen *»Reformstaat gesehen«* hätten. Das eigene journalistische jahrzehntelange Versagen erscheint damit im milden Licht der Verstehbarkeit. Wenn selbst Experten sich täuschten …

Als ob es erst eines dreist im Ausland mordenden und internationale Rechtsnormen ignorierenden saudischen Killerkommandos bedurft hätte, um das Herrscherhaus in Riad als indiskutable mörderische Despotie erkennbar zu machen. Als monarchistisches Verbrechersyndikat, das fern aller Menschlichkeit seit drei Jahren im Jemen die *»größte humanitäre Katastrophe der Welt«* verursacht, wie selbst die Tagesschau zu berichten sich endlich bequemte.[7]

Die scheinbare Kehrtwende entspringt dem Gniffkeschen Opportunismus, seinem regierungsdienlichen Konformismus. Die deutsche Staatsräson lautet: Saudi-Arabien ist wichtig, weil es den Petro-Dollar garantiert und es dort viel zu verdienen gibt, insbesondere im Sektor Waffengeschäfte. Noch kurz vor Amtsantritt behauptete Bundespräsident Steinmeier frech und verlogen: Die Lieferung von Waffen, die bei innerstaatlichen Auseinandersetzungen oder im Jemen-Krieg eingesetzt werden könnten, sei *»völlig heruntergefahren«*.[8]

Der spektakuläre und besonders brutale Mord am reichen Promi Khashoggi fand weltweit außergewöhnliche Aufmerksamkeit. So viel publizistischer Dynamik konnten sich die politischen Instanzen letztlich nicht mehr entziehen. Der politisch-mediale Komplex bewegte sich, nicht aus innerem Antrieb, sondern aufgrund des Drucks der Öffentlichkeit.

Der türkische Präsident Erdogan sorgte scheibchenweise für Faktennachschub und stürzte die Westliche Wertegemeinschaft in eine Verlegenheit nach der anderen. Er lieferte am 10. November 2018 sogar Tonaufzeichnungen nach Berlin, die den Foltertod Khashoggis im saudischen Generalkonsulat in Istanbul bewiesen und physisch hörbar machten.[9] Das Bundespresseamt Berlin verweigerte aber einfach jegliche Auskunft über die Audiomitschnitte. Gniffkes ARD-aktuell berichtete nicht einmal über diese Unverfrorenheit, und das ARD-Hauptstadtstudio machte gar nicht erst den Versuch, Einzelheiten über die widerliche Geschichte zu erfahren.

Khashoggi-Berichte ließen sich aber nicht gänzlich vermeiden. Die Boulevardpresse ergötzte ihr Publikum tagtäglich mit schaurigen Details, der öffentlich-rechtliche Rundfunk kam um Berichterstattung nicht mehr herum. Merkels Staatsräson – in Treue fest zum saudischen *»Partner«* – geriet ins Wanken. Nach wochenlangem Zögern entschied die Kanzlerin denn doch zugunsten der eigenen Imagepflege und verkündete (auf einer Wahlkampfveranstaltung in Hessen!) den völligen Exportstopp für Waffen an Saudi-Arabien. Und folgerichtig vollzog auch Dr. Gniffke, ganz Chefredakteur eines Regierungs-Nachrichtenmagazins, erst jetzt diese ideelle Flucht nach vorn.

Reine Show, denn grundsätzlich hat sich am beschönigenden Stil der Berichterstattung über Saudi-Arabien nichts geändert, wie vergleichsweise die Tagesschau-Darstellung des Falles Skripal belegt (Vater und Tochter S. waren bekanntlich Opfer einer mysteriösen Vergiftung in Salisbury GB). Da war die Vokabel *»Mordanschlag«* gebräuchlich, obwohl beide Opfer leben – und obwohl bis heute unklar ist, was ihnen eigentlich widerfuhr, und ob es überhaupt kriminelle Verantwortliche für ihre Vergiftung gibt.[10] In Bezug auf Khashoggi hingegen sprach ARD-aktuell von »*Tötung*«, obwohl das 18-köpfige saudische Killer-Kommando unstreitig eingeflogen worden war, um das Opfer brutal zu ermorden, zu zerstückeln und in Säure aufzulösen.

Immer hübsch zweierlei Maß und doppelte Moral: Im Fall Skripal wurde vollkommen beweislos insinuiert, der russische Staatspräsident Putin sei der heimliche Auftraggeber gewesen. Die »*Westliche Wertegemeinschaft*« verhängte denn auch in schöner und selbstgerechter Harmonie weitere Sanktionen gegen Russland. Sie bestehen bis heute. Für den Khashoggi-Mord gelten aber andere Regeln, vor allem auffälliger Verzicht auf konkrete Schuldzuweisungen. Gemeldet wird nur, was das Regime in Riad zugibt, was eh nicht mehr zu leugnen ist.

Es lässt sich absehen: Der Mörder ist immer der Gärtner, und der saudische Kronprinz Mohammed bin Salman *(»MbS«)* ist ein ehrenwerter Mann. Die Tagesschau bleibt zuständig fürs Verabreichen medialer Schlaftabletten. Sie unterstützt einen anderen Teil unserer Staatsräson: Michel und Liese sollen den Hintern keinesfalls auf die Straße tragen, sondern hübsch auf dem Sofa belassen.

Wieso auch nicht? Zeigt der Rüstungsexport-Stopp nicht, dass die Richtung der Berliner Politik stimmt? Ach, unsere politischen Edelcharaktere! Und erst unsere Qualitätsjournos! Die übernehmen einfach ungeprüft die Behauptung des Wirtschaftsministers, dass Deutschland keine Waffen mehr an Saudi-Arabien abgebe. Sie fragen nicht mal nach, welches konkrete Ziel das Exportverbot verfolge, ob es befristet oder mit Forderungen verknüpft sei. Ermittlung und Bestrafung der Khashoggi-Mörder? *Regimechange* in Riad? Es lachen die Hühner …

Pseudo-Exportverbot. Reines Theater. Tatsächlich liefert Deutschland im Konsortium mit Italien, Spanien und Großbritannien zum Beispiel derzeit 72 Eurofighter an Riad. Aber nichts davon in der Tagesschau. Bloß nicht nachdenken – und keinesfalls nachdenklich machen. Obwohl auf der Hand liegt, dass der militärisch-industrielle Komplex der Westlichen Wertegemeinschaft keine Rücksicht auf nationale Sonderwünsche nimmt. Echte Informationen über die Branche muss man jedoch schon börsennahen Quellen entnehmen. [11]

Saudi-Arabien bezieht weiterhin Luft-Boden-Raketen von *MDBA*, einem Rüstungsmulti, der auch in Deutschland Betriebe unterhält. Riad hat nach den USA und der VR China den drittgrößten Militärhaushalt weltweit,[12] da finden sich immer (Um-)Wege zu profitabler Gemeinsamkeit. Unter Lizenz des Handfeuerwaffenherstellers *Heckler & Koch* fertigt Saudi-Arabiens eigene Rüstungsindustrie Maschinenpistolen und Sturmgewehre. Und dem gewiss segensreichen saudischen Interesse an Rüstungskonglomeraten wie *Rheinmetall*,[13] *Airbus Defence and Space* oder *NEXTER* muss hier gar nicht erst nachgegangen werden. Ebenso wenig der Frage, ob *Siemens* im geplanten weltweit größten Technologiekomplex in Saudi-Arabien ausschließlich zivile Projekte realisieren wird.[14]

Die Kooperation mit den königlichen »Hoheiten« in Riad auf dem zivilen Sektor, in der Finanz-, Energie- und der Technologiewirtschaft sowie auf internationaler politischer Ebene ist sowieso weit umfangreicher und bedeutsamer als die unmittelbaren Rüstungsgeschäfte. Ohne weitere Recherche steht fest: ARD-aktuell verbreitet ungeprüft Verschleierungen der Großen Koalition.[15]

Mediale Akzeptanzstrategien zielen schon wieder darauf ab, die Regierung zu entlasten, damit sie es mit dem Waffenexportstopp nicht allzu lange und gar zu konsequent zu treiben braucht. Einfühlsame Berichte über die negativen Folgen für die deutsche Wirtschaft sind bereits in Umlauf. Der geneigte Leser ahnt: *»Arbeitsplätze in Gefahr!«* Zeigt man im Hause Gniffke plötzlich eine soziale Ader? Die unausgesprochene Botschaft lautet: Wer für Rüstungsstopp ist, gefährdet Arbeitsplätze, und wenn *»wir«* das Mordwerkzeug nicht verkloppen, machen *»die anderen«* das Geschäft …[16]

Der politisch-mediale Komplex kann und will nicht dauerhaft im Entrüstungsmodus über unsere *»Partner«* in Riad bleiben. Er baut aufs kurze Gedächtnis der Öffentlichkeit und auf ihre Hinwendung zu anderweitigen Skandalen. Der aktuelle *»Rüstungsexport-Stopp«* wird in ein paar Monaten kassiert.[17] Die Tagesschau wird das wahrscheinlich nicht mal mehr berichten. Kritisch kommentieren wird sie es ganz sicher nicht. Das deutsche Geschäftsinteresse verlangt, die

Saudis bei Laune zu halten. Auffallend umfangreich sind die Tagesschau Berichte über Zweifel an der Verantwortung des Kronprinzen *»MbS«* für die Khashoggi-Abschlachtung: *»Saudi-Arabien warnt vor roter Linie, Trump bezeichnet Verdacht als voreilig«.*[18] *»Der Palast wittert eine Verschwörung«.*[19]

In gedanklichem Tiefgang vermittelt Gniffkes Genietruppe uns jetzt die Nachricht, dass besagter *»Palast«* auch selbst wittern kann. Nun denn, Berlins Mesalliance mit der absoluten Monarchie muss geschützt werden. Wenn nicht anders, dann mit solchen Metaphern.

MbS' Dankbarkeit ist so sicher wie seine nächste Kopf-ab-Show.

23. April 2019

Programmkritik 27

Assange wird vergessen gemacht

Die Tagesschau lässt einen skandalösen Bruch internationalen Rechts aus der Froschperspektive betrachten

Wo wird Julian Assange jetzt, in diesem Augenblick, gefangen gehalten? Was wissen wir über das Befinden des investigativen Journalisten und Wikileaks-Gründers? Was sind die Umstände seiner Haft, welche gerichtlichen Beschlüsse wurden dazu gefasst? Wie ist der Stand des Auslieferungsantrags, den die USA bei der britischen Regierung vorgelegt haben? Wer sind Assanges Anwälte? Was sagen sie? Wie reagiert die Enthüllungsplattform Wikileaks? Warum wurde Assange nach sieben Jahren das Asyl entzogen? Weil in diesem Vorspann nur Fragen aufgeworfen werden: Warum, was meinen Sie, informieren die Leit- und Konzernmedien nicht laufend über den Fall Assange? Warum das penetrante Schweigen über einen Mitmenschen, dem neben Edward Snowden und Chelsea Manning das historische Verdienst zukommt, die Verbrechen der US-geführten Westlichen Wertegemeinschaft ins Allgemeinwissen unserer Zeit gehoben zu haben?

Julian Assanges aufsehenerregende Verhaftung und der Abtransport in Handschellen aus der Botschaft Ecuadors in London konnte ARD-aktuell zwar nicht ignorieren; in der Hauptausgabe um 20 Uhr gab es den zu erwartenden Pflichtbeitrag von zweieinhalb Minuten.[1] Er war aber ausreichend tendenziös, und mehr als das Minimum wurde auch nicht geboten. Gut zwei Stunden später zeigte sich der ARD-aktuell-Tendenzjournalismus schon wieder in seiner ganzen Schamlosigkeit: Die Reportage aus der 20-Uhr-Sendung wurde nur in fast identischer Form wiederholt, von aktueller Folge- und Hintergrundberichterstattung konnte keine Rede sein. Im Gegenteil, das Thema war in den »Tagesthemen« schon weit nach hinten gerutscht, an die fünfte Stelle.

Bereits am Tag der Verhaftung Assanges vermittelte die Tagesschau den Eindruck, dass der Vorgang ein Ereignis unter vielen anderen und keiner besonderen Zuwendung wert sei.

Die Hauptabteilung ARD-aktuell hatte ersichtlich nicht die geringste Absicht, ihm mehr Aufmerksamkeit zu schenken als absolut unvermeidlich. Was für ein fragwürdiger Stil: Ein Weltaufklärer wird verhaftet, der deutsche Qualitätsjournalismus jedoch geht zur Tagesordnung über – und der Informationsanspruch des Publikums geht flöten.

Vergleichen wir diesen redaktionellen Umgang mit dem im Fall eines anderen seiner Freiheit beraubten Journalisten: Der Deutsch-Türke Deniz Yücel saß ohne Anklageschrift ein Jahr lang in türkischer Haft. Über ihn berichtete ARD-aktuell in mindestens 20 Hauptausgaben der Tagesschau, und zwar zu Beginn der Affäre und über eine Woche lang aus vollem Rohr, in allen Formaten. Tenor: Heftige Kritik am türkischen Staat auf der einen und volle Sympathie für den Inhaftierten auf der anderen Seite.

Deniz Yücel ist zwar ein ungewöhnlicher, eigenständiger und nicht durchweg am Mainstream orientierter Journalist; sein publizistisches Wirken reicht dennoch bei weitem nicht an Assanges weltpolitisch bedeutsame Arbeit heran, er hat diesen Anspruch ja auch gar nicht. Aber trotzdem und typisch für ARD-aktuell: Während eine beständige und informative Berichterstattung über Assange unterbleibt, widmeten die Qualitätsjournalisten Yücel am Jahrestag seiner Freilassung sogar einen fünfminütigen Film in den Tagesthemen.[2] Im Anschluss folgte eine ausführliche Hommage im ARD-Abend-Programm.

Es trifft den Kern der vorgeblich demokratischen Verfassung und des Selbstverständnisses bürgerlicher Gesellschaften, wenn deren Journalisten nur wegen ihrer beruflichen Aufgabenerfüllung der Freiheit beraubt werden. Allein das Missverhältnis im jeweiligen Zeitaufwand für die Berichterstattung über die Repressionsfälle Assange und Yücel macht allerdings klar, welche Unaufrichtigkeit dabei herrscht und dass zweierlei Maß gilt. Es zeigt auch, wo Chefredakteur Dr. Gniffkes Spitzenjournalisten stehen. Es ist nicht die Position von unabhängigen, um strikte Sachlichkeit bemühten und kritischen Wächtern über Rechtsstaatlichkeit und Legitimität politischen Handelns. Ganz im Gegenteil.

Grobskizze: Die Tagesschauer stellen Yücel als Willkür-Opfer des undemokratischen »*Feindstaates*« Türkei dar. Assange hingegen wird weitgehend als Opfer seiner persönlichen Unzulänglichkeit ausgegeben, dem im Grund nur zuteilwurde, was zu erwarten war. Von der verfassungsrechtlich gebotenen Unschuldsvermutung ist diese Betrachtung allerdings nicht geleitet.

Assanges Rolle als Journalist und Friedensaktivist wird vollends ausgeblendet. Motiv und Ausmaß der seit acht Jahren andauernden, rachsüchtigen und mit allen Mitteln betriebenen Verfolgung durch die US-Regierung werden den Zuschauerinnen und Zuschauern vorenthalten. Kein Wort fällt über die Fragwürdigkeit, dass Großbritannien für die jahrelange polizeiliche Überwachung Assanges rund um die ecuadorianische Botschaft und rund um die Uhr Millionen Pfund Sterling ausgab. Das letzte Mal hatte tagesschau.de darüber vor fast einem Jahr spekuliert.[3] Fragen nach der Unverhältnismäßigkeit dieses absurden Aufwands und nach den dahintersteckenden Beweggründen wurden weder damals noch jetzt aufgeworfen. Die Berichterstattung blieb so oberflächlich wie tagesschau-üblich.

Mit dieser pseudojournalistischen Arbeitsweise liegt Gniffkes ARD-aktuell-Redaktion voll auf Linie der großen Koalition. Zusammen mit der EU-Kommission und im Gegensatz zum deutlich weniger servilen Staatspräsidenten Macron unterwirft sich Berlin den USA.[4] Das geschieht in der Hoffnung, von US-Präsident Donald Trumps »*Sanktionitis*« verschont zu werden.[5] Wir kennen diese amoralische Bereitschaft zur Geschäftemacherei. Keiner regt sich mehr drüber auf, sie ist ein Wesensmerkmal der Politik: Wirtschaftlicher Vorteil gegen Menschlichkeit, Friedensbereitschaft und Humanität.

Kleiner Exkurs ins Generelle: Natürlich ist sich die Bundesregierung der weitgehenden Abhängigkeit der deutschen Wirtschaft vom Export bewusst. US-Sonderzölle auf deutsche Autos, Maschinen und Pharmaprodukte in Verbindung mit weiteren Sanktionen für den deutschen Handel mit China, Russland und Iran würden uns Deutschen genauso den Hahn zudrehen wie derzeit den Venezolanern aufgrund der Abhängigkeit vom Ölverkauf – und Kanzlerin Merkel sähe sich möglicherweise wegen »*unterlassener wirtschaftspolitischer Steuerung und fehlender Diversifizierung*« ähnlich platter Medienkritik ausgesetzt wie »Machthaber« Maduro. Anbiederei und Unterwürfigkeit mögen vorübergehend entlasten; ein Rezept für dauerhafte Erfolge sind sie selbstverständlich nicht.

Zurück zum Umgang mit Assange und der ausbleibenden Nachrichtengebung darüber. Neun Jahre ist es her: Im April 2010 veröffentlichte Assanges Whistleblower-Plattform Wikileaks hunderttausende als geheim eingestufte US-Dokumente. Sie bewiesen eine Unzahl von Völkerrechtsbrüchen und Kriegsverbrechen der USA. Im kollektiven Gedächtnis ist das Video »*Collateral Murder*« haften geblieben.[6]

Es zeigt, wie die Besatzung eines Kampfhubschraubers 2007 im Irakkrieg Jagd auf zwölf unbewaffnete Zivilisten machte, darunter zwei Reuters-Korrespondenten, und wie sie ihre Opfer schließlich mit Maschinengewehrsalven ermordete. Die beteiligten Soldaten waren nicht bestraft worden. Im Herbst 2010 folgte auf Wikileaks die

Veröffentlichung weiterer Dokumente über Gewalt, Folter und Mord, begangen von den US-Einsatzgruppen im Afghanistankrieg.

Die meisten Politiker in den USA schäumten vor Wut über den »*Verrat*«. Außenministerin Hillary Clinton fragte bei einem Brainstorming zum Umgang mit Wikileaks, ob man Julian Assange nicht einfach »*drohnen*« könne. Immerhin sei er ja ein »*relativ weiches Ziel*«, das sich frei bewege und den USA eine lange Nase drehe, ohne Schaden befürchten zu müssen.[7]

Wo blieb der Bericht der Tagesschau? Es wäre Journalistenpflicht gewesen, an jene Clintonsche Ungeheuerlichkeit wenigstens jetzt, im Rahmen der Berichterstattung über Assanges Festnahme in London, nachdrücklich zu erinnern. Doch nichts dergleichen geschah. ARD-aktuell zeigte ohnehin wenig professionelles Interesse an den Wikileaks-Dokumentationen. Die Redaktion widmete sich folgsam ihrem Geschäft, kein schiefes Licht auf die Bundesregierung fallen zu lassen.

Das war Herausforderung genug. In den Nachrichten tauchten Informationen darüber auf, was die US-Amerikaner hinter vorgehaltener Hand über deutsche Politiker sagten: Kanzlerin Angela Merkel (CDU) sei »*selten kreativ*«, zeige keine Risikobereitschaft. Sie sei wie mit Teflon beschichtet. (Der seinerzeitige) Entwicklungshilfeminister Dirk Niebel (FDP) sei eine »*schräge Wahl*«, CSU-Chef Horst Seehofer »*unberechenbar*«, Schäuble »*neurotisch*«.[8]

Die ARD-aktuell-Programmgestalter sahen sich genötigt, zu marginalisieren, was diese Dokumente besagten. In Regierungstreue fest und devot wie ein grinsender Liftboy meinte Tom Buhrow, seinerzeit Tagesthemen-Moderator: »*Das mag interessant sein, aber die politische Bedeutung ist eher banal.*«[9] Ein dermaßen geschmeidiger Journalist ist natürlich geradezu prädestiniert dafür, eines Tages zum Intendanten des größten ARD-Senders, des WDR, gekürt zu werden. Auf der Schleimspur zum Erfolg …

Buhrow demonstrierte seine Verachtung des Informationsanspruchs der Öffentlichkeit durchaus nicht in einer Geschlossenen Gesellschaft. Auch die Kanzlerin bemerkte zu der US-amerikanischen Unverschämtheit nur: »*Ein großer Teil dessen, was wir in Deutschland über uns erfahren haben, ist Bestandteil jeder besseren Party, und insofern hat uns das jetzt nicht so aufgeregt.*«[10] Motto: Der Meister hat mir zwar einen Tritt in den Arsch verpasst, aber ich tu jetzt mal so, als sei das nur eine etwas ungebräuchliche, im Grunde belanglose Geste gewesen.

Eine journalistisch saubere Darstellung und kritische Auseinandersetzung mit der Abfälligkeit, mit der die US-Administration und führende US-Politiker die deutsche Regierung betrachten, wäre dringend geboten gewesen. Sie unterblieb. Dass dergestalt ein fundamentaler Informationsanspruch des Bundesbürgers abgewiesen wurde, war unserer unappetitlichen Mesalliance aus Politik und Massenmedien jedoch offenkundig egal.

Die Frage an den Qualitätsjournalismus stand unübersehbar im Raum: Wie mit den Wikileaks-Enthüllungen so umgehen, dass sie nicht zum Wiederaufleben einer außerparlamentarischen Opposition und zu vorrevolutionärer Massenempörung führen, wie es 1967/68 angesichts der US-Gräuel im Vietnamkrieg schon einmal geschehen war? Der neue journalistische Stil gebot, Verbrechen nicht als Verbrechen zu bezeichnen und die Täter nicht als Kriminelle; die politisch Verantwortlichen für all die Gräuel sollten schon gar nicht öffentlich benannt oder gar angeprangert werden. Erst recht nicht jene Kreise, die aus jedem Krieg und Massenmord Profit zu schlagen verstehen. Folgerichtig wurde der Fall Assange dermaßen marginalisierend behandelt, dass er schon tags darauf praktisch wieder ignoriert werden konnte. Der Umgang mit den Wikileaks-Bildern von der Menschenjagd auf wehrlose Zivilisten im Irak war stilprägend: Senden und darauf bedacht sein, dass möglichst bald die nächste Sau durchs Dorf gejagt werden kann, so dass Nachdenklichkeit oder gar Protest nicht aufkommen können.

Auch Tom Buhrow nutzte schon seinerzeit verschleierndes Vokabular; Täter und Verantwortliche kamen in seinen Darstellungen nicht vor, es klang aber trotzdem alles richtig und schön gefühlig: »*Grausamkeit des Krieges*«, »*Fehlleistungen*« und »*Eine Gratwande-*

rung zwischen Zurückhaltung und Überreaktion«. So macht man das. So erzeugt man den Eindruck, es handele sich bei den Verbrechen um ein quasi natürlich-katastrophales Einzelereignis und nicht um das absichtsvolle Werk von staatlich geschützten Mördern in Uniform. Zu berichten ist über etwas Schicksalhaftes und nicht über ein systematisches, planvoll begangenes Kriegsverbrechen, das zugleich symptomatisch und typisch ist für den Werte-Westen.

Die US-Killer im Helikopter und ihre widerwärtige Belustigung über ihr mörderisches Treiben ließ ARD-aktuell vermittels eines Experten der Brookings Institution indirekt sogar entschuldigen: *»Das sind oft sehr junge Kids in gefährdeten Gebieten.«* Die Ärmsten! Man muss schon verstehen, dass sie ein bisschen morden, nicht wahr? Krieg ist Krieg ... Ähnliches Mitgefühl mit den am Boden Massakrierten war in dieser Tagesschau nicht zu spüren.[11]

Marginalisieren, was das Zeug hält: Da gab es zwar von Wikileaks veröffentlichte Dokumente, Feldberichte von Militärs im Irak. Darin ist vom gezielten Mord an 15 000 Zivilisten die Rede. Die Gniffke-Truppe jedoch relativierte damals sogleich: *»Die Dokumente – Feldberichte von US-Soldaten – sind nicht objektiv. Sie sind einseitig und nicht nachprüfbar. Dennoch: Das weltweite Interesse an den Unterlagen ist groß.«*[12] Ach ja?

Dass schon zur Zeit der hier genannten Veröffentlichungen eine massive Kampagne gegen den Wikileaks-Herausgeber Assange lief, war zwar zu vermuten, aber noch nicht offenkundig. Das wurde es erst, als die US-Bezahlsysteme Visa, Mastercard und Paypal Ende 2010 politisch unter Druck gerieten und keine Spenden mehr an Wikileaks weiterleiteten. Ein Mastercard-Sprecher begründete dies damals damit, dass man keine *»illegalen Handlungen direkt oder indirekt unterstützen oder erleichtern«* wolle. Damit stand fest: Die US-Regierung war nicht bereit, die von Wikileaks enttarnten Kriegsverbrechen zu verfolgen, sondern willens, die Jagd auf Assange und seine Plattform zu eröffnen: Haltet den Dieb!, hieß die Parole. Ausgegeben wurde sie von Massenmördern und aufgegriffen von Massenmedien. Eins passte zum anderen.

Assange wurde in Schweden einer Vergewaltigung bezichtigt. Die Anklage, obwohl nicht sehr beweisfest und auf einem länger zurückliegenden Vorfall beruhend – Assange sprach von einvernehmlichem Sex, es habe erst viel später ein Zerwürfnis mit seiner damaligen Partnerin gegeben – reichte immerhin für einen Haftbefehl. Sie reichte zudem, Unschuldsvermutung hin oder her, auch den Leitmedien dazu aus, ihre bis anhin enge Zusammenarbeit mit Wikileaks einzuschränken. Assange stand plötzlich als Lump da; der britische *Guardian*, die *New York Times* und *Der Spiegel* gingen auf Distanz. Wikileaks war der öffentlichen Aufmerksamkeit ein erhebliches Stück weit entzogen.

Es kam den medialen Wendehälsen sehr gelegen, dass auch der frühere Assange-Freund Domscheit-Berg öffentlich Kritik an Wikileaks und Assange übte. Das half, vom hochexplosiven Inhalt der Dokumente noch weiter abzulenken. Daniel Domscheit-Berg mag gute oder schlechte Gründe gehabt haben, Wikileaks zu verlassen; das Urteil über ihn hat die Öffentlichkeit längst gefällt. Er scheiterte grandios mit seinem Versuch, ein Konkurrenzunternehmen zu Wikileaks aufzuziehen. An seiner Plattform »*Open-Leaks*« bestand vom Start weg kein Interesse.

Domscheit-Bergs persönlichen Vorwurf, Assange habe bei Wikileaks einen indiskutabel autoritären Führungsstil an den Tag gelegt, nutzte der Mainstream skrupellos aus. Aus dem vormaligen Helden machte die Meute einen herrschsüchtigen und rücksichtslosen Egomanen. Verwundern konnte das seine Freunde nicht mehr. Schon während der Flucht Edward Snowdens erkannten sie, wie schnell aus vormaligen Kampfgefährten gefährliche Feinde werden können: *»Wir wussten, dass die Primärwaffe der Vereinigten Staaten und ihrer Verbündeten die Medien sein würden, die den Regierungen ehrerbietig gegenüberstanden und ihnen nahe waren«*.[13]

Es fehlten nur noch Vorwürfe, Assange sei Zuarbeiter Russlands oder gar ein Geschöpf der Moskauer Geheimdienstwelt, um ihn endgültig zu diskreditieren und zur persona non grata zu machen. Wie gesehen so geschehen: Pünktlich zum US-Wahlkampf 2016 wurde dieses Umweltgift tatsächlich versprüht. Was Wunder, auch ARD-aktuell beteiligte sich an all diesen Kampagnen in den Diensten der Assange-feindlichen, weil von ihm bloßgestellten Eliten.

Der Bericht über Assanges Verhaftung in der Londoner Botschaft Ecuadors am 11. April 2019 ist nur der vorläufige Höhepunkt verzerrender und diskriminierender Berichterstattung der von Tagesschau & Co. Kostprobe: *»Der Hintergrund der Festnahme ist ein Verstoß gegen die Kautionsauflagen bei der Gerichtsverhandlung 2012 gewesen.«* (ebd.)

Das ist kunstvolle Verschleierung, denn der »Verstoß« war kein »Hintergrund«, sondern diente den britischen Behörden lediglich als Vorwand: Julian Assange sollte gemäß dem US-Feindbild, er sei ein gefährlicher Landesverräter, im Hochsicherheitsgefängnis Belmarsh im Osten Londons eingekerkert werden, laut BBC die *»britische Version von Guantanamo«*[14]; dort ist er vollkommen abgeschottet von jedem kritischen Blick der Öffentlichkeit. Eine solche Maßlosigkeit war selbstverständlich erklärungsbedürftig.

Tatsächlicher *»Hintergrund«* der Festnahme ist unzweifelhaft das Rache- und Selbstverteidigungsbedürfnis US-amerikanischer Politiker und von deren Hintermännern. Sie wollen Assange unter Mithilfe ihres *»englischen Pudels«* (= britische Regierung) greifen und wie die Whistleblowerin Chelsea Manning jahrelang wegsperren. Und zwar unter Isolationshaftbedingungen, die dazu angetan sind, jeden Menschen in den Wahnsinn zu treiben, ihn physisch und psychisch zu vernichten. Das weitere Motiv dieser Grausamkeit ist, ein weltweit beachtetes Exempel zu statuieren: Wohlverstandene Pressefreiheit gibt es nicht. Die Medien haben sich immer dem US-Machtinteresse zu unterwerfen.

Dass Julian Assange wegen einer rechtlichen Lappalie – Verstoß gegen Kautionsauflagen – in einen Hochsicherheitstrakt eingebuchtet wird, ist ein Willkürakt sondergleichen, mit rechtstaatlichen Grundsätzen unvereinbar. Dass Assange die Melde-Auflagen im Jahr 2012 verletzte, rechtfertigt unter keinem juristisch vertretbaren Aspekt die aktuelle Sonderhaft, zumal die schwedische Justiz den damaligen Haftbefehl zwischenzeitlich aufgehoben hatte. Tagesschau und Konsorten beachteten das Missverhältnis zwischen Schuldvorwurf und amtlicher Reaktion allerdings nicht.

Ungewöhnlich war das Engagement der englischen Behörden von Anfang an. Es erscheint nur auf den ersten Blick unerklärlich, dass Assange zunächst ohne Vernehmung aus Schweden ausreisen konnte, dann jedoch mit unverhältnismäßiger Intensität in Großbritannien verfolgt wurde. Auf den zweiten Blick weckt es den dringenden Verdacht, dass es nie um Assanges angebliche sexuelle Fehlverhalten und damit begründbare Strafwürdigkeit ging, sondern darum, ihn wegen der Veröffentlichung der Wikileaks-Dokumente hochgehen zu lassen und aus dem Weg zu schaffen.

Zu bedenken ist: In Schweden wären eine Inhaftierung und anschließendes Auslieferungsverfahren an die USA bei weitem nicht so reibungslos möglich gewesen, wie es sich jetzt in Großbritannien abzeichnet.

ARD-»*Qualitätsjournalisten*« redeten von einem »*unfreiwilligen Ende des Botschaftsexils*«.[15] Ebenso subtil wie primitiv wird damit angedeutet, Julian Assange habe sich letztlich sieben Jahre lang aus eigenem freiem Entschluss in der Botschaft Ecuadors in London aufgehalten, wohlgemerkt: im »*Exil*«, nicht im Asyl. Die Formulierung ist ein Beleg dafür, dass es ARD-aktuell nicht um objektive Berichterstattung, sondern um Meinungsmache gegen Assange zu tun ist.

Verstärkt verfolgt die Tagesschau diese Intention mittels breiter Darstellung der Position der Regierung Ecuadors. Präsident Lenín Morenos Entscheidung, Assange die ecuadorianische Staatsangehörigkeit abzuerkennen und ihm fürderhin Asyl zu verweigern, erscheint in der ARD-aktuell-Berichterstattung als eine formalrechtlich korrekte Entscheidung. Dass Morenos Vorgehensweise hingegen als äußerst zwielichtig und als Rechtsbruch zu betrachten ist, machte die »*Internationale Vereinigung der Juristen für den Frieden*« deutlich.

Im Unterschied zur »*prowestlichen*« Tagesschau sprach die friedenspolitische Organisation IALANA Klartext. Weil die von ihr genannten Fakten von den korporierten Massenmedien nicht aufgegriffen wurden, muss das eben hier ausführlich geschehen: »*Assange war 2012 Asyl in der Londoner Botschaft durch den damaligen Präsidenten Correa gewährt worden. Ergänzend wurde das Botschaftsgebäude abgesichert gegen ein befürchtetes illegales Eindringen seitens britischer Behörden. Nach der Wahl des neuen Präsidenten Lenín Moreno im Jahr 2017 änderte sich das Vorgehen: Nun wollte die Regierung Assange aus der Botschaft raushaben. … Gestern wurde nun Assange ohne Vorwarnung die Flüchtlingseigenschaft aberkannt – unter Verstoß gegen die Genfer Flüchtlingskonvention, die dafür strenge Voraussetzungen vorgibt, die nicht vorlagen. Weiter wurde die Pflicht zur vorherigen Anhörung mit Gelegenheit zur Einlegung von Rechtsmitteln verletzt. Dann ließ der Botschafter die britische Polizei ein ins Botschaftsgebäude, um Assange überraschend festzunehmen und gewaltsam nach draußen bringen zu lassen. Und zuletzt aberkannte Ecuador anschließend Assange die Staatsangehörigkeit, nachdem es den eigenen Staatsangehörigen zuvor ausgeliefert hatte, was z. B. in der BRD durch Art. 16 Abs.2 Grundgesetz und auch in vielen Ländern Südamerikas ausdrücklich verboten oder zumindest undenkbar ist.*«[16]

ARD-aktuell tut so, als sei das Auslieferungsbegehren der USA unproblematisch, weil zugesichert worden sei, nur Anklage wegen einer Straftat zu erheben, für die nicht mehr als eine Haftstrafe von maximal fünf Jahren infrage komme. Was ein Versprechen der Herren im Weißen Haus wert ist und dass die USA bei jeder Gelegenheit bereit sind, Verträge und internationales Recht nach Gutdünken zu brechen *(»America first«)*, dürfte allerdings allgemein bekannt sein.

Es mag aber der Erinnerung aufhelfen, wenn hier das grundlos gekündigte Iran-Abkommen, die Gewaltandrohung gegen den Internationalen Strafgerichtshof in Den Haag für den Fall einer Anklage von US-Bürgern oder das Schicksal der deutschen Brüder LaGrand genannt werden, denen 1999 entgegen internationalem Recht ohne konsularischen Beistand in Arizona der Prozess gemacht wurde; am Ende wurden sie hingerichtet. Eine einstweilige Anordnung des Internationalen Gerichtshofs in Den Haag vom 3. März 1999, die Vollstreckung aufzuschieben, hatten die US-Behörden missachtet.[17]

Keinerlei Erwähnung, nicht einmal im Web-Forum tagesschau.de, fand bei ARD-aktuell die Verwicklung des ecuadorianischen Präsidenten Moreno in eine ausgedehnte Schmiergeldaffäre als Motiv für seine aggressive Rolle im Vorgehen gegen Assange.

Im Frühjahr 2019 hatte Wikileaks über die sogenannten *»INA-Papers«* berichtet, die eine Organisation namens *»La Fuente«* durchgereicht hatte. Es handelt sich dabei um eine Reihe von Dokumenten, die eindeutige Hinweise auf illegale Geschäfte Morenos enthalten.

Sie zeigen Schmiergeldzahlungen im Zusammenhang mit dem Bau eines Wasserkraftwerks; ein Teil der Schwarzgelder floss angeblich auf Konten einer Offshore-Firma namens INA Investments Corp. In einem Interview bezeichnete Ecuadors Ex-Präsident Correa seinen Nachfolger Moreno wegen dessen Entscheidung, das Asyl für Assange aufzuheben, als Verräter. *»Er könnte mit Judas mithalten.«*[18] Nichts davon in der Tagesschau …

Zwei Tage nach Assanges Verhaftung hatte Moreno von der Weltbank auf einen bereits zugesagten Kredit von 350 Millionen Dollar eine sehr ungewöhnliche Aufstockung um weitere 500 Millionen Dollar bekommen. Das begründete den Verdacht, Moreno habe mit den führenden Kreditgebern aus den USA, der Weltbank und dem Internationalen Währungsfonds (IWF) einen Tauschhandel *»Assange gegen Kredite«* vereinbart. Diesen Zusammenhang sah auch der frühere Außenminister Ecuadors, Ricardo Patiño.[19]

Doch auch solche Absonderlichkeiten unterschlug die Tagesschau. Sie gibt sich als Lordsiegelbewahrer einer höheren Moral der Westlichen Wertegemeinschaft. Sie lässt gar nicht erst den Eindruck aufkommen, dass die Verhaftung und mögliche Auslieferung Assanges und der gesamte verunglimpfende Umgang mit ihm das internationale Recht beugen und die Pressefreiheit untergraben.

Es erscheint nur konsequent, dass in der Berichterstattung von ARD-aktuell die unrühmliche Rolle deutscher Politiker ebenfalls kein kritisches Echo fand. Regierung und große Teile des Parlaments hatten jede Gelegenheit genutzt, sich auch im Fall Assange als Rechtsnihilisten und demokratieferne Ignoranten zu beweisen.

Als Heike Hänsel, Abgeordnete der Linken, am 19. Januar 2019 im Bundestag darlegte, dass der Fall Assange inzwischen eine humanitäre Dimension habe und die deutsche Regierung sich dazu verhalten müsse, dass gegen den Kopf von Wikileaks eine Kontaktsperre verhängt worden sei und er seit acht Monaten nicht mehr besucht werden dürfe, da berief sich SPD-Staatsminister Roth darauf, dass die Regierung Ecuadors bereits 6 Millionen Euro für das Asyl in der Botschaft ausgegeben habe. Eine Klage wegen der Bedingungen für Assanges Aufenthalt in der Botschaft sei von einem Gericht in Ecuador abgewiesen worden. Außerdem machte er klar, dass er nichts, aber auch gar nichts wegen der (seinerzeit bereits) drohenden Festnahme Assanges unternehmen wolle. Die Problematik sei nur von England und Ecuador zu lösen.[20]

Von allen unseren 707 sogenannten Volksvertretern haben nur zwei Frauen an Ort und Stelle, nämlich in London, kenntlich gemacht, was vom rechtswidrigen und skandalösen Vorgehen gegen Assange, Verfechter der Informationsfreiheit, zu halten ist: Heike Hänsel und Sevim Dağdelen (Die Linke).[21] Zu ihnen gesellte sich die EP-Abgeordnete Ana Miranda (Fraktion der Grünen/Freie Europäische Allianz). Aber Anerkennung, wem sie gebührt: Immerhin hatten schon drei Tage vor der Aktion in London, am 12. April 2019, in Berlin außerhalb des Parlaments einige Abgeordnete der Linkspartei für Assanges Freilassung demonstriert, darunter Diether Dehm und Gesine Lötzsch sowie wiederum Hänsel und Dağdelen.

Sie zeigten sich mit Assange solidarisch. Der große Rest der Volksvertretung guckte weg und schwieg. Auch die Grünen im Bundestag wahrten dröhnende Stille. Die Damen und Herrn der ehemaligen Menschenrechts- und Friedenspartei robben sich gerade an die für demnächst gewünschte Übernahme von Mitverantwortung in der Bundesregierung heran.

Das geht natürlich am besten bäuchlings. Aus der Froschperspektive lassen uns die Spitzenjournalisten ihre Welt betrachten. Zum Glück sind wir nicht auf ihren Blickwinkel beschränkt.

»Das Internet ist zum wichtigsten Mittel geworden, um die Wahrheit aufzudecken – zumindest seit den Anfängen der Druckerpresse. Es ist zum Gegenmittel Nummer Eins gegen das Fernsehen geworden. Demokratien werden immer mit Lügen in Kriege geschickt. Der Irakkrieg war das Ergebnis von Lügen, das zunehmende Engagement der USA in Vietnam war das Ergebnis des Zwischenfalls im Golf von Tonkin – eine weitere Lüge. Es sind nicht nur die Lügen der Geheimdienst-Analysten, es sind auch die Lügen der großen Medien-Maschinerie. Und was befindet sich in der großen Medien-Maschinerie? Nun, es sind die verschiedenen Institutionen, die es sich zu bequem machen und zu nah am Tisch der Macht sind, jenem Tisch, über den sie berichten, den sie kontrollieren und historisch einordnen sollten. Gegen diesen Trend und gegen diesen Strom korrupter und mächtiger Organisationen, die eine verzerrte Sicht auf die Welt produzieren, arbeitet das Internet. Zum ersten Mal in der Geschichte hat das einer einzelnen Person ermöglicht, sich mit manchen Wahrheiten an jede einzelne Person zu wenden, die diese Wahrheit hören will.«

Julian Assange

Epilog

Medien sollen Öffentlichkeit und Diskursräume herstellen, und der öffentlich-rechtliche Rundfunk hat diese Aufgabe besonders sorgfältig wahrzunehmen. Dabei ist wahrhaftige Information essentiell für das Funktionieren der Gesellschaft. Und wie bereits in Teil I dieses Buches gesagt: Auch Menschen, die nicht korrekt und wahrheitsgemäß informiert werden, treffen Entscheidungen. Das gilt für Kaufentscheidungen ebenso wie für die Wahl einer politischen Partei, die Zustimmung zu Kriegseinsätzen durch penetrante mediale Kriegstrommelei oder zu medial geschürter Verachtung und Demütigung anderer Völker – so wie wir das seit langer Zeit in Endlosschleife mit Russland erleben, mit Griechenland erleben mussten und mit Italien erleben werden.

Wer so aufmerksam und mit professioneller Distanz die Nachrichten von ARD-aktuell verfolgt, wie die beiden NDR-Urgesteine Bräutigam und Klinkhammer, der wird des Öfteren bereits bei der Überschrift und beim Namen diverser Autoren stutzig. Die Neigung zu Bellizismus und bedingungsloser Staatsgläubigkeit ist bei zahlreichen Journalisten im wahrsten Sinne des Wortes Programm. Diese ärgerliche Tendenz widerspricht dem gesetzlichen Auftrag öffentlich-rechtlicher Rundfunkanstalten, der Staatsferne vorschreibt sowie Meinungsvielfalt anzubieten und Frieden und Völkerfreundschaft zu fördern hat.

Anspruch öffentlich-rechtlicher Medien ist es laut eigener Aussage, Geschehnisse, Konflikte und Weltpolitik für die Leser, Zuschauer und Zuhörer »einzuordnen«. Kritische Zeitgenossen jedoch verzichten schon lange auf diese zweifelhafte Offerte und proben schon mal den Aufstand, wenn Realitäten und veröffentlichte Meinung derart auseinanderdriften wie in den letzten Jahren üblich. Schon lange ist man nicht mehr geneigt, »von oben« verordneten Feindbildern zu trauen und der neoliberalen Politik und dem Kriegskurs der westlichen Welt zu folgen.

Die Redakteure von ARD-aktuell sind zudem Meister im Weglassen. Es ist wohl immer noch erheblich bequemer, die Leerstellen mit fehlender Sendezeit zu begründen, als sich mit lästiger Recherche und unliebsamen Kontexten herumzuplagen. Die Vermischung von Meinung und Information hat nach wie vor Hochkonjunktur innerhalb der beanstandeten Nachrichtensendungen, und die Vorliebe für ausländische Politiker, die mittels Putsch und Korruption in höchste Ämter gelangten, verstört immer wieder aufs Neue. Das Völkerrecht wird nach Gutdünken bemüht und je nach Bündnisfall oder Feindbild ungleich gewichtet oder auch gänzlich ausgeblendet. Menschenrechte und humanitäre Aspekte werden oft nur zu Manipulationszwecken in den Diskurs gebracht – um Stimmung für politische Interessen zu machen und nicht etwa, um für eine Veränderung und Verbesserung der Verhältnisse zu werben.

Gegen all die beschriebenen Manipulationsversuche kann sich das Publikum wehren. Die Anstalten sind Gemeinschaftseigentum und die Beitragszahler sind anspruchsberechtigt im Sinne geltender Gesetze. Programmbeschwerden gegen verfehlte Berichterstattung zu verfassen, ist kein Teufelswerk, sondern zeigt den Sendern, dass man sich mit den gebotenen Inhalten kritisch auseinandersetzt und als Rezipient ernstgenommen werden will. Programmbeschwerden finden in der öffentlichen Wahrnehmung immer Interesse, sie bieten korrigierende Information, machen nachdenklich und unterstützen eine aufklärende Gegenöffentlichkeit. Massive Kritik erzeugt darüber hinaus internen Rechtfertigungsdruck und auch die leise Hoffnung auf die Besserung der Qualität.

Das Programm ist aber nur eine Seite der Medaille. Was müsste sich strukturell ändern?

Dazu stellen Friedhelm Klinkhammer und Volker Bräutigam fest:

»Die Perspektiven sind wenig rosig. Das politische Establishment und die dahinterstehenden Eliten haben keinen Änderungsbedarf. Es

läuft ja alles in ihrem Sinne. Systemkritischer Journalismus findet nicht statt. Konsequenterweise hat es seit 1991 keine nennenswerten strukturellen Änderungen am NDR-Staatsvertrag mehr gegeben. Nach 28 Jahren bilden noch immer dieselben vorgeblich relevanten Gruppen den Rundfunkrat. Es fehlen Wille und Fähigkeit unserer Volksvertreter, dem Rundfunkwesen anspruchsvoll-demokratische Strukturen zu verpassen.

Selbst der Versuch, die nachträgliche Programmkontrolle auf externe Gremien zu verlagern, wie das beispielsweise in der Schweiz geschah, würde in Deutschland am Machtinteresse parlamentarischer Besitzstandswahrer scheitern. Was tun? Die Auswahl ist nicht allzu groß, aber immerhin können wir Flagge zeigen und aufbegehren oder widersprechen. Öffentlich und hartnäckig. Zwar ohne Illusionen hinsichtlich der Wirkung auf Politik, Rundfunkrat und Programm. Aber voll Vertrauen auf die Dynamik des Protests im gesellschaftlichen Diskurs.

Wir alte Männer können nichts weiter zum Fortschritt beitragen. Für den Barrikadenbau sind die Jüngeren zuständig.

Aber was uns zu tun bleibt, das tun wir. So gut es geht.«

Quellenverzeichnis

Die nachfolgenden URLs sind von uns zuletzt am 19. Mai 2019 abgerufen worden bzw. neuer. Die Quellen sind hier kapitelweise bzw. entsprechend der Nummerierung der Programmkritiken aufgeführt.

Prolog

(1) https://blog.tagesschau.de/2018/10/26/eine-podiumsdiskussion-bei-der-afd/
(2) https://www.youtube.com/watch?v=OtQBsvszSQQ
(3) https://publikumskonferenz.de/forum/viewtopic.php?f=45&t=3048#p9279
(4) https://www.youtube.com/watch?v=kNRdj3XYuE4
(5) https://publikumskonferenz.de/forum/viewforum.php?f=76
(6) https://www.medienkorrespondenz.de/politik/artikel/swr-intendantenstelle-oeffentlich-ausgeschrieben.html

TEIL I: MEINUNGSMACHT

1.

(1) https://publikumskonferenz.de/forum/viewforum.php?f=76&sid=2c78e2cd822e1217d8592ad104b41f42
(2) https://www.daserste.de/ueber-uns/organisation-struktur/ard-programmbeirat/index.html
(3) https://www.heise.de/tp/features/Ukraine-Konflikt-ARD-Programmbeirat-bestaetigt-Publikumskritik-3367400.html
(4) Medienkritik als Hassrede, Dr. Kai Gniffke https://www.youtube.com/watch?v=iNiW8_ajR8w
(5) https://publikumskonferenz.de/forum/viewtopic.php?f=32&t=2996
(6) https://www.westendverlag.de/buch/lueckenpresse/
(7) https://publikumskonferenz.de/blog/2017/04/02/die-indoktrinierte-elite/
(8) https://publikumskonferenz.de/forum/viewtopic.php?f=76&t=2550
(9) https://publikumskonferenz.de/forum/viewtopic.php?f=76&t=2566#p8519

2.

(1) https://www1.wdr.de/archiv/rundfunkgeschichte/rundfunkgeschichte116.html
(2) https://www.bundesverfassungsgericht.de/SharedDocs/Entscheidungen/DE/2018/07/rs20180718_1bvr167516.html
(3) https://www.youtube.com/watch?v=LC0Lxck1SL4
(4) https://prometheusinstitut.de/wp-content/uploads/2017/08/Prometheus-Paper-I-Die-Rundfunkr%C3%A4te-der-%C3%B6ffentlich-rechtlichen-Sendeanstalten.pdf

3.

(1) https://www.bpb.de/gesellschaft/medien/medienpolitik/172240/meinungsbildung-und-kontrolle-der-medien?p=all
(2) Fußnote BVerfGE 73, 118 (159)
(3) https://prometheusinstitut.de/wp-content/uploads/2017/08/Prometheus-Paper-I-Die-Rundfunkr%C3%A4te-der-%C3%B6ffentlich-rechtlichen-Sendeanstalten.pdf
(4) https://www.blm.de/files/pdf2/vielfaltsbericht_2018_dma.pdf
(5) https://cdn.netzpolitik.org/wp-upload/2019/02/framing_gutachten_ard.pdf
(6) https://publikumskonferenz.de/forum/viewtopic.php?f=47&t=1479#p5309
(7) https://www.ard-zdf-medienakademie.de/mak/seminare/51414/frame-checking-und-bewusster-umgang-mit-sprache
(8) http://www.message-online.com/specials/ringvorlesung-luegenpresse/krueger-journalisten-orientieren-sich-am-elitendiskurs/
(9) https://www.carl-auer.de/programm/artikel/titel/auf-leisen-sohlen-ins-gehirn
(10) Christian Friedl: Hollywood im journalistischen Alltag, Wiesbaden 2013, S. 13.

4.

(1) https://www.nachdenkseiten.de/?p=21735
(2) https://de.wikipedia.org/wiki/Nachrichten-_und_Presseagentur#Deutschsprachige_Nachrichtenagenturen_(Auswahl)
(3) https://www.ard.de/home/die-ard/organisation/Auslandsstudios_der_ARD/365446/index.html
(4) https://slidex.tips/download/france-presse-und-die-seit-zusammengehrenden-agenturen-ddp-deutscher-depeschen-d
(5) https://publikumskonferenz.de/forum/viewtopic.php?f=55&t=352#p1554
(6) Flechsig: Äußerungsrecht des Rundfunks, Seite 8.
(7) BVerfG AfP 2003, 539
(8) Lippmann Walter: Public Opinion (1922), dt.: Die öffentliche Meinung, Bochum: Brockmeyer 1990.
(9) https://de.wikipedia.org/wiki/Karl_Kraus
(10) https://www.medienverantwortung.de/wp-content/uploads/2009/07/2014-Zwingli_BA_Putin-Obama.pdf
(11) http://news.dkp.suhail.uberspace.de/2016/12/wording-ein-tarnwort-fuer-sprachregelung/

(12) http://www.css.ethz.ch/content/dam/ethz/special-interest/gess/cis/center-for-securities-studies/pdfs/zb_12.pdf
(13) https://www.heise.de/tp/features/Luege-in-Kriegszeiten-3366598.html
(14) D. Hume 1958, S. 348
(15) https://www.anti-spiegel.ru/2019/fuenf-jahre-danach-wie-es-2014-nach-dem-maidan-zum-referendum-auf-der-krim-kam/
(16) Georg Lakoff What Orwell didn't know, a.a.O., S. 70 f.
(17) https://de.wikipedia.org/wiki/Wissenskluft
(18) Storytelling im Journalismus, Formen und Wirkungen narrativer Berichterstattung, Flath, Seite 215
(19) http://www.tagesanzeiger.ch/ausland/amerika/27000-PRBerater-polieren-Image-der-USA/story/20404513
(20) https://www.sourcewatch.org/index.php/Pentagon_military_analyst_program, https://www.theguardian.com/technology/2011/mar/17/us-spy-operation-social-networks
(21) https://thegrayzone.com/2018/12/17/inside-the-temple-of-covert-propaganda-the-integrity-initiative-and-the-uks-scandalous-information-war
(22) https://swprs.org/die-propaganda-matrix/
(23) https://www.independent.co.uk/news/world/us-government-pentagon-fake-al-qaeda-propganda-videos-a7348371.html
(24) https://lobbypedia.de/wihttps://lobbypedia.de/wiki/Kategorie:Think_tank ki/Kategorie:Think_tank
(25) https://de.wikipedia.org/wiki/Stiftung_Wissenschaft_und_Politik
(26) https://peds-ansichten.de/2018/09/die-muslimbruderschaft-und-deutsche-syrien-politik/
(27) https://russia-insider.com/en/whos-trip-trapping-my-bridge-fable-putins-troll-army/5565
(28) https://de.wikipedia.org/wiki/Mitl%C3%A4ufereffekt
(29) https://swprs.org/logik-imperialer-kriege/
(30) https://de.wikipedia.org/wiki/Tonkin-Zwischenfall
(31) Dr. Hauke Ritz: Die Strategie der Informationskriegsführung (Vortrag auf der Konferenz »Image Russland – Mythen und Realität« (Bonn, 10.9.14) http://russkoepole.de/ru/rubriki/tochka-zreniya/2054-dr-h-ritz-vortrag-auf-der-bonner-konferenz-image-russland-mythen-und-realit-t.html
(32) https://de.wikipedia.org/wiki/Brutkastenl%C3%BCge
(33) https://www.faz.net/aktuell/politik/europaeische-union/irak-krieg-powell-schandfleck-meiner-karriere-1255325.html
(34) https://www.heise.de/tp/features/Konstruktion-von-Medienrealitaet-im-Kosovo-Krieg-3336534.html?fbclid=IwAR2faIvErAA_kbIzGwjc1drF7QE-xa67yxkaEFUl4jtKeMxEbBRmqvyRUkVc
(35) Spiegel, 12.4.1999, S. 29
(36) https://uebermedien.de/36645/die-falsche-geschichte-vom-hilfsgueter-konvoi-den-maduro-anzuenden-liess/
(37) https://amerika21.de/analyse/224027/venezuela-manipulation-mit-staatsvertrag
(38) Zeitschrift Europäische Sicherheit, Ausgabe Juli 1999

TEIL II: PROGRAMMKRITIKEN

Zwischen Feindbild und Wetterbericht

(A) https://www.heise.de/tp/news/Fernsehkritiker-sind-keine-Landesverraeter-3116425.html
(B) https://de.wikipedia.org/wiki/Heritage_Foundation

Programmkritik 1: Framing Manual

(1) https://www.tagesspiegel.de/gesellschaft/medien/wie-die-ard-kommunizieren-soll-kommt-allen-gegnern-bloss-moralisch/23973830.html
(2) Siehe dazu hunderte von Programmbeschwerden, dokumentiert auf den Seiten der »Ständigen Publikumskonferenz öffentlich-rechtlicher Medien,« Link: https://publikumskonferenz.de/blog/
(3) https://de.wikipedia.org/wiki/Elisabeth_Wehling
(4) Politisches Framing. Wie eine Nation sich ihr Denken einredet – und daraus Politik macht. Herbert von Halem Verlag, Köln 2016.
(5) https://de.wikipedia.org/wiki/Framing-Effekt
(6) https://www.rezensionen.ch/auf-leisen-sohlen-ins-gehirn/3896706950/
(7) https://publikumskonferenz.de/blog/2018/12/06/programmbeschwerde-zur-berichterstattung-zum-thema-inf-vertrag/
(8) https://uebermedien.de/32425/afd-dresden-dialog-ard-zdf-was-haben-sie-gelacht/
(9) http://www.turi2.de/aktuell/ard-hat-framing-expertengutachten-beauftragt/
(10) https://meedia.de/2019/02/12/wofuer-braucht-die-ard-denn-ein-framing-manual-generalsekretaerin-susanne-pfab-ueber-den-viel-diskutierten-sprach-leitfaden/
(11) Zugegeben: Nur NDR-Beschäftigte können das nachlesen. Und es dann kopieren und an uns schicken. Sie genießen bei uns gesetzlich gesicherten Informantenschutz.
(12) Gemeint ist der (ablehnende) Schweizer Volksentscheid über die Abschaffung der dortigen Rundfunkempfangsgebühren
(13) https://cdn.netzpolitik.org/wp-upload/2019/02/framing_gutachten_ard.pdf Wortlaut der Zwischentitel in dem Framing-Manual.

Venezuela

(A) https://www.treasury.gov/resource-center/sanctions/Programs/Documents/venezuela_eo.pdf
(B) https://www.heise.de/tp/news/US-Regierung-verlaengert-Sanktionen-gegen-Venezuela-3130264.html
(C) https://www.hintergrund.de/politik/welt/deutsche-parteistiftungen-arbeiten-am-sturz-linker-regierungen-in-lateinamerika/

Programmkritik 2: Mit zweierlei Maß – Bei Kolumbien gucken wir weg

(1) https://www.auswaertiges-amt.de/de/aussenpolitik/laender/kolumbien-node/-/201522#content_1

(2) http://hdr.undp.org/en/data
(3) https://www.reporter-ohne-grenzen.de/kolumbien/ueberblick/
(4) https://www.frieden-fragen.de/entdecken/aktuelle-kriege/kolumbien/was-ist-die-farc.html
(5) https://www.misereor.de/presse/pressemeldungen-misereor/kolumbien-menschenrechtsverteidiger- innen-schuetzen-friedensgespraeche-muessen-fortgesetzt-werden/
(6) https://amerika21.de/2019/04/224597/protest-kolumbien
(7) http://www.indigene.de/76.html?&L=1
(8) www.nachdenkseiten.de/?p=49003
(9) https://www.tagesschau.de/ausland/venezuela-cucuta-103.html
(10) https://www.heise.de/tp/features/Geleaktes-CIA-Dokument-belegt-Kriegspropaganda-3373777.html?seite=all
(11) http://blauerbote.com/2017/07/26/kriegspropaganda-mit-kleinen-maedchen/
(12) https://file.wikileaks.org/file/cia-afghanistan.pdf
(13) https://amerika21.de/2018/05/202241/kolumbien-globaler-partner-nato
(14) https://amerika21.de/2018/06/205090/binnenfluechtlinge-kolumbien-rekordhoch
(15) https://www.tagesschau.de/ausland/fluechtlingskrise-venezuela-101.html
(16) https://www.swp-berlin.org/fileadmin/contents/products/aktuell/2018A19 scm.pdf
(17) https://amerika21.de/analyse/152975/paramilitarismus-kolumbien#footnote9_loe2r4e
(18) https://www.tagesschau.de/ausland/kolumbien-friedensprozess-103.html
(19) https://amerika21.de/2019/01/220036/un-bilanz-kolumbien-morde-farc
(20) https://amerika21.de/2017/12/191146/16-militaers-kolumbien-festgenommen
(21) https://kleineanfragen.de/bundestag/19/7405-steinkohleimporte-aus-kolumbien
(22) Anm. d. Verf.: Deutschland bezieht aus Kolumbien doppelt so viel Steinkohle, wie es selbst an Braunkohle produziert. Die deutschen Kohlekraftwerke haben einen bis zu 20 Prozent niedrigeren Effizienzgrad als moderne Gaskraftwerke, doch diese mussten wegen der deutschen Überproduktion von Strom zumeist schon abgeschaltet werden. Ihre Betreiber haben, anders als die der wesentlich klimaschädlicheren Kohlekraftwerke, keine staatlichen Abnahmegarantien.
(23) https://resilienz-aachen.de/steinkohle-aus-kolumbien-deutschlands-kohlepolitik-im-kontext-der-energiewende/
(24) Ulrich Teusch in: »Der Krieg vor dem Krieg« (Vorwort), Westend Verlag, Frankfurt/Main 2019.

Programmkritik 3: Pfeif auf Grundgesetz und Völkerrecht

(1) http://www.derblindefleck.de/uber-uns/
(2) https://www.deutschlandfunkkultur.de/top-ten-der-initiative-nachrichtenaufklaerung-themen-im.2950.de.html?dram:article_id=442210

(3) https://www.tagesspiegel.de/gesellschaft/medien/initiative-nachrichten-aufklaerung-relevant-aber-kaum-in-den-medien/24045176.html
(4) https://www.tagesschau.de/inland/guaido-bundestag-gutachten-101.html
(5) https://www.tagesschau.de/ausland/venezuela-eu-staaten-101.html
(6) https://www.nachdenkseiten.de/?p=48461
(7) Guaidó stütz sich auf eine Übergangsregelung in der venezolanischen Verfassung, die juristische Fachwelt hält sein Konstrukt nicht für tragfähig
(8) https://www.tagesschau.de/multimedia/video/video-509323.html
(9) Stellungnahme des brasilianischen Vize-Präsidenten, General Mourão, Brasil247 / 25.2.19
(10) https://www.jurion.de/gesetze/gg/25/
(11) https://amerika21.de/dokument/98157/brief-ard-aktuell
(12) https://kenfm.de/sanktionen-der-massenvernichtung-amerikas-krieg-gegen-venezuela/
(13) https://www.infosperber.ch/Artikel/Politik/Venezuela-Warum-informieren-Medien-nicht-uber-das-Volkerrecht
(14) https://www.tagesschau.de/multimedia/video/video-509155.html
(15) https://www.youtube.com/watch?v=k2ZMCa6uuZk
(16) https://www.youtube.com/watch?v=qlX3yfXNX_g
(17) https://de.sputniknews.com/politik/20190219324025219-maduro-russland-humanitaere-hilfe/
(18) https://m.dailykos.com/stories/1836543
(19) https://amerika21.de/2019/02/221502/venezuela-usa-bolton-maduro-guantanamo
(20) https://www.dailysabah.com/deutsch/amerika/2019/02/25/us-senator-rubio-droht-venezuela-mit-anspielung-an-schicksal-von-gaddafi
(21) https://www.tagesschau.de/ausland/usa-venezuela-101.html

Programmkritik 4: Untergehen mit Mann und Maas

(1) https://www.german-foreign-policy.com/news/detail/7842/
(2) http://www.nordbayern.de/politik/venezuela-krise-schluss-mit-empoerung-es-braucht-regeln-1.8557099
(3) https://www.tagesschau.de/ausland/europaparlament-guaido-101.html
(4 https://www.deutschlandfunk.de/ex-deutschlandradio-intendant-ernst-elitz-die-aufgabe-der.1295.de.html?dram:article_id=439808
(5) https://www.unric.org/html/german/pdf/charta.pdf
(6) https://www.epochtimes.de/politik/welt/guterres-ruft-zu-dialog-in-venezuela-auf-a2774193.html
(7) https://www.zeit.de/politik/ausland/2019-01/venezuela-un-sicherheitsrat-neuwahlen-guaido-maduro
(8) https://www.zeit.de/politik/ausland/2018-02/venezuela-wahl-boykott-opposition-nicolas-maduro
(9) https://operamundi.uol.com.br/diplomacia/54665/reuniao-da-oea-rejeita-reconhecer-guaido-presidente-da-venezuela

(10) https://www.zeit.de/politik/ausland/2019-01/venezuela-un-sicherheitsrat-neuwahlen-guaido-maduro
(11) https://lostineu.eu/maas-muss-sich-warm-anziehen
(12) https://www.tagesschau.de/multimedia/sendung/ts-29733.html
(13) https://sputniknews.com/latam/201902011072014281-italy-not-recognizing-guaido-venezuelan-interim-president-deputy-fm/
(14) https://www.dw.com/de/wer-vermittelt-in-venezuela/a-47293186
(15) https://www.tagesschau.de/multimedia/sendung/ts-29721.html
(16) https://www.blacklistednews.com/article/70648/john-bolton-openly-admits-he-wants-maduro-out-american-oil-companies.html
(17) https://deutsche-wirtschafts-nachrichten.de/2017/09/18/gegen-den-dollar-venezuela-stellt-erdoel-handel-auf-yuan-um/
(18) https://www.telesurenglish.net/news/Maduro-Denounces-Citgo-Takeover-as-Robbery-20190128-0017.html
(19) https://www.tagesschau.de/multimedia/sendung/ts-29697.html
(20) https://www.apnews.com/d548c6a958ee4a1fb8479b242ddb82fd
(21) https://www.tagesschau.de/multimedia/sendung/tt-6533.html
(22) https://edition.cnn.com/2019/01/26/uk/venezuela-maduro-bank-of-england-gold-withdrawal-gbr-intl/index.html
(23) https://www.tagesschau.de/ausland/venezuela-krise-wirtschaft-101.html
(24) https://russia-insider.com/en/node/26126
(25) https://www.tagesschau.de/ausland/guaido-portraet-101.html
(26) https://www.blacklistednews.com/article/70632/venezuelas-usbacked-juan-guaidó-immediately-targets-state-oil-requests-imf.html
(27) https://www.zompist.com/latam.html
(28) https://www.nzz.ch/meinung/das-dach-der-freiheit-wankt-ld.1451043
(29) https://www.blacklistednews.com/article/70740/john-bolton-threatens-to-send-venezuelas-maduro-to-offshore-us-prison-at.html
(30) http://www.hughhewitt.com/national-security-adviser-ambassador-john-bolton/
(31) https://amerika21.de/2019/01/220964/honduras-proteste-juan-orlando-hernandez
(32) https://www.alainet.org/es/articulo/197867?utm_source=email&utm_campaign=alai-amlatina
(33) Staatsvertrag für Rundfunk und Telemedien, II. Abschnitt, Vorschriften für den öffentlich-rechtlichen Rundfunk, § 11, Auftrag. https://www.ard.de/download/538848/Staatsvertrag_fuer_Rundfunk_und_Telemedien_in_der_Fassung_des_20__Aenderungsstaatsvertrags__vom_8__bis_16__12__2016.pdf

Programmkritik 5: Venezuela – Komplizen beim Putschversuch

(1) https://www.cryptogon.com/?p=54626
(2) https://www.deutschlandfunk.de/venezuela-deutschland-erkennt-guaido-als.1783.de.html?dram:article_id=440163
(3) http://www.venezuela-aktuell.de/lateinamerika-karibik/venezuela/9508-mit-bolivar-gegen-die-cia

(4) Daniela Dahn, in: Albrecht Müller, »Wie staatsnah ist der öffentlich-rechtliche Rundfunk«, https://www.nachdenkseiten.de/?p=40047
(5) https://uebermedien.de/36645/die-falsche-geschichte-vom-hilfsgueter-konvoi-den-maduro-anzuenden-liess/
(6) https://amerika21.de/2017/06/177557/venezuela-bericht-gewalt
(7) https://publikumskonferenz.de/forum/viewtopic.php?f=44&t=2021
(8) NDR Staatsvertrag, § 8, Programmgestaltung, https://www.ndr.de/der_ndr/unternehmen/staatsvertrag100.pdf
(9) https://www.tagesschau.de/ausland/venezuela-russland-103.html
(10) https://russia-insider.com/en/russia-ignores-whining-us-diplomats-continues-mission-venezuela/ri26651
(11) https://inmilitary.com/u-s-special-operations-forces-deployed-to-70-of-the-worlds-countries-in-2016-infographic/
(12) https://amerika21.de/2019/03/224173/usa-russland-venezuela-spannungen
(13) http://www.uni-protokolle.de/Lexikon/Monroe-Doktrin.html#Inhalt_der_Monroe-Doktrin
(14) https://gedichte-bibliothek.de/pages/lyrik-magazin/gedichtformen/die-ballade-der-erlkoenig.php
(15) https://www.strategic-culture.org/news/2019/03/22/russia-gives-us-red-line-venezuela.html
(16) https://einarschlereth.blogspot.com/2019/03/russland-zeigt-den-usa-die-rote-linie.html
(17) https://www.tagesschau.de/ausland/venezuela-strom-105.html
(18) https://www.noz.de/deutschland-welt/politik/artikel/1686984/venezuela-bundesregierung-erkennt-gesandten-von-interimspraesident-guaido-nicht-als-botschafter-an
(19) https://www.heike-haensel.de/wp-content/uploads/2019/03/SF-Nr.3-161-MdB-Hänsel.pdf
(20) https://www.srf.ch/news/international/machtkampf-in-venezuela-oppositionschef-guaido-fuer-politische-aemter-gesperrt

Russland / Ukraine

(A) Leo Sievers, Tausend Jahre gemeinsame Geschichte. Deutsche und Russen (1980). S. 8.
(B) https://gehaltsreporter.de/promi_gehaelter/tv-und-unterhaltung/claus-kleber/
(C) https://deutsch.rt.com/meinung/86900-claus-kleber-ausser-rand-und-band/

Programmkritik 6:
WM in Russland – Das üble Foulspiel der Nachrichten-Redakteure

(1) https://www.tagesschau.de/ausland/wm-politik-101.html
(2) https://www.die-medienanstalten.de/fileadmin/user_upload/Rechtsgrundlagen/Gesetze_Staatsvertraege/Rundfunkstaatsvertrag_RStV.pdf
(3) https://www.zdf.de/zdfunternehmen/zdf-rechtsgrundlagen-und-vorschriften-100.html
(4) https://peds-ansichten.de/2018/06/tagesschau-ohne-jede-scham/

(5) https://www.tagesschau.de/ausland/seppelt-russland-101.html
(6) https://www.tagesschau.de/multimedia/sendung/tt-6059.html
(7) https://www.zdf.de/gesellschaft/markus-lanz/markus-lanz---russland-vom-14-juni-2018-100.html

Programmkritik 7: Der Michel am Tagesschau-Nasenring

(1) https://deutsche-wirtschafts-nachrichten.de/2018/05/29/finanz-krieg-eu-verlaengert-sanktionen-gegen-syrien
(2) https://sputniknews.com/politik/20180530320941856-syrien-regelung-problematik/
(3) http://www.tagesschau.de/multimedia/sendung/ts-25749.html
(4) https://www.channelnewsasia.com/news/asia/no-conclusive-evidence-russia-behind-mh17-downing-malaysia-102902664
(5) http://www.handelsblatt.com/politik/international/nach-mehr-als-60-jahren-an-der-macht-buendnis-von-92-jaehrigem-mahathir-loest-regierungspartei-in-malaysia-ab/21263580.html?ticket=ST-4671166-jfa1ehiVu0JMk5p1IX71-ap3
(6) https://www.german-foreign-policy.com/news/detail/7624/

Programmkritik 8:
Die desinformative Nachrichtengebung von ARD-aktuell über die Ukraine

(1) https://de.sputniknews.com/politik/20180221319642674-ukraine-klimkin-auswanderung-visum-eu/
(2) https://www.heise.de/tp/features/Brain-Drain-Massenauswanderung-aus-der-Ukraine-3979258.html
(3) Behauptung des »Publikumsservice ARD-aktuell« in https://embed.scribblelive.com/Embed/v7.aspx?Id=2592675&Page=1&overlay=false
(4) Ulrich Teusch, »Lückenpresse. Das Ende des Journalismus, wie wir ihn kannten«, Westend Verlag, Frankfurt/Main, 2016.

Programmkritik 9: Auftrieb zum neuen Krim-Krieg –
Antirussische Agitation der ARD-aktuell-Redaktion

(1) »Grundsätze für die Zusammenarbeit im ARD-Gemeinschaftsprogramm ›Erstes Deutsches Fernsehen‹« (Richtlinien gemäß § 11 Rundfunkstaatsvertrag), https://www.ard.de/download/1899726/Grundsaetze_fuer_die_Zusammenarbeit_im_ARD_Gemeinschaftsprogramm_.pdf
(2) NDR Staatsvertrag, § 7, https://www.ndr.de/der_ndr/unternehmen/staatsvertrag100.pdf
(3) https://de.wikipedia.org/wiki/Stiftung_Wissenschaft_und_Politik
(4) https://www.tagesschau.de/multimedia/video/video-476179.html
(5) https://www.tagesschau.de/100sekunden/index.html
(6) http://www.russland.news/ljaschko-kritisierte-die-einfuehrung-des-kriegsrechts/
(7) https://ru.tsn.ua/groshi/v-ukraine-bez-otopleniya-merznet-bolshe-desyatka-gorodov-1249740.html

(8) https://www.russland.capital/der-gaspreis-in-der-ukraine-wird-noch-zweimal-erhoeht
(9) https://deutsch.rt.com/international/79843-bankrott-entkommen-ganze-staedteerfrieren/
(10) https://www.laenderdaten.info/durchschnittseinkommen.php
(11) https://www.tagesschau.de/multimedia/video/video-476177.html
(12) https://www.ndr.de/der_ndr/unternehmen/staatsvertrag100.pdf
(13) https://www.youtube.com/watch?v=mY_Yx2tMNu8
(14) https://www.euractiv.de/section/eu-aussenpolitik/news/asowsches-meer-neueseskalationspotenzial-zwischen-russland-und-der-ukraine/
(15) http://thesaker.is/ukrainian-crews-were-given-the-order-to-try-to-covert-ly-cross-thekerch-stait/
(16) http://thesaker.is/uber-loser-poroshenko-goes-full-saakashvili/
(17) https://www.tagesspiegel.de/politik/militaerische-unterstuetzung-usa-lie-fern-der-ukraine-raketen/21232334.html
(18) https://www.tagesschau.de/multimedia/video/video-477305.html

Programmkritik 10:
INF-Vertrag – Die Auftragsbotschafter der Tagesschau

(1) https://www.tagesschau.de/multimedia/sendung/ts-28825.html
(2) https://www.tagesschau.de/multimedia/sendung/ts-28139.html
(3) https://www.mdr.de/nachrichten/politik/ausland/inf-vertrag-hinter-grund-100.html
(4) http://www.vocer.org/patrick-gensing-medien-duerfen-keine-aengste-schueren/
(5) https://publikumskonferenz.de/forum/viewtopic.php?t=2193&p=7344
(6) https://de.sputniknews.com/panorama/20181207323208179-luftangriff-usa-syrien-tote/
(7) https://deutsch.rt.com/meinung/80352-dr-gniffkes-macht-um-acht-krieg-ukraine-krim-russland/
(8) https://www.tagesschau.de/multimedia/video/video-479269.html
(9) https://www.heise.de/tp/features/Zurueck-im-Kalten-Krieg-und-im-ato-maren-Wettruesten-3502869.html
(10) https://www.nytimes.com/2018/10/19/us/politics/russia-nuclear-arms-treaty-trump-administration.html
(11) https://www.wsws.org/de/articles/2018/10/25/pers-o25.html
(12) https://kritisches-netzwerk.de/forum/deutsche-aufruestung-und-kein-en-de-nato-zielmarke-2-prozent-des-bip
(13) https://www.deutschlandfunk.de/ultimatum-an-russland-usa-drohen-mit-dem-ausstieg-aus-dem.1773.de.html?dram:article_id=435065
(14) https://www.tagesschau.de/multimedia/video/video-479097.html
(15) https://cives.de/wenn-geheimdienst-insider-presse-brauchen-4510
(16) https://www.tagesschau.de/multimedia/sendung/ts-28153.html
(17) http://faktenfinder.tagesschau.de/ausland/inf-usa-russland-101~_origin-b2c9cc98-f487-47a9-8d13-c2f4076484bd.html

(18) https://de.sputniknews.com/politik/20181206323204702-usa-russland-inf-vertrag-langstreckenrakete-9m729-verzicht/
(19) https://derstandard.at/2000073728937/Nukleare-Ruestungskontrolle-in-der-Sackgasse

Programmkritik 11: Ukraine? Geht Sie nichts an.

(1) https://www.tagesspiegel.de/politik/wahl-in-der-ukraine-komiker-selenski-will-praesident-werden/23987424.html
(2) https://www.tagesschau.de/suche2.html?query=Ukraine&sort_by=date
(3) https://www.prnewswire.com/news-releases/assoziierungsabkommen-zwischen-eu-und-ukraine-das-fortgeschrittenste-der-eu-199382121.html
(4) https://www.freitag.de/autoren/hans-springstein/5-milliarden-dollar-fuer-den-staatsstreich
(5) https://ukraine-nachrichten.de/?c=wirtschaft
(6) https://publikumskonferenz.de/blog/2019/01/26/4609/
(7) https://www.caritas-international.de/hilfeweltweit/europa/russland/ukrainische-fluechtlinge-in-russland
(8) https://www.unian.net/politics/10112960-ukraina-v-nastoyashchee-vremya-ne-imeet-perspektivy-chlenstva-v-es-posol.html
(9) https://www.welt.de/politik/deutschland/article183131434/Angela-Merkel-in-der-Ukraine-Wo-sich-die-Kanzlerin-noch-gebraucht-fuehlt.html
(10) https://www.faz.net/aktuell/feuilleton/medien/kritik-am-prozedere-der-swr-intendantenwahl-16087073.html
(11) https://www.tagesschau.de/ausland/timoschenko-kandidatur-101.html
(12) https://www.tagesschau.de/multimedia/video/video-506833.html
(13) https://ukraine-nachrichten.de/ambivalente-pr%C3%A4sidentschaftskandidatur-wolodymyr-selenskyj_4883
(14) https://www.nzz.ch/international/janukowitsch-unter-anklage-prozess-wegen-hochverrats-ld.1290583
(15) https://www.sueddeutsche.de/politik/ukraine-wo-richter-mitbeeren-und-honig-reich-werden-1.4342729
(16) https://www.heise.de/tp/features/Maidan-Ich-schoss-ihnen-ins-Genick-3378569.html
(17) https://www.solidarwerkstatt.at/demokratie-politik/wer-mordete-am-maidan-teil-ii
(18) https://www.rubikon.news/artikel/sabotierte-untersuchungen
(19) https://www.welt.de/politik/deutschland/article183131434/Angela-Merkel-in-der-Ukraine-Wo-sich-die-Kanzlerin-noch-gebraucht-fuehlt.htm

Programmkritik 12: Neonazis und Breitmaulfrösche gibt's in Kiew nicht

(1) https://de.wikipedia.org/wiki/Open_Society_Foundations
(2) https://www.freitag.de/autoren/lapple08m214/zdf-skandal-berichte-im-auftrag-kiews
(3) https://www.tagesschau.de/ausland/timoschenko-kandidatur-101.html

(4) https://www.heise.de/tp/features/Es-ist-Zeit-das-Gewehr-zu-ergreifen-und-die-verdammten-Russen-zu-toeten-3364475.html
(5) https://www.youtube.com/watch?v=O_qdJYRY0ZY
(6) http://www.demokratisch-links.de/2014/03
(7) https://www.tagesschau.de/multimedia/video/sendungsbeitrag135296.html
(8) https://www.tagesschau.de/ausland/panamapapers-141.html
(9) https://de.wikipedia.org/wiki/Budapester_Memorandum
(10) https://translate.google.de/translate?hl=de&sl=en&u=https://jamestown.org/program/tymoshenko-reveals-peace-plan-for-eastern-ukraine-as-she-ramps-up-presidential-campaign-to-challenge-poroshenko/&prev=search
(11) http://www.ukraine-journal.de/tymoschenko-fordert-die-schaffung-einer-starken-berufsarmee-und-den-beitritt-der-ukraine-zur-nato/
(12) https://de.sputniknews.com/panorama/20190105323499401-ukraine-prsident-petro-poroschenko-einkommen/
(13) https://de.statista.com/statistik/daten/studie/314581/umfrage/staatsverschuldung-der-ukraine-in-relation-zum-bruttoinlandsprodukt-bip/
(14) https://de.statista.com/statistik/daten/studie/232421/umfrage/inflationsrate-in-der-ukraine/
(15) https://de.wikipedia.org/wiki/Minsk_II
(16) http://ukraine-journal.de/europaische-kommission-plant-4-5-milliarden-euro-fur-die-ukrainische-infrastruktur-bereitzustellen/

Syrien

(A) https://www.bmeia.gv.at/europa-aussenpolitik/europapolitik/eu-aussenpolitik/europaeische-nachbarschaftspolitik-enp/
(B) https://www.imi-online.de/download/IMI-Studie2012-12_web.pdf
(C) Vgl. Verwirrung um Assoziierungsabkommen mit Syrien, euractiv, 14.10.2009.
(D) https://syriensgeschichteundgegenwart.com/2015/08/03/baschar-al-assad-vom-freundlichen-augenarzt-zum-schlaechter-von-damaskus-in-nur-zwei-monaten/
(E) Kaim, Markus: Interventionsoptionen. Käme es zu einer Militärintervention, stünde Deutschland in der Pflicht, in: Internationale Politik, Mai/Juni 2012, S. 72-76.

Programmkritik 13: ARD-aktuell – Servil und kriegsbereit

(1) http://www.faz.net/aktuell/feuilleton/debatten/jay-rosen-schreibt-einen-brief-an-diedeutschen-journalisten-15765235.html
(2) https://www.tagesschau.de/multimedia/sendung/ts-27543.html
(3) https://www.tagesspiegel.de/politik/debatte-im-bundestag-merkel-schliesstbundeswehreinsatz-in-syrien-nicht-aus/23059756.html
(4) https://www.handelsblatt.com/politik/deutschland/syrien-krieg-von-der-leyen-schliesstmilitaerische-beteiligung-in-syrien-nicht-aus/23059092.html?ticket=ST-6706370-VG49kRSv5gGflhxnxoEi-ap4
(5) http://blauerbote.com/2018/08/09/faelschungen-der-weisshelme/

(6) http://www.guidograndt.de/2018/02/14/vorbereitung-zu-neuer-false-flag-in-syrienrussland-warnt-provozierter-giftgas-angriff-von-terroristen-weisshelme-cnn-verwickelt/
(7) https://dieunbestechlichen.com/2018/04/brandgefaehrlich-westlicher-fake-news-kriegzu-syrien-kann-zu-realem-krieg-gegen-russland-ausarten/
(8) https://de.sputniknews.com/panorama/20180915322328286-syrien-idlib-chlor-behlterterroristen-provokationen/
(9) https://www.tagesschau.de/ausland/bombardement-idlib-syrien-101.html
(10) https://www.tagesschau.de/ausland/syrien-idlib-angriff-101.html
(11) https://derstandard.at/2000087157333/Syrische-Christen-melden-Islamisten-Angriff-in-Maharda?ref=rec
(12) https://www.tagesschau.de/ausland/israel-syrien-145.html
(13) https://www.heise.de/tp/features/Syrien-Niederlande-beendet-Unter stuetzung-der-Weisshelme-und-der-bewaffneten-Opposition-4161995.html
(14) https://www.ouest-france.fr/monde/syrie/syrie-assaut-sur-idlib-jean-yves-le-driancraint-le-risque-de-dispersion-des-djihadistes-5962621
(15) https://deutsche-wirtschafts-nachrichten.de/2018/09/15/eu-will-platz-fu-er-personenschaffen-die-idlib-verlassen-muessen/
(16) https://www.heise.de/tp/features/Syrien-Wohin-mit-60-000-Kaempfern-fuer-einenislamistischen-Staat-4165083.html
(17) https://www.bundestag.de/blob/568586/e979e0a7348409ce2215352208 7b3813/wd-2-130-18-pdf-data.pdf
(18) Anm: Im April 2018 bewertete der Wissenschaftliche Dienst den Krieg der westlichen Allianz als unvereinbar mit dem Völkerrecht. S. Dazu: https://www.bundestag.de/blob/551344/f8055ab0bba0ced333ebcd8478e74e4e/wd-2-048-18-pdf-data.pdf
(19) https://de.statista.com/statistik/daten/studie/269183/umfrage/umfrage-zu-einemmilitaereinsatz-in-syrien/
(20) https://www.zeit.de/news/2018-09/11/umfrage-fast-dreiviertel-der-deutschen-lehnenbundeswehreinsatz-in-syrien-ab-20180911-doc-19105t

Programmkritik 14: Im Propagandabett Monströses gezeugt

(1) https://www.rubikon.news/artikel/fake-news-auf-allen-kanalen
(2) https://www.tagesschau.de/ausland/syrien-enteignungen-101.html
(3) http://www.tagesschau.de/ausland/syrien-1255.html
(4) Quelle: »Syrian Law Journal«
(5) https://sputniknews.com/middleeast/201804281063989077-syria-parliament-assad-deny-property-confiscation/
(6) https://www.joshualandis.com/blog/creating-a-new-syria-property-dispossession-and-regime-survival-by-erwin-van-veen/
(7) https://de.sputniknews.com/politik/20180213319522182-syrien-wieder-aufbau/
(8) https://www.menschenrechtserklaerung.de/eigentum-3639/

Programmkritik 15: Weniger Schmiergeld für die »Weißhelme«

(1) https://www.auswaertiges-amt.de/de/newsroom/160923-weisshelme/283680
(2) http://www.berlinertageszeitung.de/component/yendifvideoshare/video/1071-perfide-propagandashow-merkel-sprecher-quot-weisshelme-leisten-unglaublich-tolle-hilfe-quot.html
(3) https://woldcitizen.wordpress.com/2018/04/16/pressekonferenz-in-berlin-ein-lob-fuer-die-weisshelme/
(4) http://www.auswaertigesamt.de/DE/Infoservice/Presse/Meldungen/2016/160923_Weisshelme.html
(5) http://blauerbote.com/2016/04/30/syrien-white-helmets-faelschten-fass-bombenangriff/
(6) https://www.liveleak.com/view?i=0a3_1430870428
(7) https://deutsch.rt.com/international/68499-ex-pink-floyd-saenger-bezeichnet-weisshelme-als-propagandawerkzeug/##
(8) https://publikumskonferenz.de/forum/viewtopic.php?f=76&t=2025

Programmkritik 16: Die Tagesschau hat immer recht

(1) https://www.tagesschau.de/ausland/moeglicher-giftgasangriff-in-syrien-103.html
(2) https://www.youtube.com/watch?v=GAVztdW3PhA
(3) https://www.heise.de/tp/features/US-Verteidigungsminister-Mattis-Keine-soliden-Beweise-fuer-Chemiewaffenangriff-4023021.html?seite=all
(4) http://staseve.eu/?p=70018
(5) https://www.epochtimes.de/politik/welt/chemieangriff-bbc-reporter-ich-kann-ohne-zweifel-beweisen-die-szenen-in-duma-waren-inszeniert-a2797026.html
(6) https://de.sott.net/article/33281-BBC-Produzent-Videos-von-Duma-Opfern-wurden-inszeniert-um-maximale-Wirkung-zu-erreichen
(7) http://archive.is/IT8Hn
(8) https://www.heise.de/tp/features/OPCW-Bericht-bestaetigt-Zweifel-an-Giftgasangriff-in-Ostghouta-4106221.html
(9) https://peds-ansichten.de/2018/04/staatliche-luegen/
(10) https://grayzoneproject.com/2018/04/12/al-qaedas-mash-unit-how-the-syrian-american-medical-society-is-selling-regime-change-and-driving-the-us-to-war/
(11) https://de.wikipedia.org/wiki/United_States_Agency_for_International_Development
(12) Stichworte: Strippenzieher im Kabinett Schröder im Jugoslawien-Krieg, Hartz-IV-Federführer, verantwortlich für den Verbleib des unschuldigen Kurnaz in Guantanamo, Kungeleien in Kiew mit ukrainischen Neonazis)
(13) https://www.rubikon.news/artikel/die-lugen-der-weisshelme
(14) https://deutsch.rt.com/inland/78220-nach-sicherheitsuberprufung-bundesregierung-will-lieber-keine-weisshelme/
(15) https://www.derstandard.de/story/2000087515939/niederlande-drehen-syrischen-weisshelmen-den-geldhahn-zu

(16) https://de.wikipedia.org/wiki/Ghassan_Hitto
(17) https://www.aljazeera.com/news/middleeast/2013/03/201331962312463129.html
(18) https://www.tagesschau.de/ausland/syrien-angriff-sicherheitsrat-107.html
(19) http://faktenfinder.tagesschau.de/ausland/angriff-duma-101.html
(20) https://www.faz.net/aktuell/politik/staat-und-recht/rechtspersonen/der-angeklagte-der-mutmassliche-taeter-11112033.html
(21) https://www.youtube.com/watch?v=RdQAyURd-R8
(22) https://de.wikipedia.org/wiki/Ulrich_Tilgner
(23) https://theintercept.com/2019/02/09/douma-chemical-attack-evidence-syria/
(24) Nr. 4f der Richtlinien gemäß § 11e RStV in der Fassung vom 17. September 2013.
(25) https://www.heise.de/tp/features/Giftgasangriff-Was-ist-in-Duma-am-7-April-2018-passiert-4309994.html
(26) https://www.welt.de/kultur/medien/article189078927/Framing-Manual-ARD-legt-Kosten-fuer-umstrittenes-Papier-offen.html

Programmkritik 17: Der Zynismus der Westlichen Wertegemeinschaft

(1) https://dejure.org/gesetze/EU/2.html
(2) https://www.muenster.paxchristi.de/file/download/AMIfv95O7wOxe-YJpwvJ0fhzw7jrhGe7tkulaaC_L6e5uRtIsYzLpKg9T21u0yMePyEAtC01vXJtyDW-oLXnAviDzy97CtERE_4o8IS6bPYGxI3U6dEdjollSWK5qrro3yOzZ7AReiJmC35hLeYkDlALH3R-vAVYWp00thsGjmvbFy5Pie89Ys1c/MedienWeichensteller.pdf
(3) https://www.nachdenkseiten.de/?p=50295
(4) https://www.tagesschau.de/ausland/geberkonferenz-syrien-101.html
(5) https://www.drk.de/hilfe-weltweit/wo-wir-helfen/nahost/syrien/?gclid=EAIaIQobChMIjbbkh66Y4QIVyed3Ch1WGgFYEAAYBCAAEgIvlfD_BwE
(6) http://dipbt.bundestag.de/dip21/btd/19/073/1907300.pdf (Seite 5, unten)
(7) http://www.spiegel.de/wirtschaft/soziales/fluechtlinge-wie-experten-die-kosten-berechnen-a-1079811.html
(8) https://www.n-tv.de/der_tag/Berlin-setzt-Hilfe-fuer-Idlib-aus-article20817918.html
(9) https://www.prüfung-ratgeber.de/2012/02/fahrenheit-451-zusammenfassung/
(10) https://www.kas.de/web/auslandsinformationen/artikel/detail/-/content/so-funktioniert-fluchtursachenbekaempfung
(11) http://dipbt.bundestag.de/dip21/btd/19/073/1907300.pdf
(12) https://www.rbb-online.de/unternehmen/der_rbb/struktur/grundlagen/ard-Grundsaetze.file.html/181010-ARD-Grundsaetze-Zusammenarbeit-2013.pdf Abschnitt I. Programmgestaltung, Kap. (4) Besondere Anforderungen für Online-Angebote
(13) https://www.heise.de/tp/features/Syrien-Dass-aber-Assad-das-Geld-nicht-bekommt-4338156.html?seite=all

(14) https://www.ippnw.de/frieden/konflikte-kriege/artikel/de/wirtschaftliche-sanktionen-gegen-syr.html
(15) http://dipbt.bundestag.de/dip21/btd/19/036/1903610.pdf
(16) http://dipbt.bundestag.de/doc/btd/19/008/1900848.pdf unter Punkt 5
(17) http://www.freundschaft-mit-valjevo.de/wordpress/
(18) http://www.freundschaft-mit-valjevo.de/wordpress/1682-2/
(19) https://www.tagesschau.de/multimedia/video/video-515471.html
(20) https://www.blaetter.de/archiv/jahrgaenge/2018/november/syrien-als-beute-der-wiederaufbau-einer-diktatur
(21) https://www.dw.com/de/kommentar-geberkonferenz-für-syrien-als-erstes-die-sanktionen-beenden/a-47868059
(22) https://www.heise.de/tp/features/Syrien-Dass-aber-Assad-das-Geld-nicht-bekommt-4338156.html?seite=3

Programmkritik 18: Die Kriegermeute heult wütend auf

(1) https://www.tagesschau.de/multimedia/sendung/ts-29057.html
(2) https://www.deutschlandfunk.de/syrien-bundesregierung-war-nicht-ueber-abzug-der-us-truppen.1939.de.html?drn:news_id=958535
(3) https://www.welt.de/politik/ausland/article175054394/US-Praesident-Trump-laesst-200-Millionen-Dollar-an-Syrien-Hilfen-einfrieren.html
(4) https://www.tagesschau.de/ausland/us-abzug-syrien-101.html
(5) https://deutsche-wirtschafts-nachrichten.de/2017/05/29/schwerer-schlag-fuer-zivilisten-eu-verlaengert-syrien-sanktionen/
(6) https://www.hintergrund.de/politik/welt/the-day-after-ein-konspirativer-zirkel-referiert-in-berlin-die-zukunft-syriens/
(7) https://southfront.org/france-takes-steps-to-replace-u-s-forces-in-northeastern-syria/
(8) https://www.tagesschau.de/ausland/hintergrund-us-abzug-101.html
(9) https://de.wikipedia.org/wiki/Bundeswehreinsatz_in_Syrien
(10) https://obamawhitehouse.archives.gov/the-press-office/2014/09/23/statement-president-airstrikes-syria
(11) http://strategische-studien.com/2015/10/16/putins-luftkrieg-versus-obamas-luftkrieg/
(12) https://www.heise.de/tp/features/Gutachten-des-Bundestags-Luftangriffe-in-Syrien-nicht-vom-Voelkerrecht-gedeckt-4028930.html
(13) https://www.bundesverfassungsgericht.de/e/es20160218_2bve000615.html
(14) https://www.heise.de/tp/features/Generalbundesanwaltschaft-weist-Strafanzeigen-wegen-Syrien-Einsatz-der-Bundeswehr-ab-3263481.html
(15) https://www.nzz.ch/international/unicef-zieht-bittere-syrien-bilanz-350-000-tote-im-buergerkrieg-ld.1365300
(16) https://www.handelsblatt.com/politik/international/kriegsbeobachter-hunderttausende-tote-in-syrien/19510486.html?ticket=ST-956029-13cY7DmXVoe2jgpjeEfo-ap3
(17) http://www.spiegel.de/politik/ausland/is-islamischer-staat-viele-tote-bei-us-luftangriff-in-syrien-a-1031750.html

(18) https://www.zeit.de/politik/ausland/2017-03/us-armee-irak-syrien-kriegsfolgen-todesopfer-zivilisten
(19) https://www.zeit.de/politik/ausland/2016-09/syrien-usa-waffenruhe-russland-islamischer-staat
(20) https://www.tagesspiegel.de/politik/bundesverfassungsgericht-kein-prozess-gegen-oberst-klein-wegen-luftangriff-von-kundus/11942538.html
(21) https://www.welt.de/politik/ausland/article181491964/WELT-Trend-Fast-drei-Viertel-der-Deutschen-gegen-Bundeswehr-Einsatz-in-Syrien.html
(22) https://www.bundestag.de/parlament/plenum/abstimmung/abstimmung?id=540
(23) https://www.abendzeitung-muenchen.de/inhalt.soldaten-kosten-dauer-bundeswehreinsatz-in-syrien-ja-oder-nein.f02ddc6f-f88d-4ba6-a73c-7b5a13019794.html
(24) https://de.wikipedia.org/wiki/Liste_von_Militärbasen_der_Vereinigten_Staaten_im_Ausland
(25) https://diepresse.com/home/ausland/aussenpolitik/5380356/Russland_USA-betreiben-schon-20-Militaerbasen-in-Syrien
(26) http://derwaechter.net/oel-gas-und-wasser-usa-halten-ressourcenreichstes-gebiet-syriens-besetzt
(27) https://www.tagesschau.de/multimedia/sendung/tt-6457.html

Soziales

(A) https://effektegruppe.wordpress.com/agenda-setting/
(B) https://www.linksfraktion.de/themen/nachrichten/detail/schoengerechnet-wie-regierung-und-arbeitsagentur-bei-den-arbeitslosenzahlen-tricksen/
(C) https://www.focus.de/finanzen/news/bahn-streik-im-live-ticker-kein-vorzeitiges-streik-ende-weselsky-lehnt-die-schlichtung-ab_id_4658513.html
(D) https://www.neues-deutschland.de/artikel/949830.streikrecht-ist-ein-hohes-gut-aber.html?sstr=Uwe|Kalbe
(E) https://publikumskonferenz.de/blog/2015/05/24/die-hofberichterstattung-um-das-tarifeinheitsgesetz/
(F) https://publikumskonferenz.de/forum/viewtopic.php?f=47&t=1479

Programmkritik 19: Wie die Tagesschau Macrönchen auf Hochglanz poliert

(1) https://desarmons.net/index.php/2019/01/04/recensement-provisoire-des-blesses-graves-des-manifestations-du-mois-de-decembre-2018/
(2) https://www.tagesschau.de/inland/deutschlandtrend-1221.html
(3) https://www.tagesschau.de/kommentar/kommentar-macron-101.html
(4) https://derstandard.at/2000079189063/Zwei-Drittel-der-Franzosen-sind-enttaeuscht-von-Macron

Programmkritik 20: Börse ja, Arbeit nein

(1) https://www.tagesschau.de/multimedia/sendung/ts-27313.html
(2) https://statistik.arbeitsagentur.de/Statischer-Content/Unterbeschaeftigung-Schaubild.pdf

(3) https://www.tagesschau.de/wirtschaft/arbeitslosenzahl-statistik-101.html
(4) http://faktenfinder.tagesschau.de/kurzerklaert/kurzerklaert-arbeitslosenzahlen-103~_origin-29200bfd-f903-4519-8673-3fac60031396.html
(5) https://www.welt.de/wirtschaft/article169441495/Warum-die-EU-Amazon-Co-nicht-zu-fassen-bekommt.html
(6) https://blog.wdr.de/digitalistan/steuern-umgehen-mit-amazon/
(7) https://www.verdi.de/presse/pressemitteilungen/++co++b34a60f4-4ece-11e8-8fcd-525400940f89
(8) https://www.tagesschau.de/wirtschaft/verdi-amazon-101.html
(9) https://www.zeit.de/wirtschaft/2017-10/ungleichheit-kinderarmut-deutschland-armutsfalle
(10) https://www.heise.de/tp/news/Obszoener-Reichtum-Die-oberen-1000-haben-jetzt-ueber-eine-Billion-Euro-4152916.html

Programmkritik 21: Tagesschau vernebelt Machenschaften mit der Rente

(1) http://www.egbert-scheunemann.de/Chronik-des-neoliberalen-Irrsinns-12.pdf
(2) Anm.: Vor 40 Jahren lag das Rentenniveau noch bei 59.5%, s. http://www.bpb.de/nachschlagen/zahlen-und-fakten/soziale-situation-in-deutschland/61842/standardrentenniveau
(3) https://www.deutsche-rentenversicherung.de/
(4) https://www.tagesschau.de/wirtschaft/rentenpaket-103.html
(5) https://www.tagesschau.de/multimedia/politikimradio/audio-59449.html
(6) https://www.tagesschau.de/inland/rentenpaket-groko-101.html
(7) https://wipo.verdi.de/++file++582ebf38f … -Alter.pdf
(8) https://www.nachdenkseiten.de/?p=42133
(9) https://publikumskonferenz.de/forum/viewtopic.php?f=44&t=1637

Programmkritik 22: ARD-aktuell macht dem Merz die Räuberleiter

(1) https://www.tagesschau.de/inland/merkel-nachfolger-101.html sowie https://www.youtube.com/watch?v=fV-4ilpQw20
(2) Lakoff/Wehling: »Auf leisen Sohlen ins Gehirn«, Carl Auer Verlag 2018, https://www.carl-auer.de/programm/artikel/titel/auf-leisen-sohlen-ins-gehirn/
(3) http://www.faz.net/aktuell/rhein-main/kampf-um-cdu-vorsitz-andreas-ritzenhoff-im-interview-15863804.html
(4) https://www.welt.de/politik/deutschland/article181781218/CDU-Vorsitz-Matthias-Herdegen-will-gegen-Angela-Merkel-antreten.html
(5) https://www.tagesschau.de/regional/nordrheinwestfalen/wdr-story-17941.html
(6) http://www.spiegel.de/politik/deutschland/cdu-spon-umfrage-mehrheit-wuenscht-sich-friedrich-merz-als-merkel-nachfolger-a-1235893.html
(7) https://www.tagesschau.de/inland/cdu-wahlkampf-101.html

Programmkritik 23: Neben den Menschen gibt es noch Journalisten

(1) https://www.tagesschau.de/kommentar/chemnitze-hass-101.html
(2) https://www.infosperber.ch/Artikel/Politik/Die-Virulenz-faschistischer-Versatzstucke
(3) https://www.evangelisch.de/inhalte/111246/20-11-2014/44%20Prozent%20der%20Deutschen%20werten%20Asylbewerber%20ab
(4) https://www.tagesschau.de/ausland/oettinger-eu-haushaltskommissar-103.html
(5) https://www.heise.de/tp/features/ZDF-und-Oettinger-Quod-licet-Iovi-non-licet-bovi-3446891.html
(6) https://www.tagesschau.de/multimedia/video/sendungsbeitrag213112.html
(7) https://www.sat1.de/news/politik/npd-marschiert-unter-tausenden-nationalisten-durch-kiew-101996
(8) https://www.rubikon.news/artikel/hitler-war-ein-grosser-demokrat
(9) https://www.ohchr.org/Documents/Countries/UA/ReportUkraineMay-August2018_EN.docx
(10) https://orf.at/stories/3057801/
(11) https://lostineu.eu/gruenrote-welle-in-belgien-braune-umtriebe-in-der-ukraine/
(12) https://www.infosperber.ch/Artikel/Wirtschaft/UNO-Abkommen-fur-globale-Konzernverantwortung
(13) In der »Weltbühne« unter seinem Pseudonym Kaspar Hauser. S. auch http://www.glanzundelend.de/konstanteseiten/tucholskyuebersicht.htm

Programmkritik 24: Nach oben buckeln, nach unten treten

(1) https://www.thedailystar.net/opinion/interviews/news/real-journalists-act-agents-people-not-power-1687921
(2) https://www.ard.de/home/die-ard/organisation/Das_ist_die_ARD/323058/index.html
(3) https://www.zeit.de/1996/48/luhmann.txt.19961122.xml/seite-3
(4) http://www.ard.de/home/die-ard/programm/online/boerse_ARD_de/341996/index.html
(5) https://www.hr.de/unternehmen/rolle-innerhalb-der-ard/ard-einrichtungen-im-hr/ard-einrichtungen-im-hr-ard-boerse,ard-einrichtungen-ard-boerse-100.html
(6) https://www.boeckler.de/pdf/p_wsi_report_19_2014.pdf
(7) https://www.tagesschau.de/wirtschaft/wochenarbeitszeit-101.html
(8) https://www.destatis.de/GPStatistik/servlets/MCRFileNodeServlet/BWMonografie_derivate_00000083/8055_11001.pdf
(9) https://www.tagesschau.de/inland/ueberstunden-niedriglohn-101~_origin-cfb8b556-f72d-46e5-90a6-5859aeb842fd.html
(10) https://www.arbeit-zukunft.de/2018/08/16/csu-12-stunden-tag-auch-fuer-deutschland/
(11) https://www.swr.de/swraktuell/baden-wuerttemberg/stuttgart/Vorstoss-von-Wirtschaftsministerin-Stuttgarter-Landtag-SPD-lehnt-

Flexibilisierung-von-Arbeitszeit-ab,arbeitszeitregelung-debatte-landtag-stuttgart-flexibilitaet-100.html
(12) https://www.tagesschau.de/archiv/sendungsarchiv100~_date-20181216.html
(13) https://www.tagesschau.de/ausland/ungarn-arbeit-101.html
(14) https://www.tagesschau.de/multimedia/sendung/ts-28777.html
(15) https://www.zdf.de/politik/politbarometer/180316-verhaltene-zustimmung-zur-grossen-koalition-100.html
(16) https://www.nachdenkseiten.de/?p=46147
(17) http://www.spiegel.de/wirtschaft/soziales/verdi-schaetzung-privatvermoegen-in-deutschland-ueber-zehn-billionen-euro-a-956125.html
(18) https://www.tagesschau.de/multimedia/video/video-494375.html
(19) https://www.tagesschau.de/regional/nordrheinwestfalen/wdr-story-20421.html
(20) https://community.beck.de/2012/05/23/der-bgh-erklaert-nochmals-was-eigentlich-befangenheit-bedeutet
(21) https://www.haufe.de/recht/weitere-rechtsgebiete/prozessrecht/ausschluss-von-peter-mueller-vom-bverfg-verfahren-zur-sterbehilfe_206_453810.html
(22) https://www.nachdenkseiten.de/?p=46147

Programmkritik 25: Kinderarmut? Kein Thema für die Tagesschau

(1) https://dejure.org/gesetze/GG/20.html
(2) https://www.gesetze-im-internet.de/gg/art_14.html
(3) https://de.statista.com/statistik/daten/studie/162320/umfrage/die-reichsten-deutschen/
(4) https://www.bdwi.de/forum/archiv/archiv/9231699.html
(5) Ulrich Teusch in: »Der Krieg vor dem Krieg« (Vorwort), Westend Verlag, Frankfurt/Main 2019. Unsere Literaturempfehlung.
(6) https://deutsch.rt.com/inland/55512-programmbeschwerde-schonfarberei-und-manipulation-ard/
(7) https://www.tagesschau.de/multimedia/sendung/ts-30611.html
(8) https://statistik.arbeitsagentur.de
(9) https://deutsche-wirtschafts-nachrichten.de/2019/03/19/stichprobe-deckt-fehler-der-arbeitslosen-statistik-auf/
(10) https://de.statista.com/statistik/daten/studie/785520/umfrage/armutsgefaehrdungsquote-von-kindern-in-deutschland/
(11) https://dip21.bundestag.de/dip21/btd/19/086/1908616.pdf
(12) https://www.heise.de/tp/features/Westliche-Demokratie-ist-hohl-Reichtum-regiert-4009334.html
(13) https://www.tagesschau.de/multimedia/video/video-492053.html
(14) https://www.n-tv.de/ticker/SPD-will-mit-Grundsicherung-Kinder-aus-Armut-holen-article20805955.html
(15) https://www.dksb.de/de/artikel/detail/kinderarmut-deutlich-hoeher- als-gedacht-44-millionen-kinder-sind-nach-berechnungen-des-dksb-betroff-l/

(16) https://www.evangelisch.de/inhalte/148511/02-02-2018/deutschland-tut-zu-wenig-gegen-kinderarmut
(17) http://dip21.bundestag.de/dip21/btd/19/086/1908616.pdf
(18) https://www.das-parlament.de/2019/13_14/innenpolitik/631142-631142
(19) https://www.bundestag.de/tagesordnung?week=12&year=2019
(20) http://dip21.bundestag.de/dip21/btd/19/077/1907726.pdf
(21) https://www.dksb.de/de/artikel/detail/familienentlastungsgesetz-hilft-nicht-gegen-kinderarmut/
(22) https://www.heise.de/tp/features/Die-Volksparteien-haben-das-Volk-belogen-und-betrogen-4339797.html?seite=all
(23) Rainer Mausfeld, in: »Warum Schweigen die Lämmer?«, S. 24. Westend Verlag, Frankfurt am Main 2018.
(24) https://publikumskonferenz.de/blog/2017/06/13/ard-humanitaet-der-bub-omra/

Programmkritik 26: Saudi-Arabien – Unsere Freunde, die Blutsäufer

(1) https://www.tagesschau.de/multimedia/audio/audio-63419.html
(2) https://www.amnesty.de/2016/1/4/saudi-arabien-47-hinrichtungen-einem-einzigen-tag
(3) http://www.derblindefleck.de/2017-top-6/
(4) https://publikumskonferenz.de/forum/viewtopic.php?t=2088&p=7045
(5) Gniffke-Schreiben vom 27.1.2016 an die Verfasser
(6) https://www.tagesschau.de/multimedia/politikimradio/audio-62059.html
(7) https://www.tagesschau.de/ausland/jemen-661.html
(8) https://www.welt.de/politik/deutschland/article154909854/Steinmeier-wuerdigt-Reformen-in-Saudi-Arabien.html
(9) https://www.berliner-zeitung.de/politik/khashoggi-ermordung-erdogan-hat-deutschland-tonaufnahmen-zur-verfuegung-gestellt-31571626
(10) https://www.moonofalabama.org/2018/04/the-best-explanation-for-the-skripal-drama-is-food-poisoning.html
(11) https://www.finanzen.net/nachricht/aktien/deutschland-liefert-weiter-kriegsgeraet-nach-saudi-arabien-6859501
(12) https://kritisches-netzwerk.de/sites/default/files/sipri_yearbook_2018_summary_-_kurzfassung_auf_deutsch_-_sipri_friedrich_ebert_stiftung_berghof_foundation_-_24_seiten.pdf
(13) https://www.german-foreign-policy.com/news/detail/7788/
(14) http://www.manager-magazin.de/unternehmen/artikel/a-1174455.html
(15) https://www.welt.de/wirtschaft/article184148616/Waffenlieferungen-Deutscher-Saudi-Boykott-ist-eine-Farce.html
(16) https://www.tagesschau.de/wirtschaft/saudiarabien-ruestungsexporte-peenewerft-101.html
(17) http://www.spiegel.de/politik/ausland/ruestungsexporte-deutscher-liefers-topp-nach-saudi-arabien-gilt-nur-temporaer-a-1240039.html
(18) https://www.tagesschau.de/ausland/khashoggi-259.html
(19) https://www.tagesschau.de/ausland/khashoggi-saudi-arabien-101.html

Programmkritik 27: Assange wird vergessen gemacht

(1) https://www.tagesschau.de/archiv/sendungsarchiv100~_date-20190411.html
(2) https://www.tagesschau.de/multimedia/sendung/tt-6683.html
(3) https://www.tagesschau.de/ausland/assange-london-107.html
(4) https://lostineu.eu/usa-wollen-assange-die-eu-schweigt/
(5) https://lostineu.eu/handelskrieg-weitet-sich-aus-regulierungswut-setzt-sich-fort/
(6) https://www.youtube.com/watch?v=HfvFpT-iypw
(7) https://www.heise.de/tp/features/Clinton-ueber-Julian-Assange-Koennen-wir-den-Kerl-nicht-einfach-drohnen-3340894.html
(8) https://www.n-tv.de/politik/Merkel-die-Teflon-Pfanne-article2028951.html
(9) https://www.tagesschau.de/multimedia/sendung/tt2706.html
(10) https://www.zeit.de/news-122010/8/iptc-bdt-20101208-531-27649466xml
(11) http://www.tagesschau.de/multimedia/sendung/tt2196.html
(12) https://www.tagesschau.de/ausland/wikileaks152.html
(13) https://www.nachdenkseiten.de/?p=50933
(14) https://www.jungewelt.de/artikel/353096.pressefreiheit-solidarit%C3%A4t-mit-assange.html
(15) https://www.tagesschau.de/inland/wikileaks-assange101.html
(16) https://www.ialana.de/aktuell/ialana-deutschland-zur-aktuellen-diskussion/ialana-zu-whistleblowing
(17) https://de.wikipedia.org/wiki/LaGrand-Br%C3%BCder
(18) https://www.sueddeutsche.de/politik/assange-wikileaks-botschaft-ecuador-1.4407956
(19) https://amerika21.de/2019/04/225089/ecuador-weltbank-iwf-moreno-assange
(20) http://dipbt.bundestag.de/dip21/btp/19/19073.pdf, https://www.nachdenkseiten.de/?p=49330
(21) https://www.linksfraktion.de/themen/nachrichten/detail/freiheit-fuer-julian-assange-keine-auslieferung-an-die-usa/